AMEAÇAS ECONÓMICAS

TÍTULO ORIGINAL
Peter F. Drucker on Economic Threats

AUTOR
Peter F. Drucker

Direitos reservados para todos os países de língua portuguesa por

CONJUNTURA ACTUAL EDITORA
Sede: Rua Fernandes Tomás, 76-80, 3000-167 Coimbra
Delegação: LEAP CENTER – Espaço Amoreiras
Rua D. João V, n.º 24, 1.03
1250-091 Lisboa – Portugal
e-mail: editoras@grupoalmedina.net

TRADUÇÃO
Ana Santana

REVISÃO
Mariana Cunha

CAPA
FBA, sobre capa original da Harvard Business School Publishing Corporation

PAGINAÇÃO
João Jegundo

IMPRESSÃO E ACABAMENTO
Forma Certa

maio, 2022

Biblioteca Nacional de Portugal – Catalogação na Publicação

DRUCKER, Peter F., 1909-2005

Ameaças económicas. – (Biblioteca Drucker)
ISBN 978-989-694-672-2

CDU 330

PETER F. DRUCKER

AMEAÇAS ECONÓMICAS

ACTUAL

ÍNDICE

NOTA DO EDITOR

Este livro é um dos vários volumes da Biblioteca de Peter Drucker publicados pela Harvard Business Review Press.

Os ensaios aqui contidos foram escritos entre 1975 e 1981. Quando Peter Drucker os reuniu para este volume, em 1981, resistiu, conforme explicou num anterior volume de ensaios, «à tentação de os reescrever», argumentando que era «justo deixar que o leitor decidisse se as opiniões, os preconceitos e as previsões do autor tinham resistido ao teste do tempo».

Cerca de cinquenta anos depois, os leitores poderão achar que a linguagem de Drucker é, por vezes, datada ou inapropriada, e alguns dos seus argumentos são controversos ou absolutamente desviados. Mas, como editores, também optámos por resistir à tentação de adulterar os textos originais, pois não tínhamos a certeza de sermos sempre capazes de distinguir entre a atualização e a censura. Além disso, achamos que um dos muitos encantos destes ensaios para os leitores contemporâneos, que valorizam a vantagem de uma perspetiva completa que se estenda a todo o período durante o qual Drucker fez previsões, é poderem julgar agora como se conserva admiravelmente presciente e aplicável uma tão grande parte do seu pensamento.

INTRODUÇÃO: UMA SOCIEDADE DE ORGANIZAÇÕES

A SOCIEDADE deste século transformou-se numa sociedade de organizações. Tarefas sociais que há apenas um século eram realizadas pela família, no lar, na loja ou na quinta — desde a oferta de bens e serviços à educação e cuidados de saúde a doentes e idosos — são cada vez mais realizadas em e através de grandes organizações. Essas organizações — sejam empresas, hospitais, escolas ou universidades — são projetadas para permitirem continuidade e administradas por gestores profissionais. Os executivos tornaram-se, assim, os grupos que lideram a nossa sociedade. Os grupos de liderança dos antigos nobres, sacerdotes, a verdadeira aristocracia fiduciária ou magnatas empresários desapareceram ou tornaram-se periféricos.

O primeiro trabalho do executivo é fazer a sua empresa funcionar. Os resultados estão sempre no exterior. Custos, só os há no interior. Mesmo a mais eficiente fábrica continua a ser um foco de custos até que um cliente distante pague os seus produtos. Desta forma, o executivo vive numa luta constante para impedir que o desempenho seja ultrapassado pelas preocupações do interior, isto é, pela burocracia. Já as empresas estão, pelo menos, sob o controlo dos mercados, o que obriga até a corporação mais poderosa a subordinar as suas preocupações internas aos resultados externos e ao desempenho. Mas nas instituições de serviço público, onde o teste do mercado é inexistente — e em muitos casos nem sequer pode ser simulado —, a ameaça de que a burocracia possa engolir o desempenho é constante.

Para a empresa num sistema de mercado, estamos a desenvolver gradualmente uma disciplina de empreendedorismo, ou seja, de desempenho. Mas até o presidente dos Estados Unidos trava uma batalha perdida para preservar a sua capacidade de proporcionar liderança política e de tomar decisões políticas face à necessidade de gerir uma máquina burocrática ingerível, de grande dimensão, complexa e egocêntrica.

A arte e a disciplina do empreendedorismo para permitir que as empresas desempenhem e produzam resultados serão, por conseguinte, uma preocupação permanente. Esta preocupação envolverá tanto as instituições de serviço público como o sector empresarial.

O executivo, enquanto pessoa — enquanto indivíduo-chave na sociedade e enquanto membro da sua organização —, torna-se um tema de importância crescente. A gestão intermédia e outros profissionais liberais que trabalham como empresários em nome individual — como engenheiros, químicos, contabilistas, programadores de computadores, analistas clínicos e muitos outros — constituem o grupo de crescimento mais rápido na sociedade dos EUA e, na verdade, na sociedade de todos os países desenvolvidos. Carreiras em organizações — isto é, carreiras como gestores e outros profissionais liberais — são as principais oportunidades de carreira para pessoas qualificadas. Nove em cada dez jovens com um diploma universitário podem esperar atravessar toda a sua carreira profissional como gestores ou outras profissões em instituições.

Em geral, os teóricos sociais e os cientistas políticos ainda dividem o mundo em «chefias» e «mão-de-obra». Mas essa era a realidade do século XIX. A realidade de hoje consiste em pessoas que são «chefes», mas que também eles próprios têm chefes; que não são «capitalistas», mas que, coletivamente, através dos seus fundos de pensões e das suas poupanças, são donos da economia; as pessoas que se consideram «profissionais liberais», mas que também são «empregados» como os «profissionais liberais» tradicionalmente não deveriam ser.

Quem são? O que representam? Qual é a sua posição? Quais são os seus problemas, as suas oportunidades, as suas preocupações? Como podem tirar o melhor partido possível das organizações para alcançar os seus próprios fins na vida pessoal e no trabalho? E o que, por sua vez, devem eles às organizações que lhes permitem viver uma vida confortável, bem-remunerada, de classe média, garantindo-lhes o capital de que eles próprios necessitam e assumindo os riscos que não poderiam ou não ousariam assumir?

Existem, evidentemente, muitas outras preocupações de gestão e de chefia: o impacto das novas tecnologias, das relações laborais, da regulamentação governamental e da crescente integração económica mundial; a tributação e remuneração; a organização interna em rápida mudança; e a formação de gestores.

Existe uma curiosa ambivalência na nossa sociedade que revela uma face aparentemente hostil às empresas e às grandes organizações, mas que também favorece as escolas empresariais uma vez que se tornaram as instituições de ensino superior de crescimento mais rápido. Na verdade, o grau de mestre em Administração de Empresas tornou-se cada vez mais importante para subir na carreira, tanto nas instituições de serviço público como nas empresas.

Existe a mudança da estrutura etária da sociedade, que está a criar um clima de extrema concorrência entre os jovens adultos. E, cada vez mais, há o desejo de uma segunda carreira para o gestor e profissional de meia-idade — um problema para o individuo e um desafio para a organização que o emprega.

Apesar de toda a efusão da escrita de gestão nestes últimos 25 anos, o mundo da gestão ainda é pouco explorado. É um mundo de questões, mas também um mundo de pessoas. E está a sofrer uma rápida mudança neste momento.

Estes ensaios exploram uma grande variedade de tópicos. Lidam com as mudanças na força de trabalho, nos seus empregos, nas suas expectativas, nas relações de poder de uma «sociedade dos trabalhadores» e ainda com mudanças na tecnologia e na economia mundial. Discutem os problemas e desafios que as principais instituições, incluindo empresas, escolas, hospitais e agências governamentais enfrentam. Observam com novos olhos as tarefas e o trabalho dos executivos, o seu desempenho e a sua avaliação, e ainda a sua remuneração.

Por mais diversos que sejam os tópicos, todas as peças refletem sobre a mesma realidade: em todos os países desenvolvidos, o trabalho do dia-a-dia transformou-se numa «sociedade de organizações» e, portanto, dependente de executivos, ou seja, de pessoas — sejam designadas por gestores ou administradores — que são pagas para comandar organizações e para as fazer funcionar. Estes capítulos têm um tema comum: o mundo do executivo em mudança — mudanças rápidas dentro da organização; mudanças rápidas em relação às visões, aspirações e até características dos empregados, clientes e constituintes; e mudanças rápidas também fora da organização — do ponto de vista económico, tecnológico, social e político.

Dos 40 capítulos deste volume, 39 foram primeiro publicados na página de opinião do *Wall Street Journal*, um deles — o Capítulo 23, «O professor e o protecionismo dos sindicatos» — foi publicado pela primeira vez no *Chronicle of Higher Education*, e o último capítulo, «A questão da "ética empresarial"», foi originalmente escrito para o *The Public Interest* e lá publicado.

Este livro tem dois objetivos. Um deles é oferecer uma perspetiva — e um entendimento — sobre este mundo do executivo. O segundo é disponibilizar um «plano do executivo» útil. A organização moderna, como agora a conhecemos, tem apenas um século. Só após a II Guerra Mundial se tornou conceptualmente visível e objeto de estudo, ou seja, há menos de meio século. Este novo continente foi batizado e os seus contornos podem agora ser delineados. Tirando isso, ainda estamos numa fase bastante precoce da sua exploração. O meu segundo objetivo para este livro, enquanto plano do executivo, é estimular o pensamento e a ação e ser lido tendo em conta esta questão primordial: «Como posso eu, e nós na minha organização, usar esta ideia ou estas visões para ter um desempenho mais eficaz — para fazer um melhor trabalho e, acima de tudo, para dar as boas-vindas e acolher o novo e o diferente?»

Peter F. Drucker
Claremont, Califórnia
Dia de Ação de Graças, 1981

PARTE I

O plano do executivo

Os textos de gestão dão maior ênfase ao gerir os outros. Poucos falam da autogestão. Mas gerir os outros é sempre «duvidoso». Será que realmente resulta? No entanto, a verdade é que acabamos sempre por nos autogerir, ou, pelo menos, tentamos.

Gerir os outros é feito de forma mais eficaz recorrendo ao exemplo, em vez de pregar ou de recorrer a políticas. Quando não existe um exemplo, o mais comovente sermão ou a mais sensata política raramente resultam. «Faz o que eu digo, não faças o que eu faço» é o lema de quem está do lado de fora, o consultor. Os executivos eficazes sabem que os seus colaboradores farão o que o chefe faz, e não necessariamente o que o chefe diz.

Daí que a primeira secção deste volume sobre o executivo e o seu mundo em mudança aborde o/a executivo/a, o seu desempenho, as suas tarefas e papéis. E como os executivos são pagos para desempenhar e para garantir que as coisas são feitas como devem ser, destacamos uma nota importante no segundo capítulo, um trecho sobre o desempenho da gestão e a sua avaliação e sobre o *feedback* organizado necessário para a aprendizagem contínua e o autodesenvolvimento de um executivo.

CAPÍTULO UM

Preparar a empresa para a inflação

TODAS AS SEMANAS, OU ASSIM PARECE, é lançado mais um livro a anunciar a única forma segura de proteger o indivíduo e o seu dinheiro contra a inflação. Mas ninguém parece prestar muita atenção à proteção das empresas. E, no entanto, é provável que pouca riqueza individual sobreviva, a menos que os ativos geradores de riqueza da economia, as suas empresas, mantenham a sua capacidade de produzir. E que esta capacidade está ameaçada pela inflação prolongada — sem falar na inflação crónica a elevadas taxas, como acontece agora no mundo inteiro — é algo aceite por todos, incluindo os economistas «progressistas», para quem a inflação é o mal menor.

É impossível para uma empresa — e até mesmo para um indivíduo — adquirir imunidade total contra a devastação da inflação. Mas é possível «preparar para a inflação» uma empresa, de modo a proporcionar-lhe tanto um grau justo de resistência contra a doença pandémica como um poder de recuperação. E pode ser feito de forma bastante acessível e com esforços moderados.

A primeira coisa a fazer — o pré-requisito absoluto — é obter os factos. Uma empresa que não ajusta os seus números à inflação — e nos EUA, até agora, apenas algumas grandes empresas o fazem — não pode combater a inflação e torna-se sua vítima. É obrigada a fazer coisas que aumentam significativamente os prejuízos da inflação pela simples razão de que baseia as suas decisões na desinformação e na autoilusão. Sem uma contabilidade ajustada à inflação, as empresas têm de acreditar que as suas vendas sobem quando, na realidade, tanto as vendas como a sua posição no mercado descem. Têm de acreditar que estão a obter lucros recorde quando, na verdade, a lucratividade cai ou desaparece completamente. Têm de acreditar que são financeiramente fortes quando, na verdade, estão à beira da insolvência e não têm qualquer poder de resistência contra a «crise de crédito» e a «crise de liquidez» — ambas endémicas num período inflacionista. Vendas e posição no mercado; recebíveis e inventário; depreciação, capital e requisitos de serviço da dívida; e lucros precisam de ser continuamente recalculados em números ajustados à inflação para permitir que a empresa se prepare para a inflação.

O próximo passo é a gestão sistemática de fundos. Uma das inevitáveis distorções de um período inflacionista é a excessiva ênfase nas finanças. Manipular o dinheiro passa a ser visto como mais importante do que fabricar e comercializar bens ou serviços quando, com taxas de juros de 17%, um tesoureiro inepto ou inexperiente pode fazer com que a empresa perca mais dinheiro numa semana do que o *marketing* consegue obter em três meses. Mas para preparar uma empresa para a inflação é necessário mais do que a inteligente manipulação do dinheiro e a especulação sobre as taxas de juro (embora ambos, infelizmente, sejam necessários em períodos de inflação). O negócio tem de ser gerido de forma a satisfazer ao mesmo tempo dois requisitos basicamente incompatíveis. Tem de garantir uma exposição mínima às perdas através da depreciação da moeda, o que implica ter o mínimo de dinheiro em caixa e o máximo de dívida a curto prazo. Contudo, ao mesmo tempo, um período inflacionista exige um elevado grau de liquidez. Em qualquer período inflacionista, ataques súbitos de «crise de liquidez» e «crise de crédito» terão lugar sem qualquer aviso. E ao contrário do que todos os políticos prometem, não há «aterragem suave» após pressões inflacionistas — pelo menos, não houve até agora em nenhum dos ataques da inflação na história económica moderna desde o primeiro, os mais de 100 anos de inflação mundial constante e corrosiva no século XVI.

Preparar uma empresa para a inflação requer, por isso, uma política de equilíbrio entre o risco de perda por liquidez excessiva e o risco de catástrofe por falta de liquidez que seja cuidadosa, baseada em princípios e de longo prazo. Qual o prémio de risco que *esta* empresa, com as suas próprias características financeiras específicas, tem de pagar para poder enfrentar uma crise de liquidez ou uma crise de crédito? Os pânicos financeiros de um período inflacionista podem ser comparados a um furacão nas Caraíbas em setembro: por norma, rapidamente se dissipam sozinhos. Mas isso pouco serve de conforto se o barco se virar e afundar ao primeiro golpe de vento mais forte.

E, por fim, preparar a empresa para a inflação exige um desprezo deliberado pela loucura que em período inflacionista passa por sanidade: o foco no muito curto e no imediato. Este foco é «racional» num período inflacionista. Pois com uma taxa de juro na ordem dos 17%, nada que vá além de quatro anos tem qualquer valor no presente — e caso haja algum risco, o período de tempo além do qual os investimentos no futuro diminuem para um valor atual de zero vai descer para cerca de dois anos. Isto significa que, num período inflacionista, se torna «racional» renunciar a quaisquer retornos de despesas que não só não são «certos» como estão a alguns anos de distância. Torna-se «racional» roubar o futuro. Mas, como nos foi recordado pela crise ambiental há alguns anos, tal não é «racionalidade», mas loucura, além de ser a coisa mais supérflua e dispendiosa possível.

A cada inflação ocorrida desde o século XVI, os «mais espertos» geriram o curto prazo. Sempre foram os «trabalhadores milagrosos» e os «mais bem-sucedidos» durante algum tempo. Mas assim que a inflação estagnou — ou fez uma pausa — falharam espetacularmente. O «mágico» da hiperinflação alemã dos anos 20 foi um senhor chamado Hugo Stinnes, que, em três anos frenéticos, construiu o que era então o maior e aparentemente o mais poderoso «conglomerado» da Europa. Seis meses após a estabilização do marco alemão em outubro de 1923, Stinnes estava na falência e o seu império em liquidação.

Os que sobrevivem são os «tolos» que se preparam para o futuro. O melhor exemplo é, mais uma vez, alemão — a Siemens. Durante a inflação alemã, a Siemens foi considerada «insolúvel». Mas a empresa emergiu como o gigante mundial de dois equipamentos elétricos (apenas superada pela norte-americana GE). A sua antiga rival europeia, a AEG (também alemã), foi «inteligente» durante a inflação e a eleita pelos analistas de garantias e autores de textos financeiros; nunca recuperou a sua força competitiva e, desde então, tem vindo a ficar cada vez mais para trás. E o que a Siemens fez foi bastante simples. O seu funcionamento diário, incluindo a gestão monetária, foi gerido de acordo com a realidade da inflação. Tudo o que estava ligado ao funcionamento do amanhã era gerido como se a inflação não existisse.

Para preparar a empresa para a inflação, as atividades que fazem o amanhã — investigação científica e técnica, inovação e desenvolvimento de produtos e processos; manutenção de instalações e equipamentos; desenvolvimento de mercados; serviço ao cliente; e desenvolvimento e formação profissionais, gestores e pessoal qualificado — são geridas como se a taxa de juro fosse de 3%, ou seja, ignorando a taxa de inflação. Estas atividades representam pelo menos um décimo do total de despesas de qualquer empresa, sendo que em algumas representam muito mais. Mas para que a empresa seja à prova de inflação é necessário que quem a gira tenha prioridade sobre tudo, com exceção do fluxo de caixa necessário para proteger o negócio contra as pressões da crise de liquidez.

Além disso, a manutenção da sua própria «capacidade de produção de riqueza», ou seja, a sua competência e conhecimento, pode ser a melhor forma de os indivíduos se tornarem à prova de inflação. A história faz-nos duvidar de todo e qualquer esquema inteligente para vencer a inflação — quer investindo em imóveis ou em diamantes, em bens de consumo, em ouro ou em antiguidades — que os livros mais vendidos de hoje promovem de forma tão persuasiva. Os governos, de alguma maneira, sempre encontraram forma de tirar o melhor partido do esquema mais inteligente de combate à inflação. Mas enquanto os agricultores, comerciantes e industriais alemães ainda não tinham recuperado dez anos após a inflação de 1920 a 1923, um fator importante, logicamente, na ascensão de Hitler, os médicos, advogados e engenheiros estavam de volta aos seus antigos níveis de rendimento seis meses após a estabilização da marca.

Os profissionais liberais que agora migram para os programas de gestão executiva e para os cursos de reciclagem de engenharia, contabilidade, direito e medicina podem, no final, acabar por serem os únicos que estão mais próximos de estarem preparados para a inflação.

(1981)

CAPÍTULO DOIS

Uma tabela de desempenho para a gestão

AS «AUDITORIAS DE GESTÃO» SÃO HOJE EM DIA MUITO debatidas pelos aliados das empresas e pelos seus críticos, por agências reguladoras, em seminários de gestão e em publicações ligadas à gestão. Os proponentes, geralmente, defendem uma investigação minuciosa sobre as qualidades básicas de gestão — a moral e integridade da gestão, a sua criatividade, os seus «valores sociais», a sua empatia humana e assim por diante. «Disparate», dirão os adversários. «O que conta é o desempenho, e esse mede-se pelo resultado.»

Ambos os lados, e podemos dizê-lo de forma inequívoca, estão errados. É necessário avaliar a gestão. Na verdade, é muito provável que, num prazo relativamente curto, os conselhos de administração lhes tenham imposto um dever legal de avaliar a gestão de empresas públicas. Mas é igualmente verdade que só o desempenho pode ser avaliado. Os aspectos sobre os quais o proponente de auditorias de gestão fala — integridade ou criatividade, por exemplo — é melhor deixar para os romancistas.

No entanto, o «resultado» nem sequer é uma medida adequada do desempenho da gestão. O resultado mede o desempenho da empresa e não o desempenho da gestão. E o desempenho atual de uma empresa é, em grande parte, o resultado do desempenho, ou da falta dele, de gestões antecedentes de anos anteriores.

Os executivos de hoje são, evidentemente, muito mais do que depositários passivos do passado. Eles podem, e devem, modificar devidamente as decisões que herdam. De facto, descartar estas decisões quando obtêm maus resultados, como qualquer outra decisão em relação ao futuro é suscetível de o fazer, é uma das suas tarefas mais importantes e mais difíceis. Mas os executivos de hoje são também responsáveis por marcar o futuro do negócio — com prazos de entrega cada vez mais longos e que, em algumas áreas, chegam a atingir os dez anos ou mais.

O desempenho da gestão significa, portanto, em grande medida, fazer um bom trabalho na preparação dos negócios de hoje para o futuro. E esta é uma área onde a aferição do desempenho da gestão — ou pelo menos uma avaliação dele — é mais necessária.

A certeza quanto ao desempenho da gestão de hoje só é possível em retrospetiva, ou seja, no futuro. Mas a avaliação com uma probabilidade elevada é possível já hoje. Isto porque o futuro de uma empresa é feito em grande parte pelo desempenho da mesma em quatro áreas, em cada uma das quais a taxa de sucesso da gestão pode ser determinada, e em cada uma delas a gestão pode esforçar-se para melhorar o seu desempenho após tomar conhecimento do seu histórico de resultados positivos e falhas.

1. Desempenho sobre dotação de capital

Quase todas as empresas têm procedimentos elaborados no que toca a dotação de capital. Mesmo nas empresas em que os gestores das divisões possuem quase total liberdade, a gestão de topo mantém um apertado controlo sobre a dotação de capital e reserva para si própria a decisão final sobre investimentos de capital, mesmo os mais irrisórios. E a maioria dos gestores gasta demasiado tempo em decisões sobre dotação de capital. Mas surpreendentemente poucos gestores prestam grande atenção ao que acontece após o investimento de capital ter sido aprovado. Em muitas empresas não há sequer maneira de o descobrir. Para o confirmar, se a nova fábrica multimilionária se atrasar nos prazos ou os custos resultarem muito superiores ao que estava originalmente planeado, todos ficam a saber. Mas quando uma fábrica está «em funcionamento», não se perde demasiado tempo a comparar o seu desempenho com as expectativas que levaram àquele investimento. E os investimentos mais pequenos, embora na sua totalidade igualmente importantes, raramente são analisados uma vez tomada a decisão.

No entanto, existem poucos testes mais eficazes à competência e ao desempenho de uma gestão do que o seu desempenho na dotação de capital, ou seja, uma análise da experiência real dos investimentos de capital em relação às expectativas. A General Motors tem conhecimento deste facto há cerca de 60 anos; na verdade, o seu sistema de monitorização do desempenho das decisões de investimento em capital de gestão foi publicado pela primeira vez em 1927.

Desde então, sabemos que temos de aferir tanto a remuneração do investimento em si, como a remuneração esperada, aquando da decisão de investimento, e o impacto da decisão de investimento sobre o rendimento e a rentabilidade de toda a empresa, mais uma vez em relação às expectativas no momento em que a decisão foi tomada. Estruturar este retorno a partir dos resultados das decisões de dotação de capital é uma questão bastante simples. Não requer, exceto nas maiores e mais complexas empresas, uma avaliação por computador, podendo ser realizada numa folha de cálculo comum, guardada numa simples gaveta. O que é necessário, contudo, é a vontade de se comprometer com as expectativas quando a decisão está a ser tomada e, seguidamente, a sinceridade intelectual para enfrentar os resultados reais em vez de evitar ter de olhar para eles.

2. Desempenho e seleção de recursos humanos

Todos concordam que o desenvolvimento e a colocação de gestores e outros profissionais significa o derradeiro controlo de qualquer organização. Na verdade, é a única maneira de garantir que as decisões de hoje darão frutos. Pela sua própria natureza, as decisões tomadas em relação ao futuro — ou seja, as decisões de gestão que comprometem os recursos económicos de hoje à incerteza do futuro — irão deparar-se com sérias dificuldades. E nessa altura tudo dependerá da capacidade dos gestores de amanhã para salvar as decisões de gestão de hoje. No entanto, embora admitido como crucial, o assunto é geralmente considerado intangível. Mas nem o que é esperado do desempenho de um recurso humano quando lhe é atribuída uma função nem a forma como funciona a nomeação é intangível. Talvez não possam ser quantificados, mas certamente podem ser avaliados, e de forma bastante fácil.

Uma coisa de que podemos ter a certeza quando uma nomeação não obtém os resultados esperados é que o executivo que tomou a decisão e que selecionou e nomeou o recurso humano tomou uma decisão inadequada ou — o que também acontece com frequência — tomou a decisão de forma inadequada. Culpar o fracasso da promoção à pessoa promovida — como é o habitual — não é mais racional do que culpar o dinheiro que foi investido pelo investimento de capital que tenha corrido mal. De facto, os executivos que sabem como se tomam tais decisões que envolvem recursos humanos e que nelas trabalham não aceitam o tão invocado «Princípio de Peter», ou o «Princípio da incompetência», no que diz respeito às suas escolhas. Poucos, muito poucos, dos recursos humanos que nomeiam para promoção acabam por se revelar incompetentes. Não acreditam que as boas decisões sobre pessoas são tomadas por «bons avaliadores de pessoas». Sabem que as mesmas são feitas por executivos que não sabem avaliar pessoas, mas que se esforçam arduamente na tomada de decisões sobre pessoas, e especialmente por executivos que garantem que confirmam como as suas decisões sobre recursos humanos resultam na prática.

De facto, não é possível — ou pelo menos não facilmente — avaliar, e muito menos testar, a cultura de uma empresa e a evolução dos seus recursos humanos. Mas é muito fácil testar os resultados da cultura e da evolução — isto é, o desempenho das decisões sobre os recursos selecionados em comparação com as expectativas que lhes estão subjacentes.

3. Desempenho da inovação

O que se espera de um esforço de investigação, de um esforço de desenvolvimento, de um novo negócio ou de um novo produto? E quais são os resultados reais — um, dois, três, cinco anos depois? Os resultados da investigação não podem ser previstos ou projetados para o futuro, é o que nos dizem constantemente. Mas certamente que os resultados da investigação podem ser aferidos, ou pelo menos avaliados, e podem então ser estimados em retrospetiva às promessas e expectativas relativas à época do início da investigação. O mesmo se aplica aos esforços de desenvolvimento, a uma nova empresa, a um novo produto, a um novo mercado e mesmo à inovação.

Mesmo a gestão mais competente consegue atingir, na melhor das hipóteses, resultados na ordem dos cerca de 0,300 na área da inovação. A inovação é imprevisível. Mas certamente existe uma razão, além da simples sorte, para que algumas administrações, como por exemplo a Procter & Gamble ou a 3-M, tenham obtido muito melhores resultados em termos de desenvolvimento e introdução do produto do que a maioria das restantes. Uma das razões é que todas as empresas com uma elevada média de resultados positivos avaliam sistematicamente o seu desempenho em termos de inovação em relação às expectativas. Só assim podem melhorar. Só então, acima de tudo, podem confirmar onde são efetivamente eficientes. A maioria das empresas gere a inovação por compromisso. Os inovadores competentes gerem por resultados.

4. Planeamento do desempenho

Finalmente, o desempenho da gestão pode e deve ser aferido em relação ao seu planeamento empresarial. Mais uma vez, a questão é: quais são os resultados obtidos comparados com as expectativas. O que estava previsto no plano aconteceu? E era o verdadeiramente mais importante? Os objetivos definidos eram os certos, à luz dos desenvolvimentos reais, tanto na empresa como no mercado, na economia e na sociedade? E foram alcançados?

O planeamento, nunca é demais dizer, não é uma tentativa de prever o futuro, e muito menos uma tentativa de o controlar. Trata-se de uma tentativa de tomar as decisões de hoje tendo em conta os tempos futuros. O planeamento, portanto, quer seja feito sistematicamente ou ao acaso, pressupõe expectativas em relação ao futuro. E se essas expectativas são confirmadas por eventos reais ou contrariadas por eles é uma prova de fogo ao desempenho da gestão. Mais uma vez, tal exige que as expectativas estejam definidas, explicitadas — e que haja um retorno organizado das ocorrências reais em relação às expectativas. Tal como na área da inovação, a empresa mais capaz não possui uma taxa de sucesso particularmente elevada no seu planeamento empresarial. Fica aquém. Mas pelo menos estes gestores sabem quando falham ou acertam e, acima de tudo, sabem o que fazem bem e o que precisam de melhorar.

Uma vez que o planeamento, por mais organizado que seja, é o processo que compromete os recursos de uma empresa para o futuro, o planeamento do desempenho é crucial para o desempenho da responsabilidade da gestão para construir o futuro. A avaliação do planeamento do desempenho constitui, portanto, a última, embora talvez não a menor, aferição do desempenho da gestão.

Mesmo a maior competência nestas quatro áreas dificilmente poderá ajudar muito se a empresa estiver no ramo inadequado. É pouco provável que consiga obter um negócio lucrativo a partir de algo reconhecidamente datado ou uma empresa em crescimento a partir de um negócio antigo de uma indústria ultrapassada — como, por exemplo, uma panificadora. Mas, pelo menos, a competência e o desempenho nestas áreas rapidamente mostrarão que uma empresa possui um negócio de ontem ou que não possui as características económicas que lhe permitem crescer.

Por outro lado, estar no negócio indicado e ter os objetivos certos não melhorará o desempenho a menos que a gestão tenha um bom — ou, pelo menos, um adequado — desempenho no que diz respeito a decisões de investimento de capital, decisões de pessoas, inovação e planeamento. Estas quatro áreas de decisão não são a essência da gestão de negócios, mas são o seu grande teste. E todos os gestores deveriam submeter-se a estes testes.

(1976)

CAPÍTULO TRÊS

Ajudar as pequenas empresas a lidar com o crescimento

O CRESCIMENTO DOS NEGÓCIOS É UMA RECOMPENSA pela realização e deve ser motivo de satisfação. Contudo, para muitas pequenas e médias empresas o crescimento transforma-se num pesadelo. Quando a empresa parece estar preparada para um crescimento rápido e rentável, fica fora de controlo e entra em graves problemas.

Mesmo que a empresa sobreviva à crise — e muitas não sobrevivem — frequentemente terá perdido o seu potencial de crescimento anterior e permanecerá para sempre comprometida. E, nos casos mais promissores, em que a empresa recupera e consegue obter sucesso, permanecerão profundas e permanentes cicatrizes.

Eu aprendi a aplicar cinco regras simples para permitir que uma pequena ou média empresa cresça sem ficar fora de controlo e sem sofrer a severa provação da crise de crescimento.

1.

O crescimento requer investimento. Representa sempre uma enorme sobrecarga sobre os recursos financeiros de uma empresa. E a menos que a empresa seja gerida para o fluxo de caixa, o crescimento deverá criar pressões de liquidez que poderão mesmo forçar a empresa em crescimento a entrar em insolvência. Nessas empresas, os lucros são algo secundário. Na verdade, numa empresa em rápido crescimento, os lucros são uma ilusão contabilística; devem ser considerados reservas para contingências.

2.

A empresa em crescimento, especialmente se for uma pequena ou média empresa, precisa de antever a estrutura financeira e os recursos financeiros de que necessitará, com pelo menos dois ou, melhor ainda, três anos de antecipação. Tem de começar desde já a trabalhar para obter as verbas externas de que irá necessitar para sustentar o seu crescimento.

As necessidades financeiras de uma empresa não crescem proporcionalmente com o volume de vendas. Algumas áreas podem necessitar desproporcionadamente de mais verbas, outras desproporcionadamente de menos. Os recebíveis, por exemplo, podem ter de crescer duas vezes mais depressa do que as vendas, mas também a apenas metade da sua rapidez ou mesmo nada, enquanto as vendas duplicam. E isto aplica-se a todas as áreas — instalações e equipamentos de fabrico; instalações de distribuição, tais como armazéns ou frotas de entregas; investimento em serviços técnicos ou em inventários de materiais.

Como resultado, a estrutura de capital exige sempre uma alteração durante o rápido crescimento. A estrutura atual torna-se sempre inadequada e um verdadeiro colete de forças. Se as necessidades financeiras e a estrutura financeira de amanhã forem abordadas hoje — ou seja, alguns anos antes da necessidade —, um negócio sólido pode quase sempre obter o que precisa na quantia certa e na forma certa, seja capital próprio, dívida de longo prazo, títulos de médio prazo ou crédito comercial de curto prazo.

Se a empresa aguarda até necessitar de nova injeção de dinheiro é porque aguardou tempo demais. Mesmo que consiga obter o que precisa, é pouco provável que esteja na forma certa e é quase certo que lhe saia demasiado caro.

O planeamento financeiro para a empresa em crescimento não precisa de ser elaborado; na verdade, raramente pode ser elaborado. Mas tem de ser feito atempadamente, e isso significa muito antes da necessidade real. O ponto de partida tem de ser a perceção de que o crescimento é qualitativo e altera as necessidades financeiras e a estrutura financeira. O crescimento não significa simplesmente «mais», cria algo novo e diferente.

3.

Para crescer sem cair numa crise de crescimento, uma empresa também precisa de antever as necessidades futuras de informação. O crescimento exige sempre dados além dos fornecidos pelo sistema de contabilidade, dados sobre o que se passa fora da empresa e sobretudo dados sobre o que se passa no mercado.

Recordo-me nitidamente de uma pequena empresa no ramo dos bens de consumo com uma gama de produtos inovadores muito bem-sucedida e uma taxa de crescimento de vendas entre os 10 e os 15% por ano. A empresa anunciou um aumento de preços bastante acentuado, mas ofereceu-se para fornecer aos distribuidores da altura produtos a preços antigos durante o resto do ano. Nesse ano, as vendas dispararam 50%. Mas após o primeiro dia do ano seguinte, as vendas secaram completamente. Seis meses mais tarde, recuperaram para apenas metade do patamar anterior. A empresa entrou em colapso e foi forçada a encerrar.

Na verdade, nada tinha ocorrido exceto a falta de dados. O consumidor final continuou a aumentar as suas compras a uma taxa de 10 a 15%. Mas os distribuidores tinham armazenado em antevisão dos aumentos de preços anunciados e estavam a atrasar novas encomendas até terem escoado os seus inventários.

No entanto, ninguém na empresa se apercebeu disso, pois todos definiram (incorretamente) «vendas» como entregas aos distribuidores — a definição legal e contabilística em vez da definição económica (e, já agora, geralmente a definição errada). A amostra mais simples de compras de clientes — por exemplo, uma amostra das vendas reais de 1% dos distribuidores uma vez por mês — teria confirmado à empresa mais cedo o que estava a acontecer e ter-lhes-ia permitido tomar as medidas adequadas.

Mas a falta de dados tão simples, como qualquer pessoa familiarizada com pequenas empresas em crescimento sabe, é muito comum. As pequenas e médias empresas que esperam crescer precisam, portanto, de perguntar: «De que informações adicionais precisamos para obter um verdadeiro controlo e saber o que realmente se passa na nossa empresa? Quais são os resultados reais na empresa e quais são os custos reais?» E precisa de aprofundar bem esta informação muito antes do momento em que a sua inexistência a possa prejudicar.

4.

As pequenas e médias empresas que querem crescer precisam de se concentrar em tecnologias, produtos e mercados. Precisam de se libertar descartando todos os desvios.

Existe, por exemplo, o fabricante com vendas de 12 milhões de dólares por ano no seu mercado de origem, os Estados Unidos — um aumento de 3 milhões de dólares em relação há cinco anos —, e que se entrega a um negócio internacional que consiste num empreendimento conjunto no Japão e duas pequenas fábricas na Europa. Após cinco anos de trabalho árduo, as suas vendas atingem um total de 1,5 milhões de dólares e perdem todos os anos 600 mil dólares. Pior ainda, absorvem até um terço do tempo de todos os recursos humanos-chave da empresa, em contínuas viagens entre Osaka e Hamburgo para «resolverem os problemas», sem, no entanto, permanecerem o tempo suficiente para conseguir alguma coisa.

Ou ainda «a nossa linha de prestígio», o «nosso produto estrela», ou — inversamente — a «linha popular de baixo preço» desenvolvida numa tentativa frustrada de levar as mercadorias da empresa às lojas de desconto e «de nos tornar relevantes no mercado de massas».

O crescimento exige muito em termos de energia, especialmente em termos de energia de gestão humana. Exige concentração nas áreas onde se obtêm os resultados. E exige vontade de desistir de áreas em que existem apenas esforços, mas não resultados reais, por mais promissoras que essas áreas parecessem ser quando a empresa se dedicou pela primeira vez a elas.

5.

As pequenas ou médias empresas geralmente não têm recursos para contratar gestores de topo. Mas se quiserem crescer, devem garantir que, com grande antecedência, preparam a gestão de topo de que irão necessitar após o seu crescimento. As pequenas empresas em crescimento começam geralmente como a criação de apenas uma ou duas pessoas. São geralmente empreendedores com visão, motivação, capacidade e coragem. Ainda assim, não passam de seres humanos e, dessa forma, dotados tanto de fraquezas como de forças.

Existe, por exemplo, a empresa iniciada por um homem com grande imaginação de produto, grande capacidade de conceção e desenvolvimento do produto e capacidade de promoção. Com a sua capacidade, ele cria uma pequena empresa de rápido crescimento e coroada de sucesso. Mas este género de homem é muitas vezes desprovido de sentido financeiro e tende a ser um «solitário», temperamental e insolente para com outras pessoas.

Se ele for meticuloso, quase garantidamente matará a empresa. Obrigar-se-á a tomar conta das questões financeiras e outras tarefas para as quais lhe falta competência. E ao gastar demasiado tempo naquilo que não tem competência para gerir bem, vai acabar por negligenciar o que poderia desempenhar corretamente. Alguns anos mais tarde, a crise de crescimento será atingida e este tipo de empresa geralmente acaba por falir, tendo perdido as vantagens originais que o seu fundador lhe tinha conferido.

Igualmente comum é o homem que desconsidera pessoas, finanças ou distribuição, enquanto se concentra na conceção, desenvolvimento e promoção de produtos. Três ou quatro anos mais tarde, também a sua empresa estará em crise. Ainda assim, muitas vezes ainda pode ser salva; pelo menos dispõe dos produtos certos e os mesmos encontram-se bem-posicionados no mercado. No entanto, é também provável que permaneça continuamente comprometida enquanto o proprietário-empresário provavelmente perderá o controlo e será eliminado no decurso do plano de resgate.

O que as pequenas e médias empresas precisam para crescer é de perguntar: «Quais são as atividades-chave neste negócio (e as pessoas e o dinheiro são sempre atividades-chave em todos os negócios, embora nunca as únicas)?» Seguidamente, os gestores de topo devem perguntar: «Que atividades-chave se adequam a que gestores de topo?» E depois: «Quais dos nossos colaboradores têm a capacidade de assumir, além das suas atuais funções, as atividades-chave para as quais os atuais gestores não são adequados?»

A estas pessoas é então atribuída a responsabilidade de atividades-chave específicas, de preferência sem publicidade, sem alteração de título e sem receber um cêntimo a mais. Cinco anos mais tarde, quando a empresa tiver crescido, terá então a equipa de gestão de topo de que necessitará. Mas demora cerca de cinco anos a formar tal equipa, e se esse trabalho não for iniciado com antecedência, a empresa não conseguirá tornar-se ou manter-se maior. Acabará por ceder à carga adicional que o crescimento obrigatoriamente impõe.

É difícil, se não impossível, curar a crise de crescimento das pequenas e médias empresas. Mas é bastante fácil evitar tal crise, e é vital fazê-lo.

(1977)

CAPÍTULO QUATRO

Serão os salários dos executivos excessivos?

RECORRENTEMENTE CALCULADOS APÓS OS IMPOSTOS, os rendimentos dos executivos das empresas nos Estados Unidos têm vindo a diminuir de forma relativamente constante nos últimos 30 anos. E a diferença entre os rendimentos reais dos quadros superiores após impostos e de todos os outros recursos humanos, dos administrativos à gestão intermédia, tem vindo a diminuir em vez de aumentar durante o mesmo período. No entanto, quase ninguém conhece os factos, e quase ninguém acredita neles. A ideia generalizada é que a remuneração dos executivos aumentou tão acentuadamente que se tornou «excessiva» e que a desigualdade de rendimentos nas empresas americanas e na economia dos EUA está constantemente a aumentar em vez de diminuir.

Uma razão para esta noção generalizada é a inflação e o impacto que tem nos rendimentos do nosso sistema fiscal progressivo. À medida que os rendimentos monetários aumentam, mesmo que os rendimentos reais permaneçam constantes ou diminuam, as taxas de imposto sobre o rendimento sobem.

Um administrativo da indústria americana, em 1977, ganhou o dobro do salário que ganhava dez anos antes, e, com benefícios, o seu custo para o seu empregador foi pelo menos duas vezes e meia o que tinha sido dez anos antes. Mas os seus impostos tinham pelo menos triplicado, especialmente porque os impostos estaduais e locais em muitos lugares tinham sido acrescentados aos impostos federais. Este efeito em escala, contudo, não afetou os detentores dos maiores rendimentos — quem recebeu rendimentos do seu trabalho na ordem dos 100 000 dólares ou mais por agregado familiar. A sua receita fiscal federal está limitada a 50% dos rendimentos auferidos.

A segunda razão pela qual a remuneração dos executivos é geralmente considerada excessiva é a utilização generalizada de artifícios fiscais. Para proteger os executivos da avidez da autoridade tributária, as corporações têm-se aproveitado de todos os abrigos ou lacunas fiscais que a lei e os advogados têm criado.

Um exemplo disso é a compra de ações. A maioria dos executivos sabe que as explicações dadas para estes artifícios são puro disparate. Ainda não conheci um executivo que acredite realmente que a compra de ações funcione como um incentivo ou promova o desempenho. Todos sabem que a sua finalidade é simplesmente evitar impostos. Na verdade, já participei em reuniões entre uma empresa e o executivo que esta pretendia contratar que abordavam *apenas* o montante líquido (após impostos) que o executivo deveria receber e seguidamente era entregue aos advogados de direito fiscal a conceção do «pacote» indicado.

Mas é difícil resistir à tentação. E, assim, os planos de remuneração dos executivos são adornados com artifícios fiscais ao ponto de perderem toda a forma e coerência.

As consequências estão longe de ser integras. Em períodos de inflação, em particular, estes artifícios fiscais tendem a dificultar decisões responsáveis. Mesmo quando começou a inflação, no início e meados dos anos 70, a maioria das empresas sabia que as suas contas publicadas não representavam a realidade económica. Sabiam que apresentavam lucros de inventário, por exemplo, que eram pura inflação; ou apresentavam lucros que simplesmente representavam subvalorização.

No entanto, sempre que alguém pretendia ajustar as contas à realidade económica era travado, para não interferir com o valor das ações dos executivos ou com os seus bónus de participação de lucros. «Eu próprio faria isso, certamente», ouvi mais de um diretor-geral dizer, «mas não o posso fazer aos meus colegas».

No plano externo, o efeito tem sido muito pior. Estas coisas criam — e com razão — a impressão de que os executivos são gananciosos, que pretendem enriquecer à custa da empresa e que estão a «roubar» tanto acionistas, como empregados e clientes.

Ao mesmo tempo, os artifícios fiscais não funcionam. Nas poucas empresas que conheço que resistiram à tentação de subordinar a racionalidade económica à evasão fiscal na estruturação da remuneração aos executivos — as poucas empresas que apenas fazem pagamentos correntes ou diferidos e nada mais —, os executivos não se saíram pior do que nas empresas que acabaram por enriquecer os advogados de direito fiscal.

E sim, as ações funcionaram magnificamente durante o mercado em alta. Mas durante um período de dez anos, de 1966 a 1976, por exemplo, os executivos que não tinham essa opção, nem *phantom stocks* (ações fantasma) nem qualquer outro artifício complicado de evasão fiscal, provavelmente fizeram o mesmo que os executivos que seguiram planos que mais habilmente tiravam partido de cada lacuna fiscal que um governo benevolente estabeleceu.

Finalmente, mas talvez o mais importante, muito poucos executivos de topo em muito poucas e muito grandes empresas têm efetivamente um salário colossal. Alguns (*nota de 1981*: talvez não mais de 30) têm um «pacote de remuneração» total que chega a cerca de um milhão de dólares, antes de impostos. Um número maior, embora provavelmente ainda não mais de mil, recebe pacotes de remuneração com um valor total anual pré-impostos de 500 000 dólares ou mais — incluindo salário, bónus, ações, pensão de reforma, indemnização por cessação de funções e assim por diante.

Do ponto de vista económico, estes poucos colossais salários de executivos são bastante insignificantes. Do ponto de vista social, provocam enormes prejuízos. Eles são demasiado visíveis e demasiado divulgados. E são, por conseguinte, considerados como típicos e não como as exceções extremas que na verdade são.

Estes ínfimos salários muito elevados estão a ser explicados pela «necessidade» de pagar aos executivos «o preço de mercado». Mas isso é absurdo. Qualquer executivo sabe perfeitamente que o que os explica é a lógica interna de uma estrutura hierárquica. O chefe de equipa tem de receber 15 mil dólares após benefícios ou 20 mil incluindo benefícios. E assume-se que cada hierarquia acima do chefe de equipa tem de receber pelo menos 40% mais. Se houver 30 níveis, então a chefia de topo tem de receber mais 500 mil dólares, não porque esse seja o seu «valor de mercado», mas porque, caso contrário, o chefe de equipa não poderia receber os seus 15 mil dólares.

O dinheiro é um símbolo de *status* que define a posição de um executivo na hierarquia corporativa. E quanto mais hierarquias houver, mais a chefia no topo da hierarquia terá de receber.

Esta conjuntura recompensa as pessoas por criarem níveis adicionais de gestão. Já vi isso acontecer mais do que uma vez: um diretor-geral de divisão aumenta a sua própria base de pagamento em 50% através da «reorganização» da sua divisão e da criação de cinco níveis de gestão onde anteriormente existiam três.

No entanto, os níveis de gestão devem ser reduzidos ao mínimo. Um plano executivo que recompensa os executivos por adicionarem níveis é uma ameaça para a saúde da própria organização. Se salários muito elevados só podem ser justificados porque a lógica dos níveis hierárquicos os exige, então talvez o número de níveis precise de ser reduzido. Pelo menos, não deveria haver recompensa pelo acréscimo de níveis — e os salários demasiado elevados são exatamente isso.

O que precisa de ser feito é bastante óbvio. As empresas precisam de tomar a iniciativa de eliminar, ou pelo menos de mitigar, a escalada fiscal dos trabalhadores com rendimentos baixos e médios num período inflacionista. A «reforma fiscal» mais relevante, e, a propósito, aquela em que os sindicatos dariam o seu apoio às empresas, é a de ajustar as taxas de imposto sobre o rendimento à taxa de inflação. Se isso não for feito, e rapidamente, o limite máximo de 50% sobre o imposto sobre o rendimento obtido — isto é, o limite máximo do imposto sobre os rendimentos dos executivos — está praticamente condenado a ser extinto.

Os executivos têm, assim, interesse próprio em eliminar o imposto fiscal sobre os rendimentos mais baixos e médios. E uma reforma desta natureza seria também uma forma eficaz de conter a inflação, eliminando o incentivo ao governo para aumentar as receitas automaticamente através da inflação da moeda.

Finalmente, a inovação mais radical, mas também a mais necessária, seria uma política empresarial publicada que fixasse a remuneração máxima de todos os executivos das empresas, após a totalidade de impostos, mas que incluísse todos os benefícios, aplicando um coeficiente de multiplicação do rendimento após impostos do empregado a tempo inteiro com salário mais baixo (incluindo benefícios).

O rácio exato é menos importante do que a necessidade de haver um determinado rácio. Para uma pequena empresa, pode ser de 15 para um, o que significaria um pacote de remuneração após impostos de 150 mil a 180 mil dólares ou cerca de 300 mil dólares antes de impostos, o que é muito mais do que as pequenas ou médias empresas, por norma, pagam. Para a grande empresa, um montante líquido entre 250 mil e 300 mil dólares de pacote de remuneração após impostos — ou seja, um pacote de remuneração de 400 mil a 450 mil dólares antes de impostos — representaria um rácio de 25 para um, o que representaria uma solução para todas, exceto um número muito pequeno de muito grandes empresas.

Mas mesmo um rácio de 30 para um — equivalente hoje (isto é, 1977) a cerca de 600 mil dólares em remuneração antes de impostos, incluindo todos os benefícios — ainda estaria muito abaixo do que os empregados, líderes sindicais, professores universitários, jornalistas e gestão intermédia pensam que o rácio é atualmente. A maioria das pessoas coloca-o nos 50 para um ou mesmo nos 100 para um. Um rácio de 25 para um não é equidade. Mas está dentro da variação que a maioria das pessoas neste país, incluindo a grande maioria dos trabalhadores administrativos, considera adequado e mesmo desejável.

Na verdade, deve sempre haver exceções. Uma «estrela», seja o supervendedor da companhia de seguros ou o cientista do laboratório responsável por uma mão cheia de grandes avanços em investigação altamente rentável, deve ser compensada sem qualquer limitação do rendimento.

Também deveria haver, é minha convicção, um vantajoso prémio extra disponível para qualquer pessoa, independentemente da sua hierarquia e cargo, que desse um contributo verdadeiramente extraordinário para lá da «responsabilidade das suas funções». Cada organização necessita do equivalente à Medalha de Honra do Congresso dos EUA ou à Cruz Vitória do Reino Unido.

Se e quando for lançado o ataque à «excessiva remuneração dos executivos» — e receio muito que esteja para breve —, as empresas queixar-se-ão do «analfabetismo económico» do público e lamentarão a «hostilidade do público para com as empresas». Mas a culpa será exclusivamente das empresas. É responsabilidade da empresa, mas também do seu próprio interesse, desenvolver uma estrutura de remuneração executiva sensata que retrate a realidade económica e imponha e codifique as conquistas das empresas dos EUA neste século: o estreitamento constante da disparidade de rendimentos entre o «chefe máximo» e o «pequeno trabalhador».

(1977)

CAPÍTULO CINCO

Sobre a reforma obrigatória dos executivos

A DISPOSIÇÃO MAIS INTELIGENTE — e a mais necessária — na recente (neste caso, de 1978) lei que aumenta a idade de reforma obrigatória para os recursos humanos do sector privado para 70 anos (e a elimina totalmente para os funcionários públicos) é a disposição que permite a reforma obrigatória dos quadros superiores aos 65 anos.

Se os mais idosos não vagarem os cargos de executivo topo, os mais novos não conseguem ascender aos cargos. E nos próximos dez anos, quando as crianças do *baby boom* atingirem a meia-idade, haverá uma pressão de jovens e ambiciosos executivos entre os 30 e os 40 anos sedentos de promoção e extremamente qualificados. Além do mais, a única angústia da qual o próprio doente é o único totalmente desconhecedor é a senilidade; e a senilidade em cargos de topo é uma das doenças degenerativas mais perigosas de uma organização.

No entanto, como a lei é escrita e geralmente interpretada, não será vinculativa e não será compulsiva — nem é desejável que o seja. O que é simultaneamente vinculativo e desejável é uma política — e está bem inserida na lei na sua forma atual — segundo a qual os altos executivos são forçados a demitir-se aos 65 anos, mas podem permanecer até à atual idade de reforma de 70 anos, desde que numa função não executiva. Essa é agora a lei no nosso maior estado, a Califórnia, de acordo com uma reforma aprovada em 1977.

Mas no resto do país, em breve, descobriremos que reformar executivos seniores aos 65 anos, quando todos os outros podem permanecer na empresa até aos 70, simplesmente não irá resultar. Quantos recursos humanos da força de trabalho vão querer permanecer e continuar a trabalhar a tempo inteiro além dos 65 anos ainda não sabemos. Mas sabemos que o desejo de se reformar diminui drasticamente quanto mais elevado for o cargo atingido na carreira profissional.

Os mineiros de carvão, por norma, ficam satisfeitos por se reformarem antes dos 65 anos, após uma vida inteira passada no subsolo. Já os executivos seniores, quase sem exceção, adiam a reforma, tal como os médicos e os advogados. Também iniciaram a sua atividade mais tarde. Fisicamente, o trabalho não é tão exigente como a maioria do trabalho de colarinho azul. Estes homens podem falar das alegrias da caça e da pesca, do golfe e da possibilidade de lerem todos os livros que lhes faltam. Mas, em regra, raramente conseguem aguentar seis semanas de férias longe do seu trabalho. Porque o seu trabalho — ao contrário do dos mineiros de carvão — interessa-lhes. Na verdade, tende mesmo a absorvê-los.

Desta forma, a reforma obrigatória dos executivos seniores aos 65 anos, embora bem-recebida pelos que os rodeiam, será sabotada pelos próprios executivos seniores — se a reforma significar ser expulso compulsivamente. Se insistirmos na reforma aos 65 anos, quando outros quadros forem autorizados, se não mesmo incentivados, a permanecer, cada vez mais descobriremos que os homens de 55 anos mais bem-sucedidos e mais realizados recusarão a promoção para cargos executivos de topo que exijam a reforma aos 65 anos. E passaremos a ter de considerar os segundos melhores para os cargos de topo.

O executivo sénior com 65 anos que esteja em boa forma física e mental, que, nos dias que correm, é a maioria, é um recurso demasiado valioso para descartar. A atual idade de reforma de 65 anos foi fixada neste país em meados dos anos 20; do ponto de vista biológico, um homem atualmente com essa idade equivale a um homem de 53 anos nos anos 20. Está precisamente no seu auge.

No entanto, a pressão demográfica pode exigir a disponibilização do cargo que ocupa. A única política sensata é aquela que garante que o trabalhador mais idoso dispa o fato de executivo aos 65 anos, mas que continue a trabalhar como profissional liberal, desde que, claro, assim o deseje.

Isto pode parecer uma inovação radical. «Renunciar ao cargo para ocupar um cargo mais baixo» é visto como algo que não pode ser feito — e «renunciar ao cargo» neste caso implica claramente menor remuneração e muito menos poder. Mas já é prática corrente em algumas empresas e não originou problemas onde foi introduzida. Na Westinghouse Electric, por exemplo, aos 60 anos os diretores renunciam a funções executivas e cargos e tornam-se «consultores».

A pensão de reforma do executivo teria por base os cinco anos de remuneração mais alta durante os últimos dez ou 12 anos, em vez dos últimos cinco anos de trabalho a tempo inteiro, de forma a evitar uma penalização financeira por um tempo de serviço mais longo.

O principal a fazer é definir com o executivo o papel que deve assumir quando deixar a vice-presidência ou a presidência. Isto requer uma preparação antecipada, começando, diz-nos a experiência, pelo menos seis meses antes, mas raramente demora mais do que um ano, antes da data efetiva. (Não comece demasiado cedo. As pessoas não estão preparadas para se debruçarem sobre a «renuncia ao cargo» até terem mesmo de o fazer.)

O futuro papel do homem requer uma reflexão profunda sobre o que se pode chamar «continuação da carreira» ou «prolongamento da carreira». O que é que aquele indivíduo é realmente bom a fazer? Em que é que está realmente interessado? Mas também: Quais as necessidades mais importantes da empresa?

O vice-presidente de *marketing*, por exemplo, pode ser a pessoa certa para assumir um importante compromisso de desenvolvimento de produto ou a idealizar, desenvolver, testar e concretizar uma nova política de introdução de produtos. Ou pode ser a pessoa certa para dirigir um aglomerado de pequenas empresas empreendedoras financiadas pela empresa-mãe em parceria com proprietários-empresários individuais. O tesoureiro de 65 anos da divisão internacional da empresa pode ser o homem certo para dar formação aos departamentos financeiros da empresa no âmbito mundial sobre gestão das reservas cambiais e atualização face à inflação.

Algumas destas tarefas podem ser a tempo inteiro e durar anos. Outras começam a tempo inteiro e, com o tempo, vão diminuindo gradualmente. Outras ainda são a tempo parcial desde o início. Mas todas tiram proveito das capacidades, experiência e estatuto da pessoa mais velha onde esta pode realmente dar a sua maior contribuição. No entanto, afastam-na da responsabilidade executiva e de gestão, da sua sobrecarga, dos seus constrangimentos de tempo e das suas pressões.

O executivo que deseja uma «segunda carreira» — e os números indiciam que há cada vez mais interessados — deve iniciar a sua carreira mais cedo. Os 40 e poucos anos de um homem são o melhor momento para se pensar no que se pretende da vida e para se mudar de carreira. A pensão está nessa altura geralmente investida e os filhos estão crescidos; e é nesse momento que as pessoas já aprenderam aquilo que são boas a fazer, o que podem fazer, e o que gostam de fazer. Tornarem-se um diretor profissional liberal — trabalhando a tempo inteiro como membro a tempo parcial de quatro ou cinco conselhos de administração — seria uma possibilidade. Diretores experientes são cada vez mais procurados.

Mas a maioria dos executivos seniores quererá permanecer em funções executivas enquanto puder, ou seja, até aos 65 anos. E a menos que uma pessoa tenha mudado de carreira mais cedo e já saiba como fazê-lo, aos 65 anos continua a ser demasiado idoso para uma segunda carreira. Mas tem a idade certa para uma continuação da carreira ou prolongamento de carreira.

Não será muito difícil perceber o que um executivo de 65 anos é capaz de assumir. Mas muitas vezes será necessário alguém de fora, não necessariamente um psicólogo ou especialista em recursos humanos, mas alguém que não seja parte do problema e que possa falar livremente e em privado tanto com o executivo como com a empresa. Terá de ser alguém que possa dizer ao executivo de forma clara que deixará de ser executivo; que passará novamente a pertencer à «mão-de-obra», sem poderes para «ter à sua disposição» o avião da empresa ou para se sentar na comissão de gestão ou até mesmo no conselho de administração. A sua alternativa, convém que fique bem claro, é a reforma.

Tudo isto pode soar a «conversa de grande empresa». E, de facto, até agora, só as grandes empresas, tanto quanto sei, se têm preocupado com o prolongamento da carreira do executivo aos 65 anos. Mas a nova lei da reforma que permite a um executivo reformar-se aos 65 anos deveria tornar o prolongamento da carreira ainda mais preocupante para as pequenas e médias empresas. É nelas que a necessidade de atrair e manter jovens competentes é geralmente marcada; e a necessidade de libertar cargos superiores é, por isso, particularmente elevada. Mas também aí a competência, os conhecimentos, as capacidades e a dedicação que o executivo sénior de 65 anos representa são frequentemente muito mais necessários e muito mais difíceis de substituir do que nas grandes empresas.

Renunciar à responsabilidade de um cargo de gestão de topo aos 65 anos é algo racional tanto para o indivíduo como para a empresa — mas apenas se o aproveitarmos como uma oportunidade para tirar partido dos pontos fortes do indivíduo e das suas comprovadas capacidades de desempenho, para seu próprio bem e também para o da empresa, da sociedade e da economia.

(1978)

CAPÍTULO SEIS

Os verdadeiros deveres de um diretor

DESDE JUNHO DE 1978, O CONSELHO DE DIRETORES de cada empresa cotada na Bolsa de Nova Iorque foi obrigado, pelas regras da Bolsa, a ter uma comissão de auditoria de diretores independentes. No entanto, apenas em algumas empresas foi suficientemente explorada uma questão fundamental: Quais são as responsabilidades desta comissão e como deve desempenhar o seu papel?

Com efeito, as responsabilidades e o trabalho do conselho de administração no seu conjunto são um assunto que tem recebido pouca atenção na maioria das empresas. No entanto, é cada vez mais evidente que esta será uma questão central e um grande desafio tanto para a gestão de topo como para os diretores. As agências reguladoras, como a Comissão de Valores Mobiliários dos Estados Unidos, exigem cada vez mais responsabilidade do conselho de administração e provas de que este órgão leva a sério essas responsabilidades. Cada vez mais, os tribunais estão a exigir dos conselhos de administração e dos membros do conselho de administração padrões muito elevados e escrupulosos de responsabilização nos processos dos acionistas. A única maneira de um conselho se proteger contra o que poderia de outra forma ser um passivo incomportável é pensar cuidadosamente nas suas responsabilidades e organizar-se para as cumprir.

A lei ainda chama ao conselho de administração o «órgão de gestão» da corporação. Esta formulação do século XIX tornou-se totalmente insustentável e já não é levada a sério por ninguém. O que os conselhos são, e devem ser, é o órgão que garante que a empresa está a ser gerida, parafraseando uma recente decisão tomada na Califórnia.

O primeiro requisito, portanto, é que o conselho garanta que a empresa possui uma competente administração de topo para gerir a empresa. A primeira tarefa de um conselho de administração em funcionamento é insistir para que a direção da empresa conceba critérios de desempenho adequados para si própria. Na maior parte das empresas, estes critérios são necessários em quatro áreas, além, naturalmente, dos tradicionais critérios de rendimento do investimento. A gestão de topo precisa de ser avaliada pelo seu desempenho na alocação de capital, pelo seu desempenho na nomeação de recursos humanos para cargos de gestão e outras posições-chave, pelo seu desempenho em relação à inovação e pela adequação e fiabilidade dos planos estratégicos.

Em cada uma dessas áreas, a gestão de topo deve ser exigida por um conselho de administração em funcionamento para especificar as suas expectativas e ser avaliada, alguns anos depois, pelos resultados aferidos em relação a essas expectativas.

Igualmente importante é o dever dos diretores de garantirem que a própria gestão de topo está devidamente estruturada e com os recursos humanos adequados. É dever do conselho não tolerar a mediocridade em cargos de elevada responsabilidade. Hoje, a maioria dos conselhos só atuará se houver um extremo mau funcionamento na gestão de topo — e isso não é suficiente.

O conselho também precisa de garantir que a gestão de topo ponderou sobre garantir a sucessão da gestão de topo. Os diretores são responsáveis por garantir que os gestores de topo e a empresa estão devidamente organizados. E, finalmente, o conselho precisa de garantir que as empresas, especialmente as maiores, têm um programa adequado para formação de futuros gestores e para testar executivos antes de os nomear para cargos de responsabilidade e de tomada de decisões.

É responsabilidade do conselho garantir que a gestão de topo reflete sobre o negócio onde a empresa está inserida e em que negócio deveria estar inserida. Mas igualmente importante — e muito raramente considerada — é a questão de saber em que negócio ou negócios uma empresa específica deveria ou não estar inserida, quais deveria abandonar ou minimizar, e o que deveria descartar para se manter em forma e robusta.

O conselho de administração não pode elaborar a estratégia de uma empresa. Tal requer trabalho a tempo inteiro e conhecimento interno de um negócio, dos seus mercados, dos seus produtos, das suas tecnologias. Mas é dever de um conselho de administração garantir que uma empresa, e especialmente uma grande empresa pública, tenha estratégias adequadas e que essas estratégias sejam avaliadas em relação aos resultados reais.

Um conselho de administração, para cumprir as suas responsabilidades de garantir que a gestão da empresa está a ser feita, deve exigir aos gestores de topo que ponderem e definam objetivos para a produtividade dos recursos. Esse é, afinal, o primeiro dever de qualquer gestão: tornar os recursos produtivos é o que a gestão está a ser paga para fazer. Um conselho precisa de exigir que a gestão de topo conheça a produtividade de capital da sua empresa e defina objetivos específicos para melhorar a produtividade onde quer que estejam a ser investidas quantidades substanciais de dinheiro, seja em fábricas e equipamento ou em recebíveis. A empresa precisa, da mesma forma, de objetivos para a produtividade das pessoas, para a produtividade de recursos físicos-chave (como espaço de prateleira no comércio a retalho) e — o mais crucial de todos — para a produtividade de tempo para determinados grupos como vendedores, engenheiros, investigadores ou pessoal de manutenção, cujo principal recurso é o tempo.

Finalmente, o conselho é responsável por garantir que uma empresa possui políticas adequadas para as suas principais relações externas — com o governo, com os sindicatos, com o público em geral — e que tenha políticas adequadas no que toca às suas responsabilidades jurídicas e regulamentares. E, seguidamente, um conselho tem de exigir que existam padrões de desempenho adequados nessas áreas onde os resultados reais de uma empresa podem efetivamente ser aferidos.

Existe uma área adicional que deveria provavelmente ser incluída entre as responsabilidades e as tarefas a desempenhar por um conselho de administração em funcionamento — o fundo de pensões. O fundo de pensões vai ser cada vez mais o principal beneficiário dos rendimentos de uma empresa. E os encargos das pensões serão cada vez mais os maiores encargos das empresas americanas. O conselho de administração não poderá, por norma, nem estará disposto a gerir o próprio fundo de pensões. Mas tem de supervisionar a gestão do fundo, tanto no que diz respeito à adequação das contribuições para o fundo de pensões como no que concerne ao desempenho da gestão do fundo de pensões.

Além do mais, em todas as empresas há questões específicas que a gestão de topo levará ao conselho de administração, ou pelo menos devia: decisões sobre uma aquisição ou sobre a descontinuação de uma linha de produtos; decisões sobre qualquer processo judicial contra a empresa; decisões sobre programas de investigação de longo prazo. Qualquer administração supervisionará os resultados operacionais, a liquidez da empresa e todos os outros assuntos que hoje ocupam o tempo e a atenção da administração, praticamente excluindo a preocupação com os princípios básicos da gestão. Mas nas áreas que determinam se uma empresa está efetivamente a ser gerida ou se anda à deriva — ou seja, nas áreas mencionadas acima — um conselho precisa cada vez mais de refletir sobre o seu próprio papel. Necessita de desenvolver cada vez mais as suas próprias metas e objetivos. E precisa de refletir sobre que indivíduos devem ser responsabilizados pela concretização dos objetivos do conselho.

Hoje em dia, há muita discussão sobre a composição do conselho de administração das empresas dos EUA. Harold Williams, presidente da Comissão de Valores Mobiliários dos Estados Unidos na administração Carter e ele próprio um ex-membro do conselho com ampla experiência, defende explicitamente uma mudança para um conselho de administração que seja totalmente independente da gestão na sua composição, sendo o diretor-geral o único membro da gestão a participar no conselho de administração. Há fortes críticas à tradição de colocar na direção alguém que presta serviços à empresa, tais como advogados ou seguradoras. E há muitos que questionam o direito de os executivos reformados continuarem a fazer parte do conselho de administração de uma empresa onde outrora foram membros a tempo inteiro da direção. De igual modo, há um debate crescente sobre se o conselho necessita dos seus próprios membros: a quem, por exemplo, devem reportar os auditores internos de uma empresa — à gestão de topo ou à comissão de auditoria do conselho? (A resposta é, claramente, a ambas.)

Além do atual debate, vai haver outra importante tarefa: o conselho de administração em funções como representante da empresa nas relações com diferentes públicos e eleitorados, sejam minorias raciais, mulheres, consumidores ou empregados.

Mas o primeiro ponto do plano não é a composição do conselho de administração. Antes de podermos discutir de forma inteligente como o escolher, temos de saber qual é o seu trabalho e as suas tarefas. O primeiro ponto do plano a abordar será, portanto, as responsabilidades específicas dos diretores e o trabalho necessário para o seu cumprimento.

(1978)

CAPÍTULO SETE

A explosão da informação

ONDE E QUANDO O «escritório do futuro» se tornará realidade, e como será efetivamente, não passam em grande parte de conjeturas. Mas os principais impactos da nova tecnologia da informação baseada em miniprocessadores já são previsíveis — e em alguns casos já são uma realidade.

O primeiro impacto será provavelmente uma queda acentuada nas viagens de negócios. Poucos empresários viajavam antes dos anos 50, e nenhum, exceto os vendedores porta a porta, viajava assim tanto. Mas assim que o primeiro avião a jato apareceu, há duas décadas, saltar para um avião para ir a uma reunião de dois dias em Paris, no Rio de Janeiro ou em Tóquio tornou-se comum para os executivos de topo e ainda mais para os seus assistentes mais diretos.

Se essa é a maneira mais eficaz de garantir que as coisas são feitas ou de conhecer as pessoas é discutível. Mas a vantagem do acesso direto, cara a cara, a sócios, parceiros e clientes em lugares distantes não só superou o cansaço e o custo da viagem como incentivou o seu exagerado abuso.

Agora, cada vez mais, haverá formas alternativas de reunir e «partilhar uma experiência comum». Independentemente da distância entre si, os executivos poderão cada vez mais «reunir-se na mesma sala», encontrar-se presencialmente, falar cara a cara e trocar relatórios e gráficos, sem deixarem fisicamente os seus escritórios. Vários satélites, atualmente em construção e que deverão estar operacionais dentro de alguns anos, transmitirão imagens, vozes e gráficos simultaneamente às estações terrestres que estão associadas a assinantes empresariais — e que poderão dessa forma simular o espaço tridimensional de uma sala de conferências real no escritório de um assinante.

Assim sendo, os executivos terão de ponderar mais cuidadosamente sobre que viagens necessitam efetivamente de ser feitas; por exemplo, conhecer ao vivo outra pessoa exigirá sempre uma presença real, em vez de simulada. Mas, ao mesmo tempo, os executivos terão de aprender o que muito poucos deles sabem até agora: como preparar, organizar, executar e acompanhar uma breve reunião para conseguir obter bons resultados e compreensão mútua.

Nos últimos 25 anos, cientistas de gestão e especialistas em informática têm-se debruçado sobre sistemas de informação totais. O equipamento para tal está agora disponível. Um grande número de gestores, especialmente em grandes empresas, já tem nas suas secretárias um miniprocessador, que combina um pequeno computador para uso pessoal com um terminal que o liga ao sistema informático da empresa, com um pequeno ecrã de visualização e, frequentemente, uma impressora. Daqui a poucos anos, tudo isto passará a ser o equipamento padrão, como o telefone na mesa ou a calculadora de bolso — e o miniprocessador do executivo pode bem não ser muito maior do que um telefone é atualmente.

Com o advento do miniprocessador de secretária, o gerente corre o risco de se ver sobrecarregado com papel e dados. Na verdade, o problema essencial não será como obter ou como processar informações, mas sim definir o que é realmente informação. Esta é uma tarefa que não pode ser deixada a essa criatura mítica, o «especialista em informação». A informação é a principal ferramenta do gestor, na verdade o «capital» do gestor, e é ele quem tem de decidir de que informação necessita e como utilizá-la.

Os gestores também terão de lidar com algumas questões críticas sobre o papel da informação nas suas organizações. Quem deve ter acesso a que informação? Como pode a informação ser protegida contra fraude, espionagem industrial ou curiosidade e bisbilhotice? Como pode a privacidade pessoal ser protegida? Como pode a informação confidencial ser restringida àqueles que têm legitimamente direito a ela, sem um sigilo que incentive o boato e seja desmoralizante?

Ao longo dos últimos 100 anos, os exércitos têm elaborado regras úteis para lidar com estes problemas: um gerente precisa de saber tudo o que diz respeito ao seu próprio trabalho e ao trabalho do cargo imediatamente acima do seu. Mais informação do que essa pode ser do interesse dele, mas tem pouca relevância e deveria basicamente ser restrita. Quase ninguém, exceto os militares, tentaram converter esta regra em política até agora; mesmo os militares ainda têm um longo caminho a percorrer. No entanto, sem tal política, a nova capacidade de informação pode pôr em perigo tanto o desempenho como o moral da organização.

O maior impacto da nova tecnologia da informação, contudo, não será sobre a organização humana, mas sobre o processo de produção. Os miniprocessadores começam a regular a operação de máquinas e ferramentas, um processo que já está muito avançado em máquinas-ferramentas controladas numericamente, instrumentos médicos, todos os tipos de equipamentos de teste e cada vez mais em motores de aeronaves e de automóveis.

Esta integração do processamento de informações com máquinas produtivas equivale a uma terceira revolução industrial. A segunda começou há cerca de um século, quando as primeiras máquinas foram combinadas diretamente com motores de potência fracionada. Até então, a potência — fosse produzida por água, motor a vapor ou dínamo — tinha de ser transmitida às máquinas por correias ou roldanas, o que, por sua vez, significava que o equipamento acionado por energia tinha de estar muito próximo da fonte de energia. Algumas centenas de metros era o limite para a distância.

O motor de potência fracionária tornou possível a central elétrica. Tornou possível a fábrica moderna. Permitiu tanto flexibilidade como economia. Por volta de 1920, a correia de transmissão tinha-se tornado obsoleta e tinha surgido uma produção industrial moderna. Dez anos mais tarde, o motor de potência fracionária tinha ultrapassado o mais antigo aparelho doméstico do mundo inteiro, a máquina de costura. E, por volta de 1950, estava ao mesmo nível da máquina de escrever, da escova de dentes e da faca de esculpir. O motor de potência fracionária, na verdade, retirou o trabalho manual pesado do processo produtivo.

A terceira revolução industrial, na qual o processamento de informações está a tornar-se parte da máquina ou da ferramenta, fará com que a produção passe de manual para baseada no conhecimento. Antes da segunda revolução industrial, havia artífices e operários. Posteriormente, a maior expansão foi no número de operadores de máquinas semiespecializados e, mais importante, de trabalhadores qualificados. Dentro dos próximos 20 anos, é provável que o centro de gravidade mude para os tecnólogos — pessoas cujas contribuições se baseiam mais na escolaridade formal e na teoria do que na aprendizagem e aptidão.

Hoje, fala-se bastante sobre a necessidade de reindustrializar os EUA, de restaurar a capacidade do país para fabricar bens de investimento de forma produtiva e competitiva. Para isso, no entanto, será necessária uma mudança para a terceira revolução industrial — ou seja, para a integração do processamento e produção de informações em máquinas e ferramentas.

Só tal integração poderá tornar produtivo o único recurso em que este país e, na verdade, todos os países industrializados têm uma vantagem, nomeadamente, mão-de-obra altamente instruída. A partir de agora, em todos os países desenvolvidos, haverá uma escassez crescente de jovens disponíveis para o trabalho manual tradicional, qualificados ou não qualificados. Um elevado número de população dos países em vias de desenvolvimento estará disponível para o trabalho manual tradicional e estará disposta, ou será forçada, a trabalhar por salários muito baixos, mesmo após rapidamente melhorar a sua produtividade. Num mundo assim, apenas a integração dos serviços de informação e de produção pode manter e melhorar os padrões de vida dos trabalhadores nos países já desenvolvidos.

Assim, o miniprocessador proporcionará enormes oportunidades para as economias industriais. Mas também imporá tremendas exigências aos empresários e à economia: exigências sobre equipamentos essenciais, exigências sobre mudanças substanciais na organização produtiva e, acima de tudo, exigências sobre a gestão de recursos humanos no trabalho.

(1980)

CAPÍTULO OITO

Aprender com a gestão externa

O QUE PODEMOS APRENDER com a gestão americana? Esta foi a pergunta feita pelo mundo inteiro há apenas dez anos. Agora, talvez esteja na hora de perguntar: O que pode a gestão americana aprender com o resto do mundo livre e, especialmente, com a gestão na Europa Ocidental e no Japão? Na verdade, a Europa e o Japão possuem agora a vantagem administrativa em muitas das áreas que costumávamos considerar os pontos fortes dos EUA, se não mesmo os monopólios americanos.

Em primeiro lugar, os gestores estrangeiros exigem cada vez mais responsabilidade dos seus recursos humanos, até ao operário menos qualificado da fábrica. Estão a pôr em prática a tremenda melhoria na formação e competência da força de trabalho que foi alcançada neste século. Os japoneses são famosos pelos seus «círculos de qualidade» e pela sua «formação contínua». Os recursos humanos de todas as hierarquias reúnem-se regularmente, por vezes uma vez por semana, mais frequentemente duas vezes por mês, para abordar a questão: O que podemos fazer para melhorar o que já estamos a fazer? Na Alemanha, um trabalhador sénior altamente qualificado, conhecido como *Meister*, age como professor, assistente e normalizador, em vez de supervisor e chefe.

Em segundo lugar, os gestores estrangeiros refletiram meticulosamente sobre as suas políticas de benefícios. Nos Estados Unidos, os benefícios adicionais são agora tão amplos como em qualquer outro país, ou seja, ascendem a cerca de 40 cêntimos por cada dólar pago em salários. Mas, neste país, muitos benefícios não beneficiam o empregado. Em muitas famílias, por exemplo, tanto o marido como a mulher são obrigados a ter um seguro de saúde completo para a família, embora uma apólice fosse suficiente. E pagamos a totalidade dos encargos da Segurança Social à mulher casada que trabalha, embora as mulheres casadas que trabalham, ao abrigo do nosso sistema de Segurança Social, possam nunca ver nas suas contas um cêntimo do dinheiro pago em seu nome.

Em contrapartida, os gestores estrangeiros, especialmente do Japão e da Alemanha, estruturaram os benefícios de acordo com as necessidades dos beneficiários. Os japoneses, por exemplo, reservam o dinheiro de um dote para jovens mulheres não casadas, enquanto concedem subsídios de alojamento a homens, nos seus primeiros 30 anos, com famílias jovens. Em Inglaterra, uma mulher casada que trabalhe pode optar por não fazer seguro de velhice se o seu marido já tiver um seguro para o casal no seu emprego.

Terceiro, os gestores estrangeiros levam o *marketing* muito a sério. Na maioria das empresas dos EUA, o *marketing* ainda significa nada mais do que vendas sistemáticas. Atualmente, os estrangeiros absorveram mais plenamente o verdadeiro significado do *marketing*: saber o que é valor para o cliente.

Os gestores aqui nos EUA podem aprender com os estrangeiros a olhar para os seus produtos, tecnologia e estratégias do ponto de vista do mercado e não o contrário. Os estrangeiros pensam cada vez mais em termos de estrutura de mercado, tentando definir nichos de mercado específicos para os seus produtos e concebem os seus negócios com uma estratégia de *marketing* em mente. As empresas automóveis japonesas são apenas um exemplo disso. Poucas empresas estão tão atentas ao mercado como os empresários de tecnologia de ponta e de alta-costura do Norte da Itália.

Não é correto, como tantas vezes se afirma neste país, que as empresas japonesas e da Europa Ocidental sacrificam os lucros. De facto, a rentabilidade do total dos ativos é hoje em dia manifestamente mais elevada em muitas empresas estrangeiras do que neste país, especialmente se os lucros forem ajustados à inflação. Mas o gestor estrangeiro aprendeu cada vez mais a dizer: «É minha função obter um lucro adequado sobre o que o mercado pretende comprar.» Ainda assim, de um modo geral, tentamos dizer neste país: «Qual é o nosso produto com a margem de lucro mais elevada? Vamos tentar vendê-lo e vendê-lo em grandes quantidades.»

Aliás, quando o gestor estrangeiro diz «mercado», tende a pensar na economia mundial. Muito poucas empresas japonesas dependem, na realidade, fortemente das exportações. E, no entanto, é rara a empresa japonesa que não lance o seu *marketing* a nível mundial, mesmo que as suas próprias vendas sejam predominantemente no mercado japonês.

Em quarto lugar, os gestores estrangeiros baseiam as suas estratégias de *marketing* e inovação no abandono sistemático e intencional do velho, do gasto e do obsoleto. Em todos os planos de negócios de grandes empresas estrangeiras que tenho visto ultimamente — japonesas, alemãs, francesas, e assim por diante — a primeira pergunta não é: «Quais são as novas coisas que vamos fazer?» A primeira pergunta é: «Quais são as coisas antigas que vamos abandonar?» Como resultado, ficam disponíveis recursos para inovação, novos produtos, novos mercados. Em demasiadas empresas americanas, os recursos mais produtivos estão congelados em defesa do antigo.

Em quinto lugar, as gestões estrangeiras mantêm separadas e discretas as áreas em que os resultados a curto prazo são adequados e aquelas em que os resultados devem ser aferidos durante períodos de tempo mais longos, tais como inovação, desenvolvimento de produtos, introdução de produtos e desenvolvimento da liderança. Os lucros e perdas trimestrais são levados tão a sério em Tóquio e Osaka como em Nova Iorque e Chicago; e, com o forte papel que os bancos desempenham na gestão das empresas alemãs, os lucros e perdas trimestrais são provavelmente levados mais a sério em Frankfurt do que nos Estados Unidos. Mas, fora dos Estados Unidos, os lucros e perdas trimestrais estão cada vez mais limitados aos cerca de 90% do orçamento que está relacionado com as operações e com o curto prazo.

Existe então um segundo orçamento, geralmente não mais do que uma mera percentagem do total, que trata das áreas em que as despesas têm de ser mantidas durante um longo período de tempo para se conseguirem obter quaisquer resultados. Ao separar os orçamentos operacionais a curto prazo dos orçamentos de investimento ou oportunidades a longo prazo, as empresas estrangeiras podem planear para o longo prazo. Podem controlar as despesas a longo prazo e obter resultados para esforços e investimentos a longo prazo.

Em sexto lugar, os gestores de grandes empresas japonesas, alemãs e francesas consideram-se ativos nacionais e líderes responsáveis pelo desenvolvimento de políticas adequadas a bem do interesse nacional. Um bom exemplo disso será um grupo que veio ter comigo em janeiro de 1980. Os diretores executivos das 40 maiores empresas japonesas vieram debater como o Japão deveria ajustar-se às alterações demográficas; a idade oficial de reforma no Japão ainda é de 55 anos, enquanto a expectativa de vida está agora mais próxima dos 80.

«Não queremos discutir consigo», disse o líder do grupo, «o que nos compete a nós fazer nas empresas japonesas. O que pretendemos abordar é o que o Japão deveria fazer e quais são as melhores políticas no interesse nacional. Só após ponderarmos sobre as políticas nacionais corretas, e de as termos definido e divulgado, é que vamos ponderar sobre as implicações para os negócios e para as nossas empresas. De facto, deveríamos adiar completamente a discussão sobre a economia até termos compreendido quais são as políticas sociais corretas e o que é melhor para os japoneses enquanto indivíduos e para o país como um todo. Quem mais, além dos líderes das grandes empresas japonesas, pode realmente analisar essa problemática em todos os seus aspectos? A quem mais pode o país realmente pedir orientação e liderança numa mudança tão extrema como a da estrutura etária de nossa população?».

Qualquer executivo americano, de alguma forma familiarizado com a nossa literatura de gestão, dirá neste momento: «Que mais há de novo? Cada uma dessas coisas que conheço há 30 anos ou mais.» Mas isso é precisamente o que está em causa. O que podemos aprender com a gestão estrangeira não é o que fazer. O que podemos aprender é a fazê-lo.

Cada uma destas seis práticas é de origem americana. Todas elas os estrangeiros aprenderam connosco nos 30 anos em que têm estado neste país para perceber como gerir.

Os «círculos de qualidade» para a produtividade e a melhoria da qualidade, que estão agora a ser elogiados pela indústria americana como a mais recente e mais avançada «inovação», foram levados para o Japão nos anos 50 e 60 por três norte-americanos: Edwards Deming e Joseph M. Juran, ambos da Universidade de Nova Iorque, e A. V. Feigenbaum, da General Electric.

O *Meister* alemão tem raízes antigas, mas a sua forma atual remonta aos anos 50 e à imitação descarada da forma como a IBM, primeiro neste país e depois nas suas filiais europeias, tinha reestruturado a função e o trabalho do supervisor de primeira linha, transformando-o de chefe de equipa a assistente e professor.

Os japoneses e alemães praticam no *marketing* o que todos os manuais de *marketing* dos EUA têm defendido nos últimos 30 anos. A distinção entre orçamento a curto e longo prazo já era aplicada pela DuPont e pela General Motors nos anos 20. Na verdade, cada uma destas práticas pode ser encontrada em qualquer livro de gestão escrito no final dos anos 40 ou início dos anos 50, incluindo os meus. Não precisamos de aprender quais são as regras — nós inventámo-las. O que precisamos é de pô-las em prática.

(1980)

PARTE II

Desempenho empresarial

O que é a aferição do desempenho numa empresa? A resposta habitual é o resultado. Mas como é que se mede verdadeiramente o resultado? Todos referem o lucro. Para alguns é o Santo Graal do executivo, para outros é um palavrão. Mas o que é afinal o lucro? Como é que qualquer empresa, os seus executivos, os seus investidores, os seus recursos humanos sabem se o lucro declarado de uma empresa é satisfatório ou inadequado? Na verdade, os lucros recorde anunciados pela gestão de muitas empresas ficam bastante aquém de cobrir custos genuínos e identificáveis, inflação, custos de permanência no negócio, custos que, embora não sejam pagáveis até amanhã, já foram contraídos.

Esta seção aborda o desempenho dentro de uma empresa. Mas grande parte aplica-se igualmente a instituições sem fins comerciais ou fins lucrativos. Também estas existem para ter um desempenho.

CAPÍTULO NOVE

A ilusão dos lucros

OS EMPRESÁRIOS QUEIXAM-SE HABITUALMENTE do analfabetismo económico do público, e com razão. A maior ameaça ao sistema de livre empreendimento neste país não é a hostilidade ao negócio de um pequeno grupo mais veemente, mas a ignorância generalizada por toda a nossa sociedade no que diz respeito tanto à estrutura do sistema como ao seu funcionamento.

Mas são os próprios empresários que tanto se queixam do analfabetismo económico os piores infratores. Não parecem saber muito sobre lucro e rentabilidade. E o que eles dizem uns aos outros, bem como ao público, inibe tanto a ação empresarial como a compreensão pública.

Pois o facto essencial sobre o lucro é que tal coisa não existe. Apenas existem custos.

O que se designa por «lucro» e, como tal, é declarado nas contas das empresas é um custo genuíno e largamente quantificável em três aspectos: como um custo genuíno de um importante recurso, nomeadamente capital; como um prémio de investimento inicial necessário para os reais — e, mais uma vez, amplamente quantificáveis — riscos e incertezas de toda a atividade económica; e como custo dos postos de trabalho e pensões do amanhã. A única exceção, o único verdadeiro excedente, é um verdadeiro lucro monopolista como o que está agora a ser extorquido pelo cartel da OPEP (Organização dos Países Exportadores de Petróleo).

1.

Há 200 anos que todos os economistas sabem que existem fatores de produção, ou seja, três recursos necessários: mão-de-obra, terra (isto é, recursos físicos) e capital. E todos nós deveríamos ter aprendido nos últimos dez anos que não há recursos «gratuitos». Todos eles têm um custo. Na verdade, os economistas estão muito à frente da maioria dos empresários no que toca à compreensão e aceitação de um real «custo do capital». Alguns deles, como Ezra Solomon, um antigo membro do Conselho de Consultores Económicos agora de regresso à Universidade de Stanford, têm desenvolvido métodos elegantes tanto para determinar o custo do capital como para aferir o desempenho de um negócio na sua obtenção.

Sabemos que, no período pós-II Guerra Mundial, até ao início da inflação global em meados dos anos 60, o custo do capital em todos os países desenvolvidos do mundo livre era um pouco superior a 10% ao ano (e quase certamente muito mais elevado nas economias comunistas). E sabemos que muito poucas empresas conseguem realmente ganhar o suficiente para cobrir esses custos reais. Mas até agora apenas um punhado de empresas parece saber que esse custo existe. Menos ainda parecem saber se o cobrem ou não. E mesmo esses poucos nunca falam sobre o assunto e nunca nas suas contas publicadas submetem o seu próprio desempenho ao teste. No entanto, não obter o custo do capital é tanto um fracasso na cobertura de custos como não conseguir obter os custos dos salários ou das matérias-primas.

2.

A atividade económica é o compromisso dos recursos existentes com as expectativas futuras. Trata-se, por conseguinte, de um compromisso de risco e de incerteza — no que se refere à obsolescência de produtos, processos e equipamentos; no que diz respeito às mudanças nos mercados, canais de distribuição e valores dos consumidores; e no que concerne às mudanças na economia, tecnologia e sociedade. As probabilidades em qualquer compromisso com o futuro são sempre adversas; os seres humanos não possuem o dom de conhecer o futuro. As probabilidades, portanto, favorecem sempre a perda e não o ganho. E num período de rápida mudança como o nosso, os riscos e as incertezas não estão certamente a diminuir.

Esses riscos e incertezas não são passíveis de determinação precisa. Mas o *mínimo* de risco nesses compromissos com o futuro é passível de ser determinado, e mesmo quantificado, com um razoável grau de probabilidade. Nas empresas onde isto foi tentado — e tanto na Xerox como na IBM, por exemplo, sabe-se que isso foi feito durante anos em relação a produtos e tecnologias —, os riscos provaram ser muito mais elevados do que até mesmo os «planos de negócios» conservadores assumiram.

Os riscos de fenómenos naturais — incêndios, por exemplo — há muito que são tratados como custos normais da atividade. Uma empresa que não conseguisse garantir um seguro apropriado para tais riscos seria considerada, e com razão, como estando a pôr em perigo os ativos produtores de riqueza à sua guarda. Os riscos e incertezas económicos, tecnológicos e sociais não são menos reais. Também eles exigem um «prémio de seguro» apropriado — e garanti-lo é função do lucro e da rentabilidade.

Portanto, a pergunta apropriada para qualquer gestão não é: «Qual é o lucro *máximo* que este negócio pode gerar?», mas sim: «Qual é a rentabilidade *mínima* necessária para cobrir os riscos futuros desta empresa?». E se a rentabilidade ficar aquém deste mínimo — como acontece na maioria das empresas que conheço — o negócio não consegue cobrir custos reais, põe-se em perigo a si próprio e empobrece a economia.

3.

O lucro é também o emprego do amanhã e as pensões do amanhã. Ambos são custos de uma empresa e, igualmente, custos da economia. O lucro não é a única fonte de formação de capital; existe também, é certo, a poupança privada. Mas os lucros das empresas, quer sejam retidos no negócio ou liquidados (devolvidos ao mercado de capitais), são a maior fonte única de formação de capital para os postos de trabalho do amanhã e, pelo menos nos EUA, a maior fonte única de formação de capital para as pensões do amanhã.

A definição mais satisfatória de «desenvolvimento económico» é um aumento constante da capacidade de uma economia de investir mais capital por cada novo posto de trabalho e, assim, produzir empregos que permitam uma vida melhor, bem como uma melhor qualidade de trabalho e de vida. Em 1965, antes de a inflação tornar cada vez mais difícil atingir números significativos, o investimento por posto de trabalho na economia americana tinha aumentado de 35 000 para 50 000 dólares. A exigência aumentará bastante acentuadamente, pois as maiores necessidades e oportunidades de investimento estão nas indústrias: energia, ambiente, transportes, cuidados de saúde e, sobretudo, no aumento da produção alimentar, em que o investimento de capital por posto de trabalho é muito mais elevado do que a média das indústrias de bens de consumo que dominaram a economia nestes últimos 25 anos.

Ao mesmo tempo, o número de postos de trabalho necessários está a aumentar acentuadamente, como consequência do *baby boom* ocorrido entre 1948 e 1960. Teremos de aumentar o número de pessoas empregadas em 1%, ou quase um milhão de pessoas, todos os anos até ao início dos anos 80, para acompanhar a demografia. Simultaneamente, o número de pessoas a receber pensão também aumentará não só porque os trabalhadores que atingem a idade de reforma viverão mais tempo, como também aumentarão as expectativas em relação às pensões recebidas. Qualquer empresa que não produza capital suficiente, ou seja, rendimentos suficientes, para assegurar esta expansão dos postos de trabalho e das pensões não só não cobre os seus próprios custos previsíveis e quantificáveis, como não cobre os custos da economia.

Estes três tipos de custos — os custos de capital, o prémio de risco da atividade económica e as necessidades de capital do futuro — sobrepõem-se de forma considerável. Mas qualquer empresa deve cobrir adequadamente o maior desses três custos. Caso contrário, opera com uma perda real, certa e comprovável.

Há três conclusões a retirar destas premissas elementares:

1. O lucro não é estranho ao capitalismo. É um pré-requisito para qualquer sistema económico. Na verdade, as economias comunistas exigem uma taxa de lucro muito mais elevada. Os seus custos de capital são mais elevados. E o planeamento central acrescenta uma adicional e importante incerteza económica. De facto, as economias comunistas operam a uma taxa de lucro substancialmente mais elevada do que qualquer economia de mercado, independentemente de, por razões ideológicas, lhe chamarem «imposto sobre o volume de negócios» em vez de «lucro». E as únicas economias que podem ser consideradas como sendo baseadas no planeamento do lucro são precisamente economias comunistas em que o produtor (planeador do estado) impõe antecipadamente a rentabilidade necessária, em vez de deixar que as forças de mercado a determinem.
2. Os custos que são pagos a partir da diferença entre as receitas correntes e as despesas correntes de produção e de distribuição são tão reais do ponto de vista económico como os salários ou os pagamentos a fornecedores. Uma vez que as contas de uma empresa devem refletir a realidade económica, estes custos devem ser declarados. Na verdade, não são tão conhecidos ou reconhecíveis como os «custos da atividade comercial» dos contabilistas supostamente são. Mas são conhecidos e reconhecíveis dentro de limites que, provavelmente, não são mais amplos ou menos claros do que os da maioria dos valores de contabilidade de custos ou de depreciação — e podem ser mais importantes tanto para a gestão de uma empresa como para a análise do seu desempenho. Na verdade, pode não ser uma má ideia vincular os bónus e incentivos executivos ao desempenho de uma empresa em ganhar adequadamente estes custos genuínos em vez de os associar aos lucros, que, muitas vezes, refletem tanto a alavancagem financeira como o desempenho económico real.
3. Finalmente, os empresários devem a si próprios e à sociedade reiterar que o lucro é algo que não existe. Existem apenas custos: custos de fazer negócio e custos de permanecer no negócio; custos de mão-de-obra e matérias-primas, e custos de capital; custos dos postos de trabalho de hoje, custos dos postos de trabalho do amanhã e das pensões do amanhã.

Não existe conflito entre o lucro e a responsabilidade social. Ganhar o suficiente para cobrir os custos reais, que apenas o dito lucro pode cobrir, é responsabilidade económica e social — na verdade, é a responsabilidade social e económica específica das empresas. Não é a empresa que obtém um lucro adequado aos seus reais custos de capital, aos riscos do amanhã e às necessidades do trabalhador e pensionista do amanhã, que «rouba» a sociedade. É a empresa que não consegue fazê-lo.

(1975)

CAPÍTULO DEZ

Consequências de uma década de crescimento especulativo

A CADA 50 OU 60 ANOS, nestes últimos 250 anos, houve uma década em que empresários, políticos e economistas dos países desenvolvidos da economia mundial esperavam um crescimento especulativo a um ritmo exponencial para sempre: entre 1710 e 1720; por volta de 1770; após 1830; por volta de 1870; e por volta de 1910 (abortado na Europa devido à I Guerra Mundial, mas que se manteve nos Estados Unidos até 1929); e finalmente na década de 1960.

Em todas essas décadas acreditava-se que não haveria limite para o crescimento. E todas acabaram em desastre e deixaram para trás uma enorme ressaca.

Após cada uma destas décadas de crescimento especulativo, as profecias de crescimento zero tornam-se populares. Mas, à exceção dos anos entre a I e a II Guerras Mundiais, houve um vigoroso crescimento económico ou o mesmo foi retomado muito pouco tempo após terminadas as décadas de crescimento especulativo. No entanto, as consequências de uma era especulativa trazem sempre mudanças estruturais substanciais na economia. O crescimento económico muda sempre e as suas bases alteram-se. E as exigências da gestão empresarial mudam sempre de tal forma que o que foi considerado gestão inteligente durante o tempo de rápida expansão depressa se torna inadequado... se não mesmo estúpido.

Algumas das mudanças que as consequências da ação rápida dos anos 60 estão a provocar podem ser distintamente percebidas.

1.

O balanço está novamente a tornar-se tão importante como o lucro e a perda (L&P) e pode tornar-se mais importante. A liquidez e o fluxo de caixa estão a substituir os rácios preço-rentabilidade como referências de gestão.

A rentabilidade sobre o total dos ativos é suscetível de se tornar mais popular —sendo que é certamente um critério mais significativo — do que os lucros por ação.

O investimento de capital, e não o consumo, terá de se tornar o motor do crescimento económico nos próximos anos. O *boom* desde o final da II Guerra Mundial até 1970 foi largamente alimentado pela procura do consumidor. A partir de agora, o centro do crescimento económico estará em áreas que exigem grandes e massivos investimentos de capital: energia, ambiente, transportes e aumento da produção de alimentos.

Acima de tudo, a grande necessidade da próxima década será o emprego, que exige investimento de capital numa escala intensa e que será cada vez maior. Nos EUA, durante todos os anos 80, teremos de encontrar cerca de 30% a 50% mais postos de trabalho para os jovens que entram na força de trabalho do que foi necessário durante os anos 50 e 60. Só quando chegarmos aos anos 80 é que a redução da natalidade iniciada em 1960–1961 terá impacto no número de novos candidatos a emprego, e que a pressão do crescimento da força de trabalho diminuirá acentuadamente.

Nos países em vias de desenvolvimento, a necessidade de capital para criar novos postos de trabalho será ainda maior. Os bebés dos finais dos anos 50 e 60 que — ao contrário dos bebés das gerações anteriores — não morreram na infância cresceram até à idade adulta e estão a entrar na força de trabalho.

Ao mesmo tempo, a estrutura do mercado de capitais está a mudar. Os principais canais para o fornecimento de capital neste país são, até agora, os fundos de pensões privados. Mesmo sem inflação (e a inflação chegou com intensidade), eles terão de se expandir para satisfazer os requisitos da ERISA — Employee Retirement Income Security Act (Lei de Segurança dos Rendimentos de Reforma dos Empregados) — de 1974. Estamos, assim, no processo de transferência da formação de capital de empresários, cuja função é investir no futuro, para agentes fiduciários, cujo dever tem sido sempre investir em investimentos prudentes, o que geralmente significa o passado.

Uma parte crescente do rendimento nacional em cada país desenvolvido passa para pagamentos de transferências governamentais, que convertem potenciais poupanças em consumo. E os défices públicos têm o mesmo efeito. A menos que haja uma grave e prolongada crise financeira, o capital estará, dessa forma, previsivelmente, em escassez — pelo menos durante o resto desta década e provavelmente até aos anos 80.

Com o passar dos anos de crescimento especulativo, a relação entre os diferenciais das taxas de juro e as preferências de liquidez mudou drasticamente, e, com ela, as regras de empréstimo e investimento. Durante os anos 60, os diferenciais das taxas de juro eram elevados. Os empréstimos bancários a curto prazo eram baratos durante a maior parte deste período. Mesmo as taxas de juro aparentemente muito elevadas dos últimos anos representaram na realidade taxas de juro nulas, se ajustadas à inflação. O empréstimo a longo prazo era, pelo contrário, bastante dispendioso. E o custo do capital próprio iria tornar-se astronómico para todos, exceto para os ativos mais atrativos do mercado de ações do momento.

Durante este período de abundante moeda do banco, um empréstimo bancário de curto prazo e sem data de término era uma fonte de fundos quase tão fiável para um mutuário razoavelmente solvente como uma dívida de longo prazo, e muito mais barato. Era, dessa forma, um comportamento racional por parte da gestão — ou pelo menos assim parecia — financiar o negócio de uma pessoa tanto quanto possível com empréstimos baratos a curto prazo e sem data de término, ao mesmo tempo que se tentava aumentar os rácios preço-rentabilidade no mercado de ações para atingir notoriedade enquanto valor de crescimento.

Durante qualquer década de crescimento especulativo, os gestores tendem a acreditar que «maximizar os resultados por ação» é o mesmo que «maximizar o lucro». Tendem a esquecer-se completamente de que a «maximização dos resultados» não é um fim em si, mas um meio para minimizar o custo do capital de que uma empresa necessita.

No período que se segue, a «maximização dos resultados por ação» pode tornar-se, em grande parte, inadequada. A maximização da rentabilidade total de todos os ativos deveria tornar-se cada vez mais o caminho certo, com consequências consideráveis para a estrutura financeira. A alavancagem — tão em voga nestes últimos dez ou 15 anos como nas anteriores décadas de crescimento especulativo — torna-se agora duvidosa, se não mesmo totalmente errada. (*Nota de 1981:* Se o mercado de ações indicia alguma coisa, será esta mudança. Em cada uma das maiores bolsas mundiais, a maioria dos preços desde meados dos anos 70 não refletiu os resultados por ação. Tendem a refletir liquidez, fluxo de caixa e força defensiva, isto é, a rentabilidade dos ativos.)

Se houver necessidade de uma mudança do planeamento de lucros para a gestão de ativos — ou seja, o tipo de mudança refletida em destaque no balanço, pelo menos no mesmo nível do destaque nos lucros e perdas — a remuneração dos executivos também terá de mudar. Isto porque o fluxo de caixa e a rentabilidade dos ativos se tornam, durante um curto período do tempo, aferições do desempenho mais confiáveis do que os resultados por ação. A opção de compra de ações, que recompensam os executivos por elevados rácios preço-rentabilidade, e que de facto tendem a levar as administrações a manipular os seus negócios para obter ganhos a curto prazo e preços de ações elevados, torna-se inadequada e está de facto em desacordo com as necessidades da empresa e a avaliação do mercado.

2.

Nos anos 60, o crescimento era divinizado e qualquer crescimento era bom. Em meados dos anos 70, o crescimento, qualquer que fosse, era amplamente atacado como um mal em si mesmo. Mas daqui para a frente, pelo menos até os bebés do *baby boom* dos anos 50 terem sido absorvidos pelo mercado de trabalho, se não mesmo até à sua reforma daqui a 40 anos, será necessário um crescimento substancial para que haja uma mínima saúde económica e social. E os investimentos de capital necessários — na energia, no ambiente, na produção de alimentos e na produtividade alimentar, nos transportes, etc. — são tão grandes a longo prazo que fazem com que um crescimento substancial pareça mais provável do que um crescimento zero.

Mas é provável que o crescimento mude de direção; uma vez que o tem feito após cada década de crescimento especulativo. Por conseguinte, a gestão terá de ser capaz de orientar o crescimento da sua empresa e de o avaliar, em vez de ser influenciada por qualquer capricho do mercado de ações ou da moda mediática.

A primeira coisa que a gestão deve saber é que o crescimento não é algo desejável. É uma necessidade. Uma empresa necessita de conhecer um mínimo de crescimento sem o qual correria o risco de se tornar marginal no seu mercado. Se o mercado crescer, a empresa também deve crescer — caso contrário deixa de ser viável e é incapaz de competir a longo prazo.

Não precisa de ser a maior. Mas uma empresa precisa de ter uma posição de liderança suficiente no seu mercado para não ser suprimida quando um pequeno revés obriga o retalhista a reduzir o número de eletrodomésticos em armazém para duas, três ou quatro das marcas de maior escoamento. Isto, num mercado em crescimento, requer um objetivo de crescimento que encare o crescimento como sobrevivência, exigindo um investimento de risco à custa dos ganhos correntes.

Igualmente importante será a capacidade da gestão para distinguir entre crescimento desejável e indesejável. Força e robustez são crescimento. O crescimento é forte se resultar na produtividade em geral dos recursos produtivos de capital, dos recursos físicos essenciais e dos recursos humanos. O crescimento que não torna os recursos mais produtivos é apenas gordura e um fardo, tanto para a entidade empresarial como para o corpo humano. E o crescimento que está a ser comprado à custa da produtividade dos fatores de produção, como aconteceu com grande parte do crescimento dos anos da década de crescimento especulativo, é um tumor maligno e requer uma cirurgia radical.

3.

Tem havido uma preocupação crescente com as multinacionais. Mas o verdadeiro impacto da emergência de uma verdadeira economia mundial, da qual as multinacionais são principalmente resultados, se não meros sintomas, ainda está para vir. Cada vez mais, até mesmo a gestão de pequenas empresas confinadas a um mercado nacional ou mesmo regional terá de aprender a ter em conta a economia mundial no seu conceito, planeamento e decisões.

Desde o final da II Guerra Mundial, a dinâmica económica não tem sido baseada em qualquer economia nacional. O motor da expansão económica tem sido a economia mundial. E foi a economia mundial e o seu impulso para o futuro que, uma e outra vez, durante os últimos 25 anos, resgataram as economias nacionais e proporcionaram o impulso para o mais longo período sustentado de avanço económico da história da humanidade.

Qualquer economia mundial está, contudo, em rota de colisão com a doutrina da soberania, que durante quase 400 anos governou a política ao ponto de a maioria de nós acreditar que se trata de um axioma evidente por si mesmo. Na verdade, a afirmação da soberania, que defende que uma unidade económica e um território político deveriam ser congruentes, foi feita pela primeira vez no final do século XVI. Era nessa altura uma assombrosa heresia.

Nos últimos 30 anos — pela primeira vez em quatro séculos — a unidade de ação económica e a unidade de controle político estão novamente a afastar-se. A unidade de economia tornou-se cada vez maior, até poder ser chamada de economia mundial. Mas os territórios políticos deste século tornaram-se mais pequenos e mais dispersos, ao mesmo tempo que afirmam mais vigorosamente a sua soberania.

Desde 1905, quando a Noruega se separou da Suécia, cada alteração do mapa foi a da cisão de uma antiga unidade política ao ponto de as menos de 40 nações independentes de 1914 (mais de metade delas nas Américas, a propósito) se terem tornado agora quase 200 Estados nacionais soberanos.

Não há nenhum substituto à vista para o Estado-nação no campo político — mas também nenhum substituto para a economia mundial no campo económico. A próxima década, poderá prever-se, será de turbulência, de ambivalência por parte dos governos. Eles vão querer os frutos da economia mundial sem abdicarem um ínfimo que seja da sua soberania. Desta forma, a economia vai estar cada vez mais em desacordo com a política. A empresa multinacional pode muito bem tornar-se uma vítima. É diretamente apanhada no meio.

Mas a economia mundial sobreviverá, apesar de poder ser uma economia mundial mais pobre, mais dilapidada e largamente condicionada. As pessoas não vão perder a sua visão do centro comercial global — ou seja, a sua visão de bens, serviços e valores pelos quais lutam. Na verdade, do ponto de vista económico, já não existem culturas distintas, exceto talvez apenas a China comunista. Há apenas pessoas mais ricas e pessoas pobres, pessoas que podem pagar mais ou pagar menos pelos mesmos bens e serviços. E isto significa que a economia mundial continuará a determinar a dinâmica económica de cada país.

O que é que o empresário tem, por isso, de saber sobre a economia mundial? Há 50 anos, os empresários geriam interesses regionais. Mesmo empresas de peso da Califórnia ou da Nova Inglaterra não perceberam que tinham de saber muito sobre a economia dos EUA e prestaram pouca atenção ao assunto até serem obrigadas a uma visão e a uma conceção nacional na era do crescimento especulativo dos anos 20. Agora, é sensato prever que terão de aprender a informar-se de forma semelhante sobre a economia mundial.

4.

Uma última reflexão sobre as consequências de qualquer década especulativa: cada uma delas, no passado, acabou sempre por dar origem a uma nova e importante teoria económica. Sabemos que precisamos de uma nova teoria económica que se centre na economia mundial e não apenas na economia nacional. Ou seja, precisamos de uma teoria que vá além da apoteose keynesiana do governo nacional como todo-poderoso e infinitamente-sábio e que compreenda a economia nacional como parte de uma economia mundial maior. Precisamos de uma teoria centrada na formação de capital e não exclusivamente na distribuição de rendimentos. Precisamos de uma teoria que integre capital, recursos físicos essenciais e recursos humanos com moeda, crédito e impostos.

Algures, hoje em dia, um economista deveria estar bem-encaminhado na elaboração das novas teorias de que precisamos. Pelo menos foi assim que aconteceu nos períodos anteriores após uma década de crescimento especulativo. Mas até agora nem as novas teorias nem as igualmente necessárias novas políticas económicas derivadas delas se vislumbraram no horizonte.

(1975)

CAPÍTULO ONZE

Gerir a produtividade do capital

HÁ 100 ANOS, por volta de 1880, Karl Marx baseou a sua previsão do colapso inevitável e iminente do que agora chamamos «capitalismo» ou «sistema de livre iniciativa» (ambos os termos só foram utilizados após a morte de Marx) na «lei» da remuneração decrescente do capital.

Em vez disso, o que aconteceu foi que, durante um século, a produtividade do capital nos países desenvolvidos — ou melhor, nos países desenvolvidos com economia de mercado — estava a aumentar, exceto durante os anos de depressão mais graves. Esta é uma das maiores conquistas das empresas modernas e aquela em que talvez, em última análise, se baseiem as outras conquistas. Em parte, esta conquista foi empreendedora: a mudança constante de capital de áreas de investimento obsoletas e de produtividade mais lenta para áreas novas e mais produtivas, por exemplo, em inovações técnicas ou sociais, que, tal como Joseph Schumpeter, o grande economista austro-americano, demonstrou de forma convincente há 70 anos, são o verdadeiro «capital livre» de uma economia moderna.

Mas o aumento constante da produtividade do capital é igualmente o resultado de uma ação de gestão, de um esforço contínuo para melhorar a quantidade de trabalho produtivo que uma determinada unidade de capital desempenha na atividade. Um exemplo disso é a banca comercial, onde hoje uma unidade de capital tem um valor transacional várias vezes superior ao da época de Marx.

No entanto, a lógica básica de Marx era irrepreensível. Se de facto a produtividade do capital diminuísse inexoravelmente, um sistema baseado na alocação de capital no mercado — ou seja, o sistema de livre iniciativa — não poderia sobreviver mais do que algumas décadas curtas e repletas de crises.

O facto mais preocupante na economia mundial de hoje pode, desta forma, ser a inversão desde o início dos anos 60 da longa tendência secular para o aumento da produtividade do capital nos países desenvolvidos. A tendência descendente não se limita de forma alguma aos países de livre iniciativa do

Ocidente e do Japão. É ainda mais pronunciada no mundo comunista e especialmente na Rússia soviética, onde, segundo todas as informações, a já muito baixa produtividade do capital na indústria e na agricultura tem vindo a sofrer um declínio precipitado e quase catastrófico nos últimos dez a 15 anos. Mas isto é um fraco conforto para nós, economias de mercado. Num sistema como o da economia soviética, em que o capital é atribuído por decreto político e não pelo mercado, a baixa e decrescente produtividade do capital prejudica inicialmente apenas a eficiência, o nível de vida e os custos. Não tem necessariamente de pôr em perigo o próprio sistema durante muito tempo.

A prova dos últimos 100 anos é, no entanto, bastante clara: não há nada de inevitável, nem de inexorável, na tendência descendente da produtividade do capital. A produtividade do capital pode ser mantida e mesmo aumentada, desde que apenas os empresários trabalhem nela de forma constante e intencional.

Na verdade, trabalhar na produtividade do capital é a maneira mais fácil e geralmente mais rápida de melhorar a rentabilidade de uma empresa e a que provoca maior impacto. O lucro, como explica o primeiro capítulo de qualquer livro de economia empresarial, é a margem de lucro multiplicada pelo volume de negócios do capital, isto é, pela produtividade do capital. Se a margem de lucro for de 6%, por exemplo, e a rotação do capital for anual, então há uma remuneração de 6% sobre o capital total. Se a rotação de capital puder ser aumentada para 1,2 vezes por ano, a remuneração total do capital subirá para 7,2%.

Aumentar as margens de lucro em 20% é, por norma, extremamente difícil e pode ser impossível num mercado competitivo. Mas aumentar a rotação de capital de uma vez por ano para 1,2 vezes por ano requer muitas vezes apenas um trabalho árduo e consistente mas rotineiro. Na verdade, com base em alguns anos de experiência neste campo, estou disposto a prever que uma melhoria desta magnitude — ou seja, uma melhoria de 20% na produtividade do capital ao longo de talvez quatro ou cinco anos — deverá ser possível para qualquer pessoa que se empenhe seriamente no seu trabalho.

Contudo, apesar do seu cargo e da sua remuneração, não são muitos os gestores de empresas que prestam assim tanta atenção à produtividade do capital, quanto mais empenharem-se sistematicamente no seu aumento. Nem os gestores de empresas de serviço público, como os hospitais, prestaram atenção suficiente à produtividade do capital, embora esta tenha diminuído muito mais acentuadamente nestes últimos anos nas instituições de serviço público do que nas empresas privadas.

Uma das razões, talvez a mais importante, é que os gestores, regra geral, obtêm pouca informação sobre a produtividade do capital das suas empresas. A maioria das empresas sabe, naturalmente, quantas vezes por ano é feita a rotação de capital. Mas o volume de negócios anual de todo o capital da empresa num negócio, seja uma fábrica de papel ou um estabelecimento comercial, é um acumulado. E não é possível gerir um acumulado. É sempre necessário gerir — e dessa forma aferir primeiro — os maiores componentes separadamente.

No entanto, poucos gestores sabem quais são os componentes significativos do capital dos seus negócios, e muito menos qual é, poderia ser ou deveria ser, a produtividade do capital para cada um deles.

O primeiro passo para gerir a produtividade do capital é, portanto, determinar as principais áreas da própria empresa em que o capital é efetivamente investido. Raramente há mais do que meia-dúzia. Num típico negócio de manufatura, por exemplo, maquinaria e equipamento; inventários de materiais, fornecimentos e produtos acabados; e os recebíveis representam geralmente, em conjunto, três quartos do dinheiro total investido. Num típico estabelecimento comercial temos espaço de prateleira (ou espaço de venda), recebíveis e inventários (os inventários na venda a retalho têm normalmente de ser subdivididos, por exemplo, em vestuário, artigos de decoração e mobiliário doméstico, eletrodomésticos, etc., para serem relevantes e geríveis). Qual é o trabalho produtivo do capital investido em cada uma dessas áreas? Qual a frequência da rotação de capital? Qual é o seu retorno ou contribuição? E podemos ainda perguntar: Quanto poderia e quanto deveria produzir, e o que temos de fazer para o conseguir?

Os gestores também necessitam de aprender algumas regras elementares sobre a gestão da produtividade do capital.

É possível aumentar a produtividade do capital de duas maneiras. Obrigar o capital a trabalhar mais arduamente. Ou obrigá-lo a trabalhar de forma mais inteligente. A propósito, esta é uma das principais razões por que a produtividade do capital é mais facilmente gerida do que os outros dois principais recursos — os recursos físicos e os recursos humanos. A produtividade dos recursos humanos só pode, por norma, ser aumentada, tornando-a mais inteligente; a dos recursos físicos, apenas fazendo com que trabalhem mais.

A localização do inventário em armazéns regionais estrategicamente situados, para que a mesma quantidade de inventário possa suportar um maior volume de vendas, obriga o capital a um trabalho mais árduo. Controlar a linha de produtos para vender uma proporção maior de produtos de alta contribuição, ou uma proporção menor de produtos de baixa contribuição, está a tornar o capital mais inteligente. Frequentemente é possível fazer ambos em simultâneo. Mas é difícil prever antecipadamente que abordagem é suscetível de ser apropriada numa determinada situação, mais produtiva e menos arriscada. Ambos necessitam de ser bem analisados para cada área principal do investimento em cada negócio individual.

O capital fixo e o fundo de maneio, embora ambos sejam capital, requerem abordagens diferentes na gestão da sua produtividade.

A maioria dos empresários sabe que não há maior desperdício num ativo fixo do que o tempo não aproveitado a trabalhar. No entanto, poucos parecem dar-se conta de que o modelo de contabilidade de custos padrão assume — e tem de assumir — uma produção contínua num padrão predefinido para um determinado ativo fixo, seja um laminador numa fábrica siderúrgica, seja uma unidade de espaço de venda numa loja, ou uma cama de hospital. Por outras palavras, o modelo de contabilidade de custo padrão não mede nem controla o maior custo único de um ativo fixo: o custo da não-produtividade do capital.

Paralelamente, a contabilidade de custos tem de assumir uma linha de produtos padrão, embora tanto os custos como as receitas variem consideravelmente com linhas diferentes (talvez mais para a cama de hospital de entre todas as peças principais de investimento de capital fixo). A gestão do tempo não trabalhado e da linha de produtos são as formas mais eficazes de melhorar a produtividade do capital para a maioria dos investimentos fixos. Para isso, porém, é preciso *saber* primeiro quanto tempo não está a ser usado para trabalhar e porquê. É necessário conhecer a economia das várias linhas de produtos. Além dos dados analíticos do modelo contabilístico, é necessário dispor de informações económicas. Só depois é possível melhorar substancialmente a utilização do tempo e, dessa forma, a produtividade do capital fixo.

Mas o fundo de maneio precisa de ser aferido de forma diferente e também gerido de forma diferente. Ao contrário dos ativos fixos, não é capital «produtivo», mas sim capital «de apoio». Por conseguinte, deve ser feita a seguinte pergunta: O que é que ele apoia e o que deveria ele apoiar?

Os recebíveis — isto é, o crédito estendido por uma empresa aos seus clientes — são o exemplo óbvio. Por norma, as empresas medem a sua gestão de crédito pela proporção dos empréstimos pendentes que cobram. «Fazemos um excelente trabalho de cobrança de créditos, uma vez que as nossas perdas de crédito são inferiores a 1%» é um comentário frequentemente ouvido. Mas os fabricantes não estão no negócio da banca, nem poderiam, considerando o seu custo do capital, competir com os bancos. Atribuem crédito para fazerem vendas lucrativas. Qual deveria ser então o objetivo de uma política de crédito em relação à criação de mercado, introdução de produtos, vendas e lucros — com uma experiência de baixa perda como uma restrição e não como um objetivo ou medida? Todas as empresas que fizeram esta pergunta descobriram (a) que colocam a maior parte do seu crédito onde obtêm menor rendimento e (b) que atribuem menor crédito onde obtêm maior remuneração. Durante um período de três a quatro anos, uma empresa que trabalhe sistematicamente na produtividade do capital investido em recebíveis pode esperar que, com dois terços do dinheiro agora preso ao crédito, possa financiar um volume de vendas maior e mais rentável.

Por último, poucos gestores parecem saber que existem áreas importantes numa empresa que normalmente não são consideradas investimento de capital — e certamente não aparecem como tal no balanço —, mas que se comportam, do ponto de vista económico, como capital fixo e têm de ser geridas, acima de tudo, para a produtividade do capital. Estas são as áreas em que o *tempo* é o principal elemento de custo, enquanto, durante determinado período, outros custos são relativamente fixos e inflexíveis. Entre eles, o mais importante é a força de vendas (ou, num hospital, a equipa de enfermagem). Trata-se de «capital humano fixo». E, do ponto de vista económico, tem de ser gerido como se fosse «capital fixo», sem quaisquer qualificações.

Existem grandes diferenças na capacidade de venda entre vendedores que nenhuma formação parece ser capaz de ultrapassar, ou mesmo de reduzir significativamente. Mas o vendedor mais capaz — ou o enfermeiro mais dedicado — tem apenas um recurso: o tempo. Existe uma relação razoavelmente constante entre o tempo que um vendedor tem para as chamadas de vendas e o número de vendas que efetivamente consegue fechar. O tempo não disponível para o trabalho é o principal elemento de custo, embora geralmente totalmente oculto, desses «ativos humanos fixos». E isto significa que, tal como no caso de todos os ativos fixos, a gestão precisa primeiro de saber a produtividade do tempo, e sobretudo quanto do tempo que deveria estar disponível para o trabalho é realmente tempo não trabalhado e não disponível para o trabalho, e porquê (por exemplo, porque o vendedor gasta dois terços do seu tempo a lidar com burocracias em vez de vender). Por vezes, são necessárias muito poucas alterações para se conseguirem aumentos substanciais na produtividade. Colocar um rececionista a assumir o trabalho burocrático, em alguns hospitais, por exemplo, duplicou o tempo com que os enfermeiros ficaram para fazerem o trabalho para que são pagos, treinados e desejam fazer — a assistência ao doente.

Estou plenamente ciente de que simplifiquei excessivamente um assunto complexo. A produtividade é, afinal, o resultado combinado das produtividades dos três fatores de produção: capital, recursos naturais e recursos humanos. E é igualmente perigoso aumentar a produtividade do capital à custa da diminuição da produtividade dos outros dois fatores, como é aumentar, por exemplo, a produtividade do recurso humano à custa da redução da produtividade do capital (como foi feito demasiadas vezes nestes últimos 25 anos).

Por último, sei bem que existe um considerável número de gestores e de administrações, tanto de pequenas empresas como de grandes empresas, que, tendo lido isto, diria: «E o que é que isso tem de novo? Temos feito tudo isso e muito mais há sabe-se lá quantos anos.» Mas estas gestões constituem, na minha experiência, uma pequena minoria, mesmo entre grandes empresas geridas profissionalmente. A maioria das empresas nem sequer tem os dados para a produtividade do capital — e sem eles não é possível gerir.

Já é tempo de os gestores empresariais norte-americanos, na sua grande maioria, aprenderem e aceitarem que os gestores são pagos para gerir a produtividade, especialmente a produtividade do capital, da qual, em última análise, dependem todas as outras produtividades; que a produtividade do capital pode ser gerida; e que a produtividade do capital *deve* ser gerida.

(1975)

CAPÍTULO DOZE

Seis mitos económicos persistentes

HOJE EM DIA FALA-SE MUITO sobre as mudanças que estão a ter lugar na estrutura da economia americana. Mas a nossa retórica política e as nossas políticas económicas são dominadas por mitos sobre esta estrutura e não pelas próprias realidades estruturais.

Em particular, há seis desses mitos em que quase todos acreditam, mas que estão completamente em desacordo com as realidades da economia dos EUA.

O primeiro é a crença, tanto quanto sei partilhada por praticamente todos os economistas, de que enfrentamos longos anos de desemprego elevado, mesmo que a economia regresse ao «normal».

Isto simplesmente não se coaduna com os números da nossa população. Desde 1980, o mais tardar, que enfrentamos uma queda muito acentuada no número de jovens que entram na força de trabalho, resultado da redução da natalidade que tinha começado em 1960 e que diminuiu o número de nascimentos em 25% ou mais, durante um muito curto período de tempo. Simultaneamente, durante pelo menos mais dez anos (*nota de 1981:* isto é, até 1990), o número de pessoas a atingir a idade da reforma também irá subir.

Assim, enfrentamos longos anos de uma diminuição da oferta de mão-de-obra, exceto no caso de uma grave crise financeira mundial, pelo menos até meados dos anos 90, que é o primeiro momento em que uma reversão da taxa de natalidade poderia ter algum impacto na dimensão da força de trabalho. O presidente Ford, no seu discurso do Dia do Trabalhador em 1975, referiu um número de 95 milhões de pessoas que precisarão de ter um posto de trabalho em 1985. Mas se o presidente assumiu uma condição de «pleno emprego» oficial — ou 4% de desempregados — nesse ano futuro, então 95 milhões de pessoas no trabalho, dez anos mais tarde, dificilmente serão mais do que seriam em 1975 se tivéssemos 4% em vez de 9% de desemprego. O número que o presidente citou como uma indicação da magnitude do crescimento da mão-de-obra acaba por não incluir qualquer crescimento da mão-de-obra.

A diminuição da mão-de-obra resultante não será sentida de forma igual em todas as áreas. Na verdade, a área que apresentou a maior escassez de mão-de-obra nos anos 50 e 60 — postos de trabalho ligados ao ensino — continuará a ser uma área excedentária de mão-de-obra, mais uma vez devido à redução da natalidade da última década. Isto pode explicar porque é que os «especialistas», que são todos, ou quase todos, professores de universidades, preveem um excedente de mão-de-obra contínuo, em vez da realidade de uma quase certa escassez de mão-de-obra.

O segundo mito também está intimamente relacionado com a demografia. É o mito de que podemos restaurar uma atividade económica elevada reavivando a procura por parte dos consumidores para as duas indústrias verdadeiramente em crise atualmente (*nota de 1981:* ou seja, 1975) — a indústria automóvel e a habitação. A muito curto prazo, este incentivo pode funcionar. Para um período mais longo, digamos três anos ou mais, a procura nestas duas áreas será baixa e diminuirá, independentemente das políticas económicas que adotemos. Simplesmente não haverá procura.

Há 50 anos que sabemos, desde que a General Motors conduziu um estudo básico nos anos 20, que o fator mais importante na procura de automóveis novos nos Estados Unidos é o número de pessoas que atingem a idade de obterem as suas cartas de condução. Naturalmente, por norma, não adquirem automóveis novos eles próprios. Adquirem os carros velhos, o que permite que os proprietários desses carros velhos comprem carros novos. E o número destes compradores de carros velhos, a partir do próximo ano ou por volta disso, vai diminuir 25% ou mais e permanecerá baixo num futuro próximo.

Do mesmo modo, sabemos, relativamente à habitação, que não é «a necessidade de formar família» — ou seja, o número de homens e mulheres que casam (ou que se dedicam à gestão doméstica) —, mas o número de segundos filhos nascidos, que mais se correlaciona com a procura de novas habitações residenciais. E também esse número está a descer. O resultado de injetar dinheiro na habitação nestas circunstâncias apenas resulta num aumento de preço, o que, suspeito, tem sido o principal efeito de todas as políticas de habitação do governo desde sempre.

O nosso país não tem falta de habitações. Provavelmente, temos um número demasiado elevado de habitações, embora, naturalmente, não estejam em todas as localizações onde os habitantes estão ou desejariam estar. O que é necessário é uma política que permita às pessoas manter o valor das casas existentes, embora a maior parte da nossa atual política, desde o arrendamento controlado às taxas de juro excessivamente elevadas para a renovação de casas, tenha o efeito oposto — intencionalmente ou não — de forma a desincentivar as pessoas a manterem as suas casas e incentivá-las antes a adquirirem ou a construírem uma nova. E isso não é uma solução.

O terceiro mito é a crença profundamente enraizada de que nós, neste país especialmente, praticamos uma «obsolescência programada» de produtos — e especialmente de automóveis. O que temos tratado como obsoleto, e apressadamente, é o primeiro proprietário de um automóvel.

O automóvel americano, na verdade, tem uma vida mais longa, aferida em milhas conduzidas — o único critério sensato — do que qualquer outro automóvel. Na verdade, o sistema americano, segundo o qual as pessoas trocavam o seu carro novo após um ou dois anos, representava, sem isso estar planeado, a forma mais eficaz de distribuição de rendimentos que tínhamos neste país — uma vez que o primeiro proprietário pagava cerca do dobro por milha do que o terceiro proprietário (se incluirmos as despesas totais), contribuindo para que as pessoas mais pobres tivessem carros em excelentes condições, capazes de aproximadamente mais 50 000 milhas, a um preço substancialmente inferior ao que o primeiro proprietário pagara pelo que era sobretudo ostentação.

Consideremos que o preço de um carro novo é de 4000 dólares (*nota de 1981: o preço em 1975!*), o primeiro proprietário, se conduzir uma média de 10 000 milhas por ano, paga 28,33 cêntimos por milha, consistindo numa desvalorização no valor do carro de 1200 dólares e um custo de 13,33 cêntimos em quilometragem. O segundo proprietário, que paga 2500 dólares (sendo que o concessionário sofre sempre uma ligeira perda) e conserva o carro durante três anos, vai pagar 20 cêntimos por milha (uma desvalorização de 2000 dólares pelo carro, 500 dólares em reparações e 13,33 cêntimos por milha). O terceiro e último proprietário, que paga talvez uns 700 dólares e conduza 50 000 milhas, após as quais o carro desvaloriza totalmente, vai pagar 16 cêntimos por milha.

Nunca se concebeu forma mais equitativa de distribuição de rendimentos. O carro em si não se torna obsoleto; pelo contrário, continua funcional.

O meu quarto mito seria aquela crença básica, enraizada em praticamente todos os economistas de hoje, de que existe na economia dos EUA, ou em qualquer outra economia desenvolvida, uma tendência para a poupança excessiva.

Isto é, em grande parte, o resultado da crença de que comprar uma casa, pagar Segurança Social, ou contribuir para um fundo de pensões é poupança. Mas estes pagamentos são, na verdade, prestações sociais. A única definição viável de poupança é «fundos disponíveis para criar postos de trabalho». A habitação fá-lo de uma forma mínima e a Segurança Social não o faz de todo. Os fundos privados de pensões, a menos que sejam assaltados por elementos irresponsáveis e ineficientes, como se revelaram em algumas situações sindicais recentes, acumularão capital por mais alguns anos. Mas nesse caso as pensões de reforma começarão a ser iguais aos montantes pagos.

Desta forma, as poupanças neste país são grandemente «insuficientes». E temos de pensar em como estimular poupanças genuínas, ou seja, em como formar capital disponível para investimento em ativos produtivos (a casa residencial não é um ativo produtivo; é um bem de consumo duradouro).

Em quinto lugar, existe a convicção geral de que o imposto sobre o rendimento das sociedades é um imposto sobre os «ricos» e sobre as «grandes fortunas». Mas com os fundos de pensão a deterem 30% das grandes empresas americanas — e em breve 50% — o imposto sobre o rendimento das sociedades, na verdade, alivia a carga sobre os que estão nos escalões de rendimento superiores e penaliza os beneficiários dos fundos de pensões. Em muitos casos, significa um imposto efetivo de quase 50% sobre o trabalhador reformado, em vez dos 15% ou menos que ele deveria pagar. O imposto sobre o rendimento das sociedades tornou-se o imposto mais regressivo do nosso sistema, e um imposto sobre o trabalhador assalariado e sobre os salários. A sua eliminação seria provavelmente o maior passo que poderíamos dar a favor de uma maior igualdade de rendimentos neste país.

Finalmente, há o belo número falso, acreditado por todos e repetidamente citado: os 5% das maiores fortunas (aqueles que ganham mais de 30 000 ou 40 000 dólares por ano) possuem 40% da riqueza pessoal dos EUA. Está, evidentemente, a tornar-se particularmente popular, uma vez que a velha figura da «distribuição de rendimentos» já não apoia aqueles que reclamam o quão terrivelmente desigual é a sociedade americana.

A piada, é claro, está na palavra «pessoal». Porque o maior ativo da típica família americana de classe média trabalhadora, o seu futuro crédito contingente assegurado pelo fundo de pensões da entidade empregadora, nada tem de riqueza pessoal. Como nada tem de património. Mas é certamente um ativo — e vale cada vez mais do que a casa de família ou o automóvel de família. Se fosse incluída, e não é difícil fazê-lo numa base probabilística e estatística, a distribuição da riqueza neste país mostraria uma notável e progressiva igualdade onde a idade, e não o rendimento, é o fator que contribui para a desigualdade.

Este ajuste para créditos contingentes sobre fundos de pensões revelaria que os 5% mais ricos provavelmente não possuem 40% da riqueza dos Estados Unidos, mas sim não mais de 10%. Além do mais, traduzindo as expectativas de pensões para valores atuais, cerca de 60% do montante total dos futuros pedidos de pensão são detidos por pessoas no escalão salarial que vai dos 9000 aos 20 000 dólares. Este é, de longe, o seu maior ativo. No entanto, infelizmente, é um ativo que está a ser destruído muito rapidamente pelo impacto da inflação.

Estes mitos não são inofensivos. Conduziram a uma legislação que «sobretaxava os ricos», que, na verdade, «sobretaxava os pobres», os reformados a receber pensões. Conduziram a políticas decretadas como «antirrecessivas», que alimentam principalmente a inflação sem estimular o consumo ou o emprego. E estes mitos impedem as medidas certas — medidas para incentivar a formação de capital. De facto, a menos que nos descartemos destes mitos e enfrentemos a realidade económica, não podemos esperar conseguir ter políticas económicas eficazes.

(1975)

CAPÍTULO TREZE

Aferir o desempenho empresarial

UMA DAS RAZÕES BÁSICAS para o fraco desempenho por parte de analistas, investidores e gestores de empresas é o critério que eles utilizam para determinar como uma empresa está a obter «resultados por ação».

Numa empresa, o desempenho significa aplicar o capital de forma produtiva e há somente um critério apropriado de desempenho empresarial. Trata-se da rentabilidade de todos os ativos investidos ou de todo o capital investido (os dois diferem, mas não de forma significativa). Se os ativos vêm de fora ou de dentro não faz diferença. Os resultados retidos são dinheiro à mesma, tal como um empréstimo bancário ou um novo capital próprio. Uma empresa que não ganhe o custo do capital sobre toda a riqueza da empresa não consegue cobrir os seus verdadeiros custos e tem uma deficiência de resultados, independentemente dos seus resultados por ação.

A rentabilidade dos ativos deve incluir todo o dinheiro disponível para o capital de serviço. Isto inclui não só os lucros dos quais podem ser pagos dividendos, mas também todos os encargos com juros sobre todas as dívidas. Inclui a depreciação, que não figura nos resultados por ação, mas exclui os lucros do inventário, o que acontece frequentemente, dependendo das práticas contabilísticas de uma empresa.

Estas são as medidas que fazem sentido do ponto de vista económico. Se o investimento fluir para empresas com elevados lucros segundo estes critérios, o desempenho da economia será otimizado. Estas são as medidas da função de regulamentação económica normalmente atribuídas aos «lucros».

Quais são então os «resultados por ação» que as empresas e os seus contabilistas produzem com tanta regularidade e divulgam com tanto vigor? O número convencional de «resultados por ação» não só não mede o desempenho empresarial, como também raramente mede os verdadeiros «resultados por ação». O termo é erróneo. O que representa realmente é «rendimentos tributáveis». É o que resta depois de todos os encargos que a autoridade tributária aceita como dedutíveis. Mas este é um valor puramente arbitrário que pouco ou nada tem que ver com o desempenho económico.

«Os resultados por ação», tal como relatados, praticamente nunca são o que as pessoas pensam que são, ou seja, «resultados disponíveis para o acionista». Se fossem, as empresas poderiam e iriam distribuir a maior parte ou a sua totalidade sob a forma de dividendos — e praticamente nenhuma empresa o faz. Antes de conseguirmos saber realmente o que uma empresa efetivamente ganhou com o seu capital próprio, tem de corrigir os valores declarados para esses encargos de capital, os quais, embora sejam custos reais, não são aceites como dedutíveis de imposto pela autoridade tributária e são, portanto, incluídos nos «resultados por ação» declarados. Isto requer que se comece com a rentabilidade dos ativos ou do capital total investido. Apenas esse número mostra que encargos de capital são necessários além daqueles que a autoridade tributária aceita.

Existem quatro destes encargos de capital real — cada um com um custo efetivo, mesmo que incluído no valor dos resultados declarados. O primeiro é um défice de receitas aferido em relação às *necessidades de liquidez* — a única área, a propósito, à qual os analistas prestam muita atenção. Uma empresa que não consegue prover com as suas receitas as necessidades previsíveis de liquidez das operações, incluindo o serviço da sua dívida, não ganha o suficiente.

O segundo é que uma empresa deve ganhar o *custo do capital em curso* de toda a riqueza da empresa. Uma empresa que apresenta elevados «resultados por ação» porque, por exemplo, ainda goza dos benefícios mais baixos das taxas de juro do passado está a esgotar o capital e a declará-lo como resultado. Uma empresa deste tipo não pode angariar verbas sem diminuir os seus resultados. Mas mais cedo ou mais tarde — e geralmente mais cedo —, o capital de baixo custo tem de ser substituído; e em seguida o custo do capital tem de ser pago. Um ganho resultante dos baixos custos monetários do passado deveria ir para uma reserva e não para os resultados. Não reflete verdadeiramente a rentabilidade da empresa.

O terceiro ajuste é a provisão para *riscos* conhecidos e previsíveis. Trata-se de um custo real, tal como qualquer prémio de seguro. O risco mais comum é o risco cíclico. É um perigo conhecido e previsível e de elevada probabilidade. Os resultados de um ano, como qualquer valor mensal ou trimestral, são, portanto, por si só, enganadores, a menos que sejam ajustados para um período cíclico. Outro risco típico para o qual os resultados precisam de ser ajustados é o alto risco de sobre-exposição e vulnerabilidade após um período de rápido crescimento. É prudente assumir que mesmo um ligeiro retrocesso após tal período reduzirá as vendas para os mesmos níveis onde estariam se a empresa ou a indústria tivesse crescido ao longo do período a um ritmo algures entre o pior ano do período e a média anual. Essa fórmula, embora de certa forma pouco científica, encaixa-se extraordinariamente bem na experiência real — a da indústria das autocaravanas, por exemplo, nos anos 60 e início dos anos 70.

Seguidamente ajustam-se os resultados ao valor mais provável a longo prazo, considerando o risco de crescimento de modo a ter uma aferição fiável do desempenho da empresa ou da indústria.

Finalmente, o valor dos «resultados por ação» deve ser ajustado para ter em conta as necessidades conhecidas e previsíveis da empresa. Uma delas é a necessidade de assegurar o crescimento necessário para manter a posição de uma empresa num mercado em expansão ou a sua liderança tecnológica numa tecnologia em expansão e mudança. Uma empresa que não o consegue fazer põe em perigo a sua própria sobrevivência. Uma segunda dessas necessidades é a proteção do capital contra os estragos da inflação. A depreciação tem certamente de ser ajustada à inflação, em vez de se basear no custo histórico.

Tudo isso era conhecido há 75 anos. «Nunca dou ouvidos aos analistas de valores mobiliários. Dou ouvidos aos analistas de crédito», Bernard Baruch tem a reputação de ter dito quando lhe foi pedido para explicar o seu desempenho como o maior e mais ousado especulador de Wall Street nas primeiras décadas deste século. Há 50 anos, a DuPont Company codificou este conhecimento nos seus famosos gráficos de «rendimento do investimento», em torno dos quais a gestão da DuPont foi organizada.

Mas o trabalho definitivo sobre os rendimentos, sobre os custos de capital e sobre a aferição do desempenho económico foi feito nos últimos 30 anos por toda uma geração de economistas empresariais.

Como resultado deste trabalho, sabemos que os «ativos afetados» ou «capital investido» significam precisamente o nome que lhes foi atribuído. Se o dinheiro foi colocado em edifícios ou em recebíveis é irrelevante; há usos diferentes para o dinheiro, mas dinheiro é dinheiro. Se o dinheiro é capital ou empréstimos também não faz diferença, nem importa que o dinheiro investido seja «nosso» em vez de angariado no exterior. A capacidade de gerar receita e, sobretudo, os «resultados por ação» serão seriamente prejudicados — e muito em breve — se os lucros acumulados forem investidos a uma taxa inferior ao custo total do capital externo.

Sabemos ainda o que incluir na «remuneração do capital» ou na «rentabilidade dos ativos». Uma vez que o objetivo é aferir o desempenho económico de uma empresa, todos os fundos disponíveis para o capital de serviço fazem parte do «retorno». Isto inclui todos os encargos com juros sobre todas as dívidas, desvalorização (que em termos económicos é essencialmente um rendimento não tributável), bem como o que é tradicionalmente considerado «ganhos sobre o capital próprio». Não inclui, contudo, lucros que não reflitam a capacidade de gerar receita da empresa. As perdas de inventário são perdas reais. Mas os lucros de inventário não pertencem à «rentabilidade dos ativos» ou à «remuneração do capital investido». Outros ganhos não recorrentes incidentais à empresa, tais como um ganho com a venda de uma fábrica, também não fazem parte da «remuneração do capital investido» — exceto numa empresa cujo negócio seja a compra e venda de fábricas.

A rentabilidade de todos os ativos ou sobre todo o investimento de capital não é o único critério disponível para aferir o desempenho de uma empresa. Na verdade, cada empresa pode muito bem usar um segundo critério. Numa empresa de manufatura, por exemplo, a rentabilidade sobre o «valor acrescentado no fabrico» — ou seja, sobre a diferença entre as receitas dos bens vendidos e o dinheiro pago pelos fornecimentos e materiais — é uma medida importante. É muito sensível e um «indicador crucial», que tende a subir ou a descer antes de os rendimentos do capital total investido ou dos ativos empregados apresentarem alterações significativas. Para um negócio de comércio a retalho, a rentabilidade do espaço de venda é igualmente um indicador importante do desempenho.

Mas estas medidas adicionais têm de se adequar ao negócio individual. O critério do «valor acrescentado» faz sentido apenas para empresas que são verdadeiramente empresas de fabrico. Além do mais, este segundo critério está normalmente disponível apenas para quem está dentro e raramente para quem está de fora.

Embora muitos executivos de empresas estejam céticos quanto à exatidão dos «resultados por ação» como medida de avaliação da empresa, dizem muitas vezes: «Que escolha temos? O mercado utiliza esta medida quer faça sentido ou não.» Mas esta é, na melhor das hipóteses, uma meia-verdade. Observe as enormes diferenças no «rácio preço-rentabilidade». A principal razão é que o mercado de ações tende a valorizar uma ação principalmente com base numa estimativa aproximada da rentabilidade total e não com base no valor altamente publicitado e visível dos «resultados por ação». Apesar das suas loucuras, fraquezas e modas, o mercado de ações é muito mais racional do que os «especialistas», pelo menos durante qualquer período de tempo prolongado.

Os melhores exemplos disso foram os preços das ações durante a sua aquisição descontrolada no final dos anos 60. Muitos dos «conglomerados» entraram no jogo dos «resultados por ação» e estruturaram as compras das aquisições de forma a mostrar um aumento dos «resultados por ação», embora os rendimentos totais não tenham subido e muitas vezes tenham efetivamente descido. As pessoas que venderam as suas empresas contra aquilo que acabou por ser conhecido como «dinheiro chinês» sofreram grandes perdas no final — a menos que tenham vendido de imediato os títulos obtidos. O mercado de ações ajustou rapidamente o preço das ações à remuneração real do capital em vez dos anunciados resultados por ação.

Assim, há algo na antiquada crença de que o preço das ações reflete o valor descontado dos dividendos futuros, ou seja, o valor presente dos ganhos futuros efetivamente disponíveis para distribuição.

É possível, com algum trabalho e engenho, determinar com probabilidade adequada o desempenho dos resultados das empresas públicas. Mas pode não ser uma má ideia para as empresas fornecerem elas próprias as informações necessárias. A exigência de «total transparência» centra-se cada vez mais nas perspetivas económicas de uma empresa e no seu desempenho económico — ou seja, na medida em que efetivamente produz riqueza a partir dos recursos que lhe são confiados.

O índice-chave para isto é a rentabilidade de todos os ativos (ou do capital investido) relacionados com as necessidades de caixa, o custo do capital, os riscos e as necessidades. Este índice, em vez do sem sentido «resultados por ação», é o que o público, a Comissão de Valores Mobiliários dos Estados Unidos, os analistas e, acima de tudo, os acionistas devem esperar — e podem exigir — das contas e declarações anuais publicadas de uma empresa.

E é este índice que deve estabelecer a ligação entre o desempenho empresarial e a remuneração dos executivos. É legítimo e desejável relacionar as recompensas dos executivos com o desempenho da empresa — desde que esse desempenho tenha existido. Vincular a remuneração aos «resultados por ação» subjuga o desempenho a uma mera aparência. Pode mesmo recompensar executivos que, em vez de erguerem a empresa, se aproveitam dela.

(1976)

CAPÍTULO CATORZE

Porque os consumidores não apresentam o comportamento devido

TODOS SABEM COMO O CONSUMIDOR DEVE comportar-se, exceto o consumidor.

Toda a gente sabe, por exemplo, que a primeira despesa que os consumidores cortam, ao mais pequeno sinal de problemas económicos, são as refeições fora de casa. Passámos (isto é, em 1976) por dois, se não mesmo três, anos de turbulência económica bastante grave — chamem-lhe «recessão grave» ou «ligeira crise financeira». No entanto, a compra por parte do consumidor de refeições preparadas, sob a forma de refeições de restaurante, em lojas de conveniência como a McDonald's ou a Kentucky Fried Chicken, ou sob a forma de jantares totalmente preparados, prontos para serem aquecidos e servidos, tem vindo a subir. Na verdade, um considerável número de pessoas ligadas ao ramo alimentar prevê que até 1985 todas as refeições consumidas neste país, de forma alternada, incluindo pequeno-almoço, serão adquiridas como uma refeição totalmente preparada, para serem consumidas num restaurante, num *drive-in*, ou em casa.

Da mesma forma, toda a gente sabe que numa recessão a procura de casas caras e grandes cai acentuadamente enquanto a procura de casas pequenas sobe acentuadamente. Mas quando a indústria imobiliária, como resposta a isto, introduziu aquilo a que chamou «casas básicas», ou seja, casas a preços relativamente baixos e tão bem equipadas como as casas normais de meados dos anos 50, ninguém as quis.

O mesmo tem acontecido aos automóveis. Durante 50 anos, a GM conseguiu prever todas as estratégias de *marketing* no mercado automóvel. Mas desta vez falhou. Desta vez, a GM previu que os compradores mudariam para automóveis mais pequenos — a única expectativa racional, tendo em conta a queda acentuada do emprego e do rendimento e considerando o aumento paralelo muito acentuado do custo operacional de um automóvel em resultado do aumento nos preços da gasolina. Mas as pessoas compravam carros grandes. O carro «mais procurado» deste ano (isto é, 1976) é um novo *Cadillac* ao «preço moderado» de 15 mil dólares.

De facto, as viagens de negócios em voos regulares de companhias aéreas baixaram muito acentuadamente com a recessão e o seu regresso foi diretamente proporcional à recuperação. Mas as viagens aéreas como um todo não mostraram tal comportamento «adequado». Voos fretados de todo o tipo têm vindo a subir de forma bastante consistente. Isto revela uma grande sensibilidade aos preços, uma vez que as flutuações no valor estrangeiro do dólar se traduzem diretamente em mudanças na procura de voos fretados. Mas a procura total de viagens organizadas tem continuado com bons resultados.

Estes são apenas exemplos. Muitas indústrias que comercializam bens de consumo apresentam um comportamento «anormal» semelhante. Parece não haver um padrão, exceto que o padrão que esperamos ver não é o padrão dominante. Em alguns tipos de despesas, os consumidores gastam aparentemente muito menos do que «deveriam»; noutras, muito mais; e em algumas, exatamente o que a teoria do *marketing* e a tradição esperam que eles gastem.

Os casos de comportamento «anormal» do consumidor podem ser pura coincidência. E podem, provavelmente, ser todos explicados. E esta é a forma como a maioria dos empresários que conheço reage a um comportamento do consumidor que os surpreende.

Uma explicação que alguns empresários ponderados oferecem é que este comportamento indicia «estagflação» — ou seja, a resposta pública a uma economia que simultaneamente estagna e sofre uma inflação bastante acentuada. Não se pode desde já descartar esta explicação. Existem algumas indicações de que a expectativa contínua de inflação desempenha aqui um papel, talvez até um papel substancial, no comportamento do consumidor. Pode mesmo explicar, por exemplo, a enorme procura repentina por casas de luxo ou a valorização contínua no preço das joias de luxo e dos objetos de arte «efetivamente de primeira qualidade». As pessoas que compram estas coisas são as mesmas que tradicionalmente compraram ações ordinárias como uma «cobertura contra a inflação» e que posteriormente compraram ouro pela mesma razão.

A explicação da estagflação não explica, no entanto, uma boa parte do comportamento observado. Não explica, por exemplo, por que razão as vendas a retalho dos bens de consumo habituais — aqueles que as pessoas normalmente compram — têm sido tão morosas, especialmente em 1975 e 1976.

Tais vendas deveriam ter aumentado razoavelmente depressa num período em que as pessoas não confiam no poder de compra do dinheiro e preveem constantes aumentos de preços. Da mesma forma, a elevada taxa de poupança entre 1975 e 1976 não era compatível com estagflações; nem o afluxo de dinheiro para instituições de poupança (aplicações financeiras), embora as taxas de juro estivessem nessa altura a baixar.

Por conseguinte, é necessário considerar uma explicação alternativa: o mercado de consumo dos EUA está a passar por uma nova segmentação. Há provas disso. Com efeito, três grupos estão a emergir como forças de mercado dominantes. A teoria do *marketing* tradicional não os tem em conta e comportam-se de forma diferente do modelo padrão, quanto mais não seja porque a sua realidade económica é bastante diferente.

O primeiro destes grupos é o dos idosos, especialmente os reformados. Em percentagem, este é o grupo de crescimento mais rápido da população americana. Atualmente, conta com cerca de 30 milhões de pessoas — contra os 94 milhões de população ativa. Dentro de poucos anos, terá crescido para 40 milhões de pessoas, enquanto a população ativa terá crescido para apenas 100 milhões de pessoas.

Os reformados não são muito afetados pelo desemprego. Até certo ponto, estão protegidos contra a inflação através da Segurança Social e, cada vez mais, pelos planos de pensões privados, que vêm aumentando para conseguirem acompanhar a inflação e o custo de vida. Contrariamente à crença geral, os idosos não são todos pobres e nem todos têm baixos rendimentos.

Como resultado, os reformados não são apenas consumidores de aparelhos auditivos ou cadeiras de rodas. São, sobretudo, consumidores de determinadas coisas como férias de lazer, uma vez que tempo é o que não lhes falta. São consumidores de veículos de recreio. E são grandes consumidores de refeições preparadas, em parte porque ir ao restaurante do frango frito é uma forma de quebrar a monotonia da rotina diária. Talvez 10 a 15 milhões dos 30 milhões da população mais idosa sejam hoje pobres, ou pelo menos tenham baixos rendimentos. Mas isto deixa uns cerca de 15 milhões que são «abastados» sem serem ricos. E no amanhã, quando houver 40 milhões de idosos, o grupo de consumidores abastados entre eles provavelmente será de 25 milhões de pessoas ou mais — o que é, na verdade, um grande segmento de mercado.

O segundo novo grupo é talvez constituído pelos jovens adultos. Em números reais, estão a aumentar mais depressa do que os reformados, embora em percentagem estejam a crescer mais devagar. Cerca de 50% destes jovens adultos — isto é, das pessoas que agora entram na força de trabalho em grande número — possuem formação superior ao ensino secundário. Ouvem-se muitas histórias assustadoras sobre o doutorado que não consegue encontrar um posto de trabalho e acaba a conduzir um táxi. Mas, na realidade, a taxa de desemprego entre os jovens adultos com maior escolaridade é mais baixa e os ordenados são mais elevados. Os salários iniciais dos jovens adultos não desceram de todo, apesar do enorme número de jovens com cursos superiores.

Este grupo parece ser extremamente influenciado pelas expectativas inflacionistas. A sua taxa de poupança é baixa e, enquanto consumidores, o seu padrão de consumo alterou-se manifestamente para os produtos caros e de grande durabilidade. Por exemplo, compram casas caras, tendo em conta os seus rendimentos. Compram viagens dispendiosas só para fazerem ski. Possuem barcos próprios.

Finalmente, o grupo das mulheres casadas que trabalham, provavelmente o mais importante dos grupos «novos». Metade das mulheres casadas neste país tem agora emprego. É também neste grupo que é provável que ocorra o maior crescimento adicional na população ativa e nos rendimentos; é o único grupo em que existe um considerável reservatório de pessoas em idade ativa.

O marido ainda é considerado o ganha-pão, e o seu rendimento é o utilizado para as despesas domésticas correntes. O rendimento médio da mulher é de cerca de 60% do do marido e é utilizado para os «extras». É o rendimento dela que garante a margem para uma casa maior, o carro de luxo, as férias dispendiosas. Mas o padrão de despesa do agregado familiar, baseado no rendimento do marido, continua sensível à confiança dos consumidores e às expectativas sobre a segurança do emprego e do rendimento. O orçamento geral da família com dois ganha-pães não é muito afetado pelos rendimentos da esposa, que são considerados «extraordinários» e são utilizados para as compras «extraordinárias».

Desde a I Guerra Mundial que houve duas mudanças profundas no mercado americano. No início da década de 1920, surgiu o mercado de massas dos EUA; Alfred Sloan foi dos primeiros a compreender isto e criou a General Motors com base na segmentação de mercado por grupos de rendimentos. Seguidamente, por volta de 1950, surgiu um mercado segmentado pelo «estilo de vida»; aspectos como a educação, a idade, o número de filhos e a localização da habitação tornaram-se tão importantes, ou talvez mais ainda, do que o rendimento, na determinação dos hábitos de consumo.

Agora podemos estar a assistir a uma nova segmentação por dinâmica populacional. O idoso, o jovem adulto, a mulher madura casada podem todos emergir como segmentos de consumidor distintos que farão com que os responsáveis pelo *marketing* reescrevam nas suas regras como é que os consumidores se devem comportar. Tais grupos comportam-se «de forma racional». Mas o que para um segmento de mercado é racional — isto é, tira o maior partido das suas condições económicas — faz pouco sentido para o outro grupo.

É claro que é arriscado prever mudanças económicas estruturais na sociedade dos EUA. É perfeitamente possível que o comportamento intrigante dos consumidores nos últimos anos tenha sido visto como nada mais do que coincidências menores e irrelevantes. Mas há também a possibilidade de estar a acontecer algo substancial ao comportamento do consumidor. No mínimo, exige uma observação atenta.

(1976)

CAPÍTULO QUINZE

Bom crescimento e mau crescimento

O DESEJO DE QUASE TODAS AS EMPRESAS é crescer. E a maioria proclama que irá crescer. Mas apenas uma meia-dúzia tem uma política de crescimento, quanto mais uma estratégia de crescimento. E ainda menos sabem se estão realmente a crescer ou se estão apenas a ficar obesos.

O crescimento, no entanto, não acontece porque a empresa o deseja. Por si só, não há nenhuma virtude no crescimento da empresa. Uma empresa não é necessariamente melhor porque é maior, tal como o elefante não é melhor só porque é maior do que a abelha. Uma empresa tem de ter a dimensão certa para o seu mercado, para a sua economia e para a sua tecnologia; e a dimensão certa é a que produzir o rendimento ideal a partir dos recursos de produção.

Mas as empresas têm sempre a dimensão errada, por mais pequenas ou grandes que sejam, se forem marginais no seu mercado. Que o líder de mercado goza de uma rentabilidade desproporcional — como afirma a agora popular teoria do Boston Consulting Group — não se aplica a todos os sectores e todos os mercados. A publicação de livros, por exemplo, é uma clara exceção.

Mas a empresa marginal, por muito grande que seja, sofre de falta de rentabilidade desproporcional e — ainda mais perigoso — tende a ficar cada vez mais para trás a cada volta do ciclo económico. Nenhuma empresa pode dar-se ao luxo de derrapar por falta de crescimento adequado para uma posição marginal como a que a Chrysler atingiu no mercado mundial dos automóveis.

A primeira pergunta a fazer numa política de crescimento não é, portanto, «Quanto queremos crescer?», mas sim «De quanto crescimento precisamos para não nos tornarmos marginais à medida que o nosso mercado cresce?». A resposta não é de modo algum fácil, e é sempre controversa. Depende da forma como a direção define o mercado da sua empresa. Depende também da estrutura da indústria. Uma posição adequada, se não uma liderança, numa indústria é marginal noutra. E a definição do mercado e a estrutura da indústria têm o hábito de mudar, muitas vezes de forma bastante rápida e drástica, à medida que a dimensão do mercado ou as tecnologias apropriadas mudam.

Ainda assim, a menos que uma empresa conheça o seu objetivo de crescimento mínimo, não tem uma política de crescimento. E com toda a probabilidade, até conhecer o seu objetivo de crescimento mínimo, também não obterá muito crescimento real.

É nessa altura que uma empresa precisa de ponderar sobre a sua estratégia de crescimento. O primeiro passo de uma estratégia de crescimento não consiste em decidir onde e como crescer. É decidir aquilo a que se tem de renunciar. Para crescer, uma empresa deve ter uma política sistemática para se desfazer do ultrapassado, do obsoleto, do improdutivo. A base de uma estratégia de crescimento é a libertação de recursos para novas oportunidades. Isto exige a retirada de recursos das áreas, produtos, serviços, mercados e tecnologias onde já não é possível obter resultados ou onde os resultados dos esforços estão a diminuir rapidamente. Uma estratégia de crescimento começa por perguntar a cada dois ou três anos: «Se ainda não conseguimos produzir esta linha de produtos ou não demos ainda resposta a este mercado, será que agora, sabendo o que sabemos hoje, entraríamos nele?»

Se a resposta for «não», ninguém dirá: «Vamos fazer outro estudo», mas sim: «Como podemos sair ou, pelo menos, deixar de empatar recursos adicionais?»

O crescimento provém da exploração de oportunidades. Não se pode explorar a oportunidade se os recursos produtivos, e especialmente o escasso recurso que é a população ativa, estiverem empenhados em manter o passado vivo por mais uns tempos, em defender o obsoleto e em arranjar desculpas para os improdutivos e para as coisas que deveriam ter resultado, mas não resultaram. O planeamento estratégico das empresas mais bem-sucedidas — como, por exemplo, uma IBM, uma Xerox, uma GE — começa com o pressuposto de que os produtos mais bem-sucedidos de hoje são os que provavelmente se tornarão mais rapidamente obsoletos no amanhã. E é um pressuposto realista.

Uma estratégia de crescimento requer ainda mais concentração. O maior erro numa estratégia de crescimento, e o mais comum, é tentar crescer em demasiadas áreas. Uma estratégia de crescimento tem de se centrar nos alvos de oportunidade — ou seja, nas áreas em que a força de uma empresa específica é mais suscetível de produzir resultados extraordinários. Em primeiro lugar, deve olhar-se para os mercados, para a população, para a economia, para a sociedade e para a tecnologia para identificar as mudanças mais prováveis e a sua direção. Na verdade, o melhor é começar por perguntar: «Quais das mudanças já ocorridas têm maior probabilidade de provocar impacto a longo prazo?»

As alterações demográficas são, evidentemente, sempre o índice mais fiável, pois as grandes alterações de população são amplamente conhecidas e inexoráveis. Por exemplo, quase toda a população ativa dos Estados Unidos do ano 2000, nascida ou não nos Estados Unidos, já nasceu. Mudanças no conhecimento, perceção e aplicação de nova ciência ou perspetiva também têm ciclos de aprovisionamento bastante conhecidos e previsíveis.

Mais importante talvez do que a capacidade de antecipar mudanças é a perceção de que a mudança cria oportunidades e de que os empresários estão a ser pagos para converter mudanças sociais, económicas e tecnológicas em oportunidades de negócio lucrativas. O último passo na formulação de uma estratégia de crescimento é ponderar sobre quais são os pontos fortes específicos da *nossa* empresa, as contribuições específicas pelas quais os nossos clientes *nos* pagam, as coisas específicas que *nós* fazemos bem — e depois focá-los nas mudanças previstas para identificar as oportunidades prioritárias de uma empresa. É muito comum que uma empresa defina «oportunidade» como algo que acontece no exterior. As oportunidades são o que uma empresa específica faz acontecer, e isto significa ajustar a excelência específica de uma empresa às mudanças de mercado, população, economia, sociedade, tecnologia e valores.

Finalmente, uma política de crescimento precisa de ser capaz de distinguir entre crescimento saudável, gordura e cancro: os três são «crescimento», mas certamente que os três não são igualmente desejáveis. A capacidade de distinguir entre crescimento saudável e crescimento nocivo, se não degenerativo, é particularmente importante num período inflacionista como o nosso. A inflação distorce. E distorce, acima de tudo, o significado do volume de vendas e das estatísticas de crescimento. Um grande crescimento num período inflacionista é pura gordura. Mas algum desse crescimento é também pré-canceroso.

O volume por si só, por outras palavras, não é indicativo de crescimento. Em primeiro lugar, precisa de ser ajustado à inflação e de ser, posteriormente, analisado quanto à sua qualidade. Crescimento que é puro volume não é «crescimento» de todo — é simplesmente uma ilusão. Um volume maior só é saudável se produzir uma maior produtividade global de todos os recursos produtivos combinados: capital, recursos físicos-chave, tempo e recursos humanos. E se o crescimento proporcionar uma maior produtividade global, se, por outras palavras, for um crescimento saudável, é dever da gestão apoiá-lo.

Se o crescimento não melhora a produtividade dos recursos em geral, mas também não a desvaloriza, é porque é mera gordura. E, nesse caso, precisa de ser cuidadosamente vigiado. Muitas vezes é necessário suportar um volume que não leva a um aumento da produtividade por um curto período de tempo. Mas se, após dois ou três anos, o volume adicional for apenas o volume sem uma produtividade melhorada, deve ser considerado gordura. Deve ser descartado, para que não se torne um fardo para o sistema. E o crescimento que resulta numa diminuição da produtividade total dos recursos de uma empresa, exceto nos períodos mais curtos de arranque, deve ser considerado como pré-canceroso e tratado através de cirurgia radical.

No final dos anos 60, no auge da década de crescimento especulativo, esperava-se que qualquer negócio crescesse para sempre. Tal era ilógico; nada pode crescer para sempre. Seguidamente, no início dos anos 70, o crescimento zero tornou-se moda. É claro que existe uma possibilidade muito real de uma crise financeira mundial resultante de mais de 15 anos de inflação mundial.

Na verdade, os anos da tendência de crescimento zero da década de 70 foram de crescimento muito real e rápido. Mas o crescimento nestes anos foi em grande parte em novas áreas, tanto no que diz respeito à tecnologia e produtos, como no que diz respeito à geografia. Não foi, como um todo, uma continuação do crescimento dos 25 anos desde 1948, ou seja, depois do Plano Marshall ter inaugurado o período de crescimento económico maior e mais longo do mundo.

É, por outras palavras, irracional não fazermos planos para o crescimento. Mas fazer planos, tal como fazem muitas das nossas empresas, sobre a continuação do crescimento do período pós-II Guerra Mundial pode ser ainda mais irracional. Hoje em dia todas as empresas precisam de uma meta de crescimento, uma estratégia de crescimento, e formas de distinguir o crescimento saudável da gordura e do cancro.

(1979)

CAPÍTULO DEZASSEIS

A «reindustrialização» dos EUA

IREMOS OUVIR CADA VEZ MAIS nos próximos anos sobre como «reindustrializar os EUA», ou seja, sobre como restaurar a força competitiva e a liderança do país na indústria transformadora. Os dois principais partidos estavam a trabalhar em planos de reindustrialização nas suas plataformas para a campanha presidencial de 1980. Além do mais, existe uma procura semelhante de políticas de reindustrialização no Japão, na Alemanha, na Grã-Bretanha, na Suécia e noutros países industriais desenvolvidos.

No entanto, é importante distinguir entre dois significados do mote. Quando os líderes e executivos sindicais das antigas indústrias transformadoras apelam à reindustrialização, referem-se normalmente a políticas que manterão os empregos tradicionais de colarinho azul — especialmente postos de trabalho para operadores de máquinas semiespecializados, nas indústrias tradicionais de produção em massa.

Mas nos Estados Unidos e em todos os outros países industriais altamente desenvolvidos, incluindo as zonas mais industrializadas do bloco Comunista, as políticas destinadas a manter o emprego tradicional de colarinho azul são incompatíveis com um outro significado de reindustrialização: a restauração da competitividade internacional do país para produzir e exportar bens manufaturados. Pelo contrário, a única forma de uma economia desenvolvida como a dos Estados Unidos recuperar a sua competitividade internacional é incentivar uma retração relativamente rápida do tradicional emprego de colarinho azul.

A razão para este paradoxo é a demografia, e não a tecnologia. A maioria dos países desenvolvidos está a começar a experienciar a sua segunda grande transição demográfica deste século. A primeira, que teve início por volta da viragem do século e atingiu o pico após a II Guerra Mundial, foi a transição da agricultura para a indústria transformadora como fonte de emprego.

A transferência de grandes massas dos campos agrícolas para as fábricas criou o moderno operário de colarinho azul, ou seja, o operador de máquinas semiespecializado e, com ele, a indústria de produção em massa. A mão-de-obra agrícola foi dizimada. Os agricultores representavam 60% do total da força de trabalho dos EUA em 1900, mas hoje representam apenas 3% a 4%, enquanto a proporção no Japão caiu de 60%, em 1946, para menos de 10% atualmente. Mas a mudança demográfica permitiu que tanto a produção agrícola como a industrial triplicassem ou quadruplicassem.

Agora, a segunda transição demográfica está a transferir em massa o trabalho manual para «trabalho do conhecimento». Em comparação com há 30 anos, apenas metade dos jovens dos Estados Unidos estão a entrar no mercado de trabalho com a escolaridade, expectativas e competências que os conduzirão ao tradicional trabalho de colarinho azul. A contração tornar-se-á ainda mais apertada quando as crianças da redução da natalidade dos anos 60 e 70 atingirem a idade ativa: apenas um terço dos potenciais candidatos de colarinho azul estará disponível em 1990, como aconteceu em 1950.

A mudança demográfica nos países industrializados está indissociavelmente vinculada às transformações nas economias em vias de desenvolvimento, que estão agora a atravessar a mesma transição dos campos para a cidade que aconteceu anteriormente nas economias desenvolvidas. Graças a esta transição e a uma queda acentuada da mortalidade infantil a partir de 1950, a maioria dos países em vias de desenvolvimento tem agora um enorme aumento do número de jovens qualificados apenas para o trabalho tradicional de trabalho intensivo, pouco qualificado, ou semiespecializado, em máquinas. Mesmo com milagres de produtividade, não há qualquer hipótese de os trabalhadores semiespecializados dos países industrializados conseguirem competir com o trabalho mal pago em países como a Malásia, o México e a China continental, com as suas taxas de desemprego de 40 a 50% e os seus milhões de jovens trabalhadores urbanos semiespecializados.

Para manter a força competitiva e a liderança no fabrico, quer em concorrência com a Alemanha e o Japão quer com os países em rápida industrialização do Terceiro Mundo, é necessário que um país como os Estados Unidos adapte a tecnologia de fabrico à oferta de mão-de-obra disponível dos trabalhadores do conhecimento e não à oferta cada vez menor de mão-de-obra manual de colarinho azul. Exige a transferência do trabalho de manufatura feito manualmente através do manuseamento das máquinas para a programação das máquinas, bem como passar a programar fábricas e processos em vez de máquinas ou linhas de produção individuais.

Acima de tudo, talvez exija uma mudança no comportamento da gestão. O trabalho deve ser tratado não como um custo (uma visão de qualquer modo incompatível com a verdadeira produtividade), mas como um recurso. Pois em termos de custos, a mão-de-obra nos países desenvolvidos não pode ser produtiva e competitiva.

Existem três abordagens paralelas a este tipo de reindustrialização. O que tem atraído a maior atenção ao longo dos últimos 25 anos é a automatização, especialmente o recurso a robôs, ou ferramentas de máquinas totalmente automatizadas, na linha de montagem. Robôs sofisticados já estão a ser utilizados na indústria automóvel, particularmente na fábrica da Nissan em Zama, o fabricante de automóveis Datsun, bem como em algumas fábricas de montagem da General Motors nos Estados Unidos.

Mas, por mais espetaculares que os robôs possam parecer para um leigo, são provavelmente muito menos importantes do que uma segunda abordagem à reindustrialização: a reformulação de fábricas inteiras e de processos inteiros como sistemas de fluxo integrados. Esta reformulação pouco afeta a montagem convencional, mas altera totalmente o fabrico de peças e o seu controlo de qualidade, que são integradas e constantemente calibradas a partir do *feedback* do produto final. Os fabricantes japoneses de televisores utilizam esta abordagem nas suas fábricas americanas. Tal como a RCA, cujas fábricas de televisores nos Estados Unidos estão em condições de competir com os produtores externos de baixos salários e de os superar da forma mais elegante.

A terceira e mais importante abordagem da reindustrialização é a integração do minicomputador e do microcomputador na máquina, na ferramenta, no instrumento. Este desenvolvimento está a avançar de forma tão rápida e enérgica que alguns observadores falam de uma «terceira revolução industrial». O seu impacto é absolutamente comparável ao do motor de potência fracionária de há 100 anos.

Em 30 anos, o motor de potência fracionária transformou a paisagem industrial e tornou possível a tecnologia de fabrico atual, a agricultura atual e os eletrodomésticos atuais. Do mesmo modo, a integração do minicomputador em máquinas e ferramentas faz com que a mão-de-obra de operadores de máquinas «semiespecializados» de colarinho azul se transforme em técnicos «semiqualificados» com batas brancas.

As pressões demográficas são tão grandes e irreversíveis que irão tornar inútil qualquer política que tente manter o tradicional trabalho de colarinho azul na fábrica tradicional. Mesmo a curto prazo, tal política só pode diminuir o número de postos de trabalho de colarinho azul, independentemente da quantidade de verbas que possam ser gastas na sua criação e manutenção. Pois só poderia tornar as indústrias transformadoras tradicionais menos competitivas.

O caminho oposto seria maximizar os trabalhos de conhecimento, incentivando a automatização e a passagem dos trabalhadores de colarinho azul para técnicos de bata branca e aliviando as dificuldades dos antigos trabalhadores de colarinho azul através do planeamento de despedimentos. A mudança para a indústria baseada no conhecimento é a única forma de expandir o emprego neste país sem agravar a inflação.

Mas poderá qualquer político de qualquer dos países desenvolvidos defendê-la? O melhor que poderíamos esperar seria uma política de reindustrialização que emule a política agrícola americana desde os tempos de Franklin Roosevelt.

Há 50 anos que a nossa retórica agrícola tem defendido como objetivo a manutenção do pequeno agricultor familiar. Mas, de um modo geral, as políticas agrícolas têm dado prioridade a tornar a agricultura competitiva em vez de proteger os agricultores ineficientes. Ou, pelo menos, as nossas políticas agrícolas limitaram-se a pagar ao agricultor ineficiente, em vez de lhe concederem substância política. Se os políticos e os líderes agrícolas sempre souberam o que estavam a fazer, duvido. Mas, de forma geral, compreenderam a transição demográfica e viram-na como uma oportunidade.

Utilizaremos igualmente a segunda transição demográfica como uma oportunidade para uma verdadeira reindustrialização dos Estados Unidos?

(1980)

CAPÍTULO DEZASSETE

O perigo de um rendimento do trabalho excessivo

ESTÁ A TORNAR-SE CLARO RAPIDAMENTE que tanto a produtividade como a formação de capital dependem fortemente do rácio do rendimento do trabalho — a proporção do valor acrescentado que vai para os salários e benefícios adicionais — e que isto é verdade quer estejamos a falar de uma empresa, de uma indústria ou de uma economia nacional. Se o rácio ultrapassar um certo limiar, aparentemente entre 80% e 85%, a produtividade diminui e a formação de capital diminui demasiado para manter os empregos existentes, quanto mais para criar novos postos de trabalho.

Examinemos as indústrias automóvel e siderúrgica dos Estados Unidos. É comum hoje em dia lamentar o declínio da competitividade industrial dos EUA e interrogar-se sobre o que aconteceu à gestão nos EUA. Na verdade, porém, a «doença americana» está, de uma maneira geral, confinada aos automóveis e à siderurgia.

A maior parte da indústria transformadora dos Estados Unidos — desde artigos de moda a aviões, desde tecidos a computadores — tem gozado de um extraordinário *boom* na exportação nos últimos quatro anos, quase tão vigoroso como o *boom* de exportação que se seguiu à II Guerra Mundial, quando as fábricas industriais dos nossos potenciais concorrentes se encontravam em ruínas. O desempenho da exportação da maioria da indústria norte-americana explica porque é que a tão anunciada «recessão» de 1979–1980 foi muito mais curta e suave do que o previsto, apesar da inconstância dos preços do petróleo e do quase colapso das indústrias automóvel e siderúrgica. De facto, o nosso *excedente* de exportação com o Mercado Comum será muito provavelmente um dos maiores problemas das relações económicas externas para a administração Reagan.

Automóveis e siderurgia, que se pensavam ser a regra, são afinal na verdade a exceção. E são a exceção principalmente porque gastam demasiado, comparativamente, em salários e benefícios adicionais. Na maioria dos fabricantes norte-americanos, o rácio do rendimento do trabalho é provavelmente ainda inferior a 80% (embora seja difícil obter dados fiáveis). Mas nos automóveis e na siderurgia o rácio está bem acima de 85% e pode chegar aos 90%.

Os custos de mão-de-obra nas indústrias automóvel e siderúrgica dos EUA — sejam aferidos por empregado, por hora efetivamente trabalhada, ou por unidade de produção — são 50 a 100% mais elevados do que os custos de mão-de-obra predominantes de outras indústrias transformadoras *dos Estados Unidos*. Na Ford Motor Company, o custo horário de mão-de-obra por empregado, incluindo todos os benefícios adicionais e os custos de não trabalhar, por exemplo, o absentismo, está próximo dos 25 dólares, em comparação com cerca de 15 dólares, mesmo em indústrias que pagam bem, como a indústria química. Uma vez que os custos de mão-de-obra dos fabricantes japoneses e alemães de automóveis e de aço estão aproximadamente a par dos custos de mão-de-obra prevalecentes nos EUA *noutras* indústrias transformadoras, não é de admirar que as indústrias automóvel e siderúrgica dos EUA tenham tido tanta dificuldade em competir com as importações — e que tantos trabalhadores da indústria automóvel e siderúrgica estejam desempregados.

Além de agravar a concorrência nas importações, um rácio do rendimento do trabalho de 85 a 90% torna impossível a formação de capital e, assim, põe em perigo os postos de trabalho do amanhã. Mesmo a General Motors mal consegue gerar ou angariar as somas necessárias para modernizar as suas fábricas e convertê-las para a produção de automóveis eficientes em termos de combustível.

Na Europa, a Ford já fez um excelente trabalho na produção e comercialização de carros pequenos competitivos e eficientes em termos de combustível. Mas neste país não pode gerar o capital de forma suficientemente rápida para adaptar as suas fábricas para a produção de carros que já fabrica, carros com provas dadas no mercado. As empresas siderúrgicas estão no mesmo barco e, em tais circunstâncias, pouca diferença faz se a sua gestão e planeamento são eficazes, ou até que ponto conseguem projetar e comercializar.

Também no plano geral económico, os países onde os rendimentos do trabalho representam mais de 85% do PIB — Grã-Bretanha, Países Baixos, Bélgica e Escandinávia — estão em grandes dificuldades. Pelo lado contrário, alemães e japoneses operam com rácios de rendimento do trabalho de 70 a 75%, ou, no máximo, 80%.

Na verdade, o rácio do rendimento do trabalho parece ser mais importante para a capacidade de desempenho de um país do que a proporção do PIB que passa pelo mecanismo de transferência do governo. Na Alemanha, a proporção de transferências é elevada, no Japão é bastante baixa. Contudo, ambas as economias têm um desempenho algo semelhante, e muito melhor do que países como os Estados Unidos, onde a proporção de transferências é comparativamente baixa, mas onde indústrias-chave possuem um elevado rácio do rendimento do trabalho.

Economistas e decisores políticos têm tradicionalmente prestado pouca atenção ao rácio do rendimento do trabalho pela simples razão de que nunca antes tinha sido um problema. A relação entre «fundo salarial» e «fundo de capital» há quase 200 anos que é estudada e discutida, desde os primeiros trabalhos teóricos de David Ricardo. Mas, até ao aparecimento de John Maynard Keynes, a questão central era sempre como evitar que o «fundo de capital» se tornasse «excessivo». Mas agora, com um rácio do rendimento do trabalho de 80 a 85%, mesmo os keynesianos mais convictos aceitam a ideia de que a teoria económica e a política económica têm de se preocupar com a restauração da produtividade e a formação de capital.

Os elevados rácios do rendimento do trabalho também representam uma crise de vida ou morte para os sindicatos e para a fixação tradicional dos salários através da negociação coletiva. Não é por acaso que as duas indústrias norte-americanas — a automóvel e a siderurgia — a sofrer tantas dificuldades e com tanto desemprego sejam as duas indústrias onde existe na prática um monopólio sindical, não existindo praticamente nenhuma fábrica não sindicalizada.

Além do mais, um rácio do rendimento do trabalho de 80 a 85% invalida todos os princípios fundamentais do movimento laboral — por exemplo, o axioma de que a percentagem do PIB pago em salários nunca pode ser excessiva. Quando o movimento trabalhista começou, há bem mais de 100 anos, a percentagem do PIB pago em salários era, no máximo, de 40%. Por isso, Samuel Gompers, líder pioneiro da American Federation of Labor (AFL), a Federação Americana do Trabalho, definiu o objetivo do trabalho como «Mais».

Mas será que este objetivo ainda pode ser mantido quando os rendimentos do trabalho representam 85% do PIB e não há mais «mais»? Ou será então necessário perguntar que limites têm de ser fixados sobre os rendimentos do trabalho como percentagem do PIB para permitir a uma empresa, indústria ou país formar capital suficiente para os postos de trabalho do amanhã?

Tem sido igualmente um princípio do movimento trabalhista que um monopólio sindical — ao contrário de um monopólio empresarial — nunca pode fazer estragos. Um monopólio empresarial, salientou Adam Smith, reduz a procura agregada e, desta forma, cria desemprego. Por outro lado, os economistas trabalhistas há um século que defendem que um monopólio sindical só pode criar procura, ou seja, poder de compra, e dessa forma não irá promover o desemprego. Até a maioria dos economistas pró-empresas aceitou isto, exceto alguns hereges norte-americanos, como George Stigler e o falecido Henry Simons, ambos da Universidade de Chicago. Mas nas indústrias automóvel e siderúrgica dos Estados Unidos, o monopólio sindical certamente ajudou a criar o desemprego em massa.

Por fim, já muito antes de Marx, os sindicatos argumentavam que a propensão do trabalhador para poupar subiria pelo menos tão rapidamente quanto o seu rendimento. A formação de capital numa sociedade de baixo excedente — ou seja, poucos rendimentos além do rendimento do trabalho — não seria menor e, segundo o argumento, seria provavelmente maior do que numa sociedade onde a formação de capital está nas mãos dos capitalistas ou das empresas. Ao postular o efeito multiplicador da procura do consumo sobre o investimento, Keynes proporcionou apenas uma elegante formulação teórica do que há muito era um axioma entre os socialistas e os economistas do trabalho.

Mas será que algum destes axiomas ainda pode ser mantido? Ou teremos de os substituir por postulados totalmente diferentes? Um deles poderia ser o de que os rendimentos do trabalho têm de ser mantidos abaixo de um determinado valor, digamos 80 a 85%, para que uma empresa, uma indústria ou um país possa garantir a adequada formação de capital. Talvez devêssemos limitar os poderes de monopólio sindical para permitir às indústrias dominadas pelos sindicatos manterem a sua posição competitiva, bem como a sua capacidade de criar postos de trabalho no futuro.

Poderíamos também ter de equilibrar cada aumento da parcela dos rendimentos do trabalho com medidas para estimular a formação de capital, especialmente nas empresas — quer isso signifique uma mudança da cobrança de impostos sobre rendimentos mais elevados para impostos sobre vendas, por exemplo, ou a eliminação de impostos sobre poupanças, mais-valias e lucros empresariais. Talvez até tenhamos de aceitar um aumento do rácio do rendimento do trabalho dependente da taxa de formação de capital — ou ligar os dois de alguma forma que não dependa, como fazem tanto os keynesianos com os friedmanitas, inteiramente da mão invisível de um multiplicador que automaticamente transforma a procura do consumidor ou a oferta de moeda em investimento.

A crise sindical é o mais difícil de todos os desafios: uma crise de sucesso. O sindicato de trabalhadores atingiu os seus objetivos — e, quando isso acontece, as instituições tendem a tornar-se reacionárias e posteriormente a definhar e a enfraquecer.

Como os acontecimentos ocorridos na Polónia em 1980 mais uma vez mostraram, uma sociedade moderna precisa de um sindicato de trabalhadores. Tem de existir um poder compensatório contra o poder dos patrões — mesmo numa economia livre em que o mercado estabeleça rigorosos limites ao poder dos patrões. Mas o poder compensatório continua a ser poder. E para ser legítimo, o poder requer o que falta até agora aos sindicatos: responsabilidade clara, prestação de contas e limitações pré-definidas.

(1981)

PARTE III

O sector sem fins lucrativos

A maioria das pessoas não ouve «gestão»; ouve «gestão de negócios». A gestão enquanto função, enquanto órgão de autoridade e responsabilidade e enquanto disciplina foi, de facto, vista, identificada e estudada pela primeira vez como parte de uma empresa. Mas isto não é mais do que um acidente histórico e, em primeiro lugar, dos EUA. A gestão é o órgão específico de qualquer instituição moderna. Os gestores podem ser designados por diferentes nomes — as escolas e os hospitais, por exemplo, preferem falar em administradores. Mas o que todos eles fazem é gerir. O que todos eles praticam é gestão.

E as instituições não empresariais, sobretudo as do Terceiro Sector — ou seja, instituições não empresariais que não sejam agências governamentais, sejam elas privadas ou públicas —, têm sido a verdadeira área de crescimento de uma sociedade moderna. De facto, cerca de metade dos estudantes que detêm um MBA das escolas empresariais de pós-graduação dos EUA não vão trabalhar para empresas, mas para o Terceiro Sector.

Mas as organizações do Terceiro Sector: escolas; hospitais; organizações comunitárias, quer sejam a Fundação Ford ou os escuteiros, a Cruz Vermelha ou o museu de arte; sindicatos e igrejas; empresas de contabilidade e os grandes escritórios de advocacia; e inúmeras associações de todo o género — profissionais e industriais, eruditas e recreativas — também mudaram de forma irreconhecível. Os hospitais, há apenas 100 anos, ainda eram o local para onde os pobres iam morrer.

Nos próximos anos, é certo que as instituições do Terceiro Sector irão enfrentar mais desafios. Muitas das necessidades da instituição do Terceiro Sector são as mesmas da empresa: ambas precisam de contabilidade, ambas empregam pessoas, ambas precisam de *marketing*. Mas há também necessidades específicas do Terceiro Sector e desempenhos específicos do Terceiro Sector. São a preocupação dos textos desta secção.

CAPÍTULO DEZOITO

Gerir as instituições sem fins lucrativos

HÁ 15 ANOS, AOS CANDIDATOS a cargos de entrada como representantes no estrangeiro de uma grande instituição de solidariedade sediada nos EUA era normalmente perguntado: «Tem rendimento privado suficiente para trabalhar para uma instituição sem fins lucrativos?» Ao longo de 30 anos, até se reformar em 1978, o diretor executivo da organização recusou-se a aceitar para si próprio mais de 20 000 dólares por ano em salário, embora a instituição de solidariedade tivesse crescido até se tornar uma empresa de 100 milhões de dólares. Hoje, a mesma organização paga aos MBA que agora recruta um salário de 21 500 dólares, além de despesas de subsistência no estrangeiro no primeiro ano. E o sucessor do antigo diretor executivo recebe 75 000 dólares por ano, além dos bónus.

Quando Thomas Hoving deixou a direção do Metropolitan Museum of Art (The Met) de Nova Iorque na primavera de 1978, o conselho de direção, decidindo que o cargo se tinha tornado demasiado importante para uma só pessoa, dividiu-o em dois, um presidente executivo e um diretor artístico. Ambos os cargos pagavam um salário na ordem dos seis dígitos.

Um ex-aluno meu, com 33 anos, passou recentemente de vice-presidente assistente de operações de um banco de dimensão modesta para diretor executivo de uma sociedade médica suburbana de um condado. Lidera uma equipa de 35 pessoas a tempo inteiro e recebe como salário 45 000 dólares por ano. No início da década de 1960, quando o seu pai, que era médico, serviu como secretário-tesoureiro não remunerado da mesma sociedade, tinha uma funcionária a tempo inteiro, uma escriturária que ganhava 8 000 dólares por ano e tinha a jovem esposa de um membro médico a editar o boletim informativo a tempo parcial por 50 dólares por mês.

Toda a gente sabe que os hospitais tiveram um crescimento exponencial em recursos humanos, salários, complexidade, número de doentes, oferta de serviços e custos. Mas muitas outras instituições de serviços cresceram a um ritmo semelhante na sua contratação, na sua complexidade e nos seus custos. As instituições de serviços pagam agora salários que são totalmente competitivos com cargos públicos (embora os funcionários das instituições de serviços muitas vezes não pensem assim), bem como com todos os outros, exceto os cargos de topo nas grandes empresas. E as exigências sobre os recursos humanos não só cresceram rapidamente, como mudaram drasticamente.

Há 15 anos, por exemplo, no Seattle Art Museum, conhecido pelas suas coleções orientais de primeira qualidade, considerava-se que 100 mil visitantes significavam um ano em grande. Em meados de novembro de 1978, quando a exposição sobre o Faraó Tutankamon encerrou ao fim de quatro meses em Seattle, tinha atraído mais de um milhão de pessoas ao museu — quase tudo visitantes que há 15 anos nem sonhariam lá ir.

As instituições de serviços cresceram tanto que podem agora empregar mais pessoas do que o governo federal, estadual e local juntos. E são tão importantes que começamos a falar de um Terceiro Sector da sociedade — nem pública (governamental) nem privada no sentido tradicional do sector empresarial privado. O Terceiro Sector é composto por instituições que são agências não-governamentais, mas que ainda não começaram a ser lucrativas. No entanto, até agora, dedicámos pouca atenção ao Terceiro Sector e à sua economia, gestão, desempenho e impacto.

Uma das razões para tal é o Terceiro Sector ser um lote muito misto. Inclui hospitais, museus, universidades, bibliotecas e orquestras sinfónicas; milhares de associações industriais ou comerciais, câmaras de comércio, organismos profissionais como a Ordem dos Advogados ou dos Enfermeiros; grupos cívicos como os escuteiros e religiosos como os Cavaleiros de Colombo; *lobbies* de «interesse público» como os naderitas (apoiantes de Ralph Nader) ou o Sierra Club; mas também o clube de *bowling* e a associação dos chefes da fábrica de dispositivos, e um número indefinido de defensores especiais para todas as causas concebíveis (ou inconcebíveis).

Algumas instituições de serviços são extensas e ocupam palácios, como a Associação Americana para o Avanço da Ciência, em Washington, ou a Fundação Ford, em Nova Iorque; outras sobrevivem com um funcionário a tempo parcial e um secretário-tesoureiro não remunerado. Algumas são geridas e compostas por profissionais de alto nível, outras por voluntários. Algumas vivem de peditórios; outras de cotizações; outras, como a maioria das bibliotecas públicas e muitos museus, são financiadas total ou parcialmente pelo dinheiro dos contribuintes.

Além do que não são — ou seja, agências governamentais ou empresas — parecem ter muito pouco em comum.

Outra razão para serem negligenciadas é o seu crescimento ter sido muito recente. Até há duas décadas, no máximo, as instituições de serviços eram irrelevantes. Os seus objetivos, o seu desempenho, a sua eficácia e a sua produtividade não ajudavam nem prejudicavam ninguém a não ser a elas próprias.

No entanto, neste momento, o Terceiro Sector tornou-se tão importante, tão grande e tão dispendioso que precisamos de nos concentrar na forma como está a ser gerido. O desempenho, eficácia e produtividade das instituições de serviços serão cada vez mais importantes. E também se tornarão cada vez mais difíceis. Precisamente por terem crescido tanto, as instituições de serviços requerem mais e melhor gestão — e requerem uma gestão diferente.

Após um crescimento tão exponencial, a antiga forma de fazer as coisas tornou-se inadequada, senão mesmo contraproducente. Atualmente, o hospital é certamente uma instituição muito diferente da de há 75 anos, que existia em grande parte para permitir aos pobres um local decente para irem morrer, ou seja, que rejeitava a ideia de «caridade». O museu que atrai elevadas multidões ao ponto de ter de recusar entradas serve certamente propósitos diferentes do seu antigo papel de «bastião cultural» para o «refinamento das classes abastadas», para citar uma descrição do século XIX. Mas quais são os seus novos objetivos? E quais deveriam ser?

Em grande parte porque as organizações de intercâmbio internacional de estudantes — ajudadas, é claro, pelos voos fretados — fizeram um tão excelente trabalho, os jovens americanos (e europeus) da classe média dos dias de hoje encaram a vida e as viagens ao estrangeiro como um dado adquirido. Será que os programas de intercâmbio de estudantes ainda servem um propósito e qual é esse propósito?

Uma das instituições que tem enfrentado tais questões é a CARE. Ainda lida com pacotes de alimentos, ainda ajuda a alimentar pessoas do mundo inteiro vítimas de catástrofes — e desempenha o seu trabalho de forma adequada, barata e eficiente. Mas também tem vindo a construir-se sobre o seu sucesso e aceitação como agência governamental de ajuda humanitária para se tornar uma agência de desenvolvimento que desafia os camponeses pobres do mundo inteiro a tornarem-se agricultores produtivos, bem informados e autossuficientes.

O sucesso das igrejas evangélicas pode bem basear-se menos no conservadorismo do que na sua vontade de enfrentar o facto de que, na sociedade superinstitucionalizada de hoje, o primeiro trabalho do padre já não é ser uma instituição *comunitária* — o trabalho que tornou a igreja protestante americana tão eficaz nos primeiros anos do século — pode ser prestar ajuda ao indivíduo.

Mas, de um modo geral, poucas instituições de serviços tentam pensar nas circunstâncias alteradas em que operam. A maioria crê que apenas é necessário trabalhar mais e angariar mais dinheiro.

E menos ainda estão dispostas a aceitar que o sucesso significa sempre organizarem-se para abandonarem o que já foi alcançado. Nas instituições de serviço, o abandono é particularmente difícil. Não estão orientadas para a *procura*; estão orientadas para a *necessidade*. Por definição, preocupam-se com as boas ações e com contribuições sociais ou morais e não com rendimentos e resultados. Perante a incapacidade de uma família de prescindir do apoio social, a assistente social olhará sempre para o fracasso dos seus esforços como prova de que são necessárias mais medidas e maior investimento.

No entanto, precisamente porque os resultados nas instituições de serviços não são facilmente aferidos, há uma necessidade de abandono organizado. Há uma necessidade de retirada sistemática de recursos — verbas e, acima de tudo, humanos — dos esforços do que já passou. O gestor de uma instituição de serviços deve fazer constantemente a impopular pergunta: «Sabendo o que sabemos agora, teríamos entrado nesta atividade, neste serviço, neste esforço, se não estivéssemos já incluídos?» E se a resposta for «não», não deverá pedir outro estudo nem tentar dourar a pílula para que tudo pareça novo aos doadores. Deve antes encontrar maneira de deixar o mais rapidamente possível esse serviço. Na melhor das hipóteses, deve perguntar a si mesmo como os métodos devem ser alterados para concretizar o que a sua instituição originalmente definira como objetivo.

Tanto o empresário como o funcionário público tendem a subestimar a dificuldade de gerir as instituições de serviços. O empresário pensa que tudo se resume à eficiência, o funcionário público pensa que é tudo uma questão de aplicar os procedimentos e controles adequados. Ambos estão errados — as instituições de serviços são mais complexas do que as empresas ou as agências governamentais — como estamos dolorosamente a descobrir nas nossas tentativas de tornar os hospitais um pouco mais geríveis (tanto quanto sei, ninguém tentou fazê-lo com as universidades).

Na verdade, sabemos muito pouco sobre a gestão de instituições sem fins lucrativos — é simplesmente um fenómeno demasiado recente. Mas sabemos que têm de ser geridas. E sabemos que definir qual é e qual não deve ser a sua missão é o passo crucial para tornar as instituições do Terceiro Sector viáveis, geríveis e funcionais.

(1978)

CAPÍTULO DEZANOVE

Gerir o trabalhador do conhecimento

OS TRABALHADORES DE PRODUÇÃO DIRETA — operadores de máquinas, pedreiros, agricultores — são uma parcela cada vez menor da força de trabalho numa economia desenvolvida. O grupo de crescimento mais rápido consiste nos «trabalhadores do conhecimento»: contabilistas, engenheiros, assistentes sociais, enfermeiros, especialistas informáticos de todos os géneros, professores e investigadores. E o grupo com o crescimento mais rápido entre os próprios trabalhadores do conhecimento são os gestores. As pessoas que são pagas para usar o conhecimento no trabalho em vez de usar a força ou a competência manual constituem hoje o maior grupo individual da força de trabalho dos EUA — e o mais dispendioso.

Os rendimentos destas pessoas não são, regra geral, determinados nem pela oferta, nem pela procura, ou pela sua produtividade. Os seus salários e benefícios adicionais sobem a par com os dos trabalhadores manuais de produção direta. Quando os operadores de máquinas recebem um aumento, o salário do chefe de equipa sobe na mesma percentagem mais ou menos de forma automática, tal como o de todos os outros recursos humanos da empresa até ao gabinete executivo.

Mas se a produtividade do trabalhador do conhecimento aumenta já é mais questionável. Há razões para acreditar, por exemplo, que os professores de hoje são mais produtivos do que os professores do início do século XX — ou o atual engenheiro, investigador, contabilista, ou mesmo o atual gestor?

Ao mesmo tempo, o trabalhador do conhecimento tende a estar descontente, ou pelo menos não totalmente satisfeito. Está a ser extremamente bem pago. Ele presta um trabalho interessante e um trabalho que não é fisicamente demasiado exigente, como aconteceu no passado. E, no entanto, a «alienação», da qual tanto ouvimos falar hoje (pessoalmente, prefiro usar a tradicional palavra «descontentamento»), não se encontra predominantemente na classe trabalhadora. Trata-se, acima de tudo, de um fenómeno da classe média instruída dos trabalhadores do conhecimento assalariados.

Não sabemos medir nem a produtividade nem a satisfação do trabalhador do conhecimento. Mas sabemos um pouco sobre como melhorar ambos. De facto, as duas necessidades — a necessidade que a sociedade e a economia têm de trabalhadores do conhecimento produtivos e a necessidade do trabalhador do conhecimento de se sentir realizado —, embora distintamente separadas, são em grande medida satisfeitas pelas mesmas abordagens de gestão do trabalhador do conhecimento.

1.

Sabemos, em primeiro lugar, que a chave tanto para a produtividade do trabalhador do conhecimento como para a sua realização pessoal é exigir-lhe a sua própria responsabilidade. Todos os trabalhadores do conhecimento, desde o mais humilde e mais jovem até ao diretor executivo da empresa, devem ser questionados pelo menos uma vez por ano: «Com o que é que *contribui* para justificar o seu ordenado? De que é que esta empresa, este hospital, esta agência governamental, esta universidade, o deve responsabilizar, através de contribuições e resultados? Sabe quais são as suas metas e objetivos? E o que planeia fazer para os alcançar?»

A orientação do trabalhador do conhecimento para a contribuição — e não apenas o esforço — é o trabalho mais importante de qualquer pessoa que gere trabalhadores do conhecimento. Raramente é sequer tentada. Muitas vezes, o departamento de engenharia descobre, só depois de ter terminado a conceção, que o produto em que tão arduamente tem trabalhado não tem futuro no mercado.

2.

Mas, ao mesmo tempo, os trabalhadores do conhecimento devem poder avaliar as suas contribuições. É comum dizer-se que a investigação é «intangível» e até incapaz de ser avaliada. Mas isso é simplesmente falso.

Onde quer que um departamento de investigação opere verdadeiramente (uma exceção, infelizmente, em vez da regra), os membros sentam-se uns com os outros e com a gestão uma ou duas vezes por ano e refletem sobre duas questões: «Com o que é que contribuímos nos últimos dois ou três anos que realmente tenha marcado a diferença nesta empresa?» e «Com o que é que devemos tentar contribuir nos próximos dois ou três anos para marcar a diferença?»

As contribuições podem, de facto, nem sempre ser mensuráveis. A forma de as julgar pode ser controversa. O que é, por exemplo, uma maior contribuição: uma nova descoberta bioquímica que, após mais cinco anos de intenso trabalho, pode levar ao desenvolvimento de uma nova classe de compostos medicinais com propriedades superiores; ou o desenvolvimento de uma aspirina revestida de açúcar sem grande valor científico que melhorará a eficácia da medicina pediátrica, tornando a aspirina mais doce para as crianças, ao mesmo tempo que faz subir de imediato as vendas e os lucros da empresa?

Mas, a menos que os trabalhadores do conhecimento sejam feitos para refletir sobre tais questões e para rever, avaliar e julgar as suas contribuições, a sua orientação não será para a contribuição. E também se sentirão descontentes, insatisfeitos e completamente alienados.

3.

Talvez a regra mais importante — e aquela a que poucos gestores prestam alguma atenção — seja permitir que os trabalhadores do conhecimento façam aquilo pelo qual estão a ser pagos. Não ser capaz de fazer aquilo pelo qual se está a ser pago, invariavelmente, extingue qualquer motivação que possa existir. No entanto, os vendedores, que estão a ser pagos para vender e sabem disso, não conseguem vender devido às exigências de tempo do trabalho burocrático que lhes é imposto pela gestão. E em todos os laboratórios de investigação, cientistas altamente remunerados e competentes não são autorizados a fazer o seu trabalho, sendo, em vez disso, forçados a assistir a reuniões intermináveis para as quais não podem contribuir e das quais não retiram qualquer benefício.

Os gestores podem conhecer a regra. Mas raramente sabem o que eles ou a empresa fazem que estorva os trabalhadores do conhecimento e os impede de fazer aquilo pelo qual estão a ser pagos. E só existe uma maneira de o descobrir: perguntar ao individuo trabalhador do conhecimento (e à equipa de conhecimento do trabalho à qual ele pertence): «O que é que eu, enquanto gerente, e o que é que nós, enquanto gestão da empresa, fazemos que o ajuda a fazer aquilo para o qual está a ser pago para fazer?... E o que é que estamos a fazer que o prejudica?... Especificamente, damos-lhe tempo necessário para fazer o que está a ser pago para fazer, as informações de que necessita para o fazer, as ferramentas para o seu trabalho?»

4.

O conhecimento é um recurso de alto nível. E os trabalhadores do conhecimento são dispendiosos. O cargo em que são colocados é, dessa forma, essencial para a sua produtividade. A primeira regra é que as oportunidades têm de ser preenchidas com recursos humanos capazes de as executar e de as transformar em resultados. Tornar os trabalhadores do conhecimento produtivos exige uma atenção constante ao que as empresas de consultoria de gestão e as empresas de advocacia chamam «controlo de tarefas». É preciso saber onde estão as pessoas que são capazes de produzir resultados no trabalho do conhecimento — precisamente porque os resultados são muito difíceis de aferir.

A gestão eficaz do trabalhador do conhecimento requer um inventário e uma classificação periódica e regular das principais oportunidades. E depois perguntamos: «Quem são os recursos humanos à nossa disposição, quer sejam investigadores ou contabilistas, vendedores ou gestores, engenheiros de produção ou analistas económicos? E que funções lhes são atribuídas? E esses recursos humanos estão onde estão os resultados? Ou as suas atribuições são tais que não conseguiriam produzir resultados reais, por melhor que o seu desempenho fosse?»

A menos que isso esteja a ser feito, as pessoas serão alocadas conforme as exigências da organização, isto é, pelo número de transações e não pela sua importância e pelo seu potencial de contribuição. Rapidamente serão incorretamente alocados. Estarão onde não podem ser produtivos, por muito motivados, altamente qualificados e dedicados que sejam.

É também preciso garantir que os trabalhadores do conhecimento estão colocados onde os seus pontos fortes podem ser produtivos. Não há génios universais, pelo menos no trabalho do conhecimento que tende a ser altamente especializado. O que pode este trabalhador do conhecimento fazer em específico? O que ele ou ela está a fazer bem? E, sendo assim, onde é que ele ou ela deveriam realmente estar para tirarem maior partido dos seus pontos fortes?

A maioria das empresas, bem como outras organizações, gasta muito tempo e dinheiro com o emprego inicial de recursos humanos que, segundo se espera, se transformarão em trabalhadores do conhecimento. Mas, nessa fase, muito pouco se sabe sobre os futuros recursos humanos — além das notas que obtiveram nos estudos, o que tem pouca correlação com a sua capacidade de desempenho futuro. O verdadeiro trabalho de gestão de recursos humanos, no que diz respeito aos trabalhadores do conhecimento, começa mais tarde, quando se pode alocar os trabalhadores onde os seus pontos fortes podem ser produtivos uma vez que se conhece a sua competência.

A força manual é cumulativa. Dois bois juntos conseguem puxar quase o dobro da carga do que um boi sozinho. A competência é passível de se subdividir. Três homens, cada um dos quais aprendeu uma particularidade de uma competência, por exemplo, colar as pernas a uma mesa, podem realizar muito mais trabalho de igual competência do que um homem com competência em todas as particularidades da carpintaria. Mas, no trabalho do conhecimento, dois trabalhadores medíocres nunca trabalharão mais do que um trabalhador capaz de desempenho, e muito menos valerá o dobro. Tendem a atrapalhar-se mutuamente e a revelarem-se muito inferiores a apenas uma pessoa capaz. No trabalho do conhecimento, acima de tudo, é essencial que os recursos humanos sejam capazes. E isto significa uma atenção constante na colocação dos trabalhadores do conhecimento onde o seu trabalho poderá produzir resultados e dar o seu contributo.

O conhecimento é talvez o mais dispendioso de todos os recursos. Os trabalhadores do conhecimento são muito mais dispendiosos do que os seus próprios salários possam indicar. Cada um desses trabalhadores representa também um muito considerável investimento de capital — na escolaridade e nos anos de aprendizagem durante os quais o trabalhador aprende em vez de contribuir (tal como os cinco anos que cada engenheiro-chefe sabe que serão necessários até os jovens licenciados merecerem verdadeiramente os salários que lhes pagam). Os jovens engenheiros, jovens contabilistas, jovens investigadores de mercado representam um «investimento de capital social» de cerca de 100 mil a 150 mil dólares cada antes de começarem a recompensar a sociedade e as suas entidades empregadoras através da sua contribuição. Dos recursos que temos, nenhum outro exige em simultâneo «capital intensivo» e «trabalho intensivo». E somente a gestão pode transformar o trabalhador do conhecimento num recurso produtivo.

Mas, também, ninguém espera conseguir, produzir, contribuir tanto quanto o trabalhador do conhecimento. Por outras palavras, ninguém tem mais probabilidades de se sentir alienado se não lhe for permitido realizar-se.

Não orientar um trabalhador do conhecimento para a produtividade cria não só um esforço económico das pressões inflacionistas como também um descontentamento, enquanto doença social altamente contagiosa. Não temos efetivamente como aferir nem a produtividade nem a satisfação do trabalhador do conhecimento. Mas sabemos como enriquecer ambos.

(1975)

CAPÍTULO VINTE

Reorganização governamental significativa

DURANTE A SUA CAMPANHA DE 1976, Jimmy Carter prometeu repetidamente racionalizar o governo federal, fundir as suas agências e criar novas «superagências» como o Departamento Federal de Energia. Ao fazê-lo, simplesmente seguiu os precedentes estabelecidos por cada um dos seus antecessores desde Franklin D. Roosevelt na sua campanha de 1936.

Há, de facto, necessidade de reformular a dispersão burocrática em Washington. Mas era pouco provável que as propostas de Carter tivessem mais impacto no desempenho governamental do que as propostas dos seus antecessores. A reorganização do organograma não tornará uma única agência governamental mais eficaz nem lhe conferirá um melhor desempenho. Mesmo um planeamento de orçamento nulo e receitas nulas, as novas e bem mais radicais medidas propostas para controlar as despesas e impostos do governo, terá apenas um impacto limitado, embora ambas as abordagens sejam desejáveis e necessárias.

No entanto, se o novo presidente pretende efetivamente tornar o governo mais eficiente, sabemos o que é preciso fazer. Pelo menos sabemos quais são os três primeiros passos.

1. Exigir objetivos claros e específicos para cada agência governamental e para cada programa e projeto dentro de cada agência. O que é necessário não são apenas declarações de políticas gerais — que não passam de boas intenções —, mas alvos com calendários específicos e uma clara atribuição de responsabilidades. O orçamento, naturalmente, diz qual a verba que uma agência governamental pretende gastar e onde, mas raramente diz quais os resultados esperados. Por outras palavras, os orçamentos são planos de despesa que fazem promessas vagas, mas omitem a menção de mudanças sociais e económicas resultantes da ação do governo.
   Assim, o primeiro passo para um melhor desempenho governamental é estabelecer metas claras, metas que especificam os resultados esperados e

o tempo necessário para os alcançar. Torna-se desta forma necessário um estudo sistemático e um relatório anual sobre como estes objetivos foram alcançados.

2. Cada agência governamental precisa de estabelecer prioridades dentro dos seus objetivos específicos, para que possa concentrar os seus esforços. Praticamente sem exceção, as agências governamentais não têm prioridades e recusam-se firmemente a estabelecê-las.
   Cada departamento policial dos Estados Unidos sabe que o crime nas ruas é a sua prioridade, o que requer a concentração de agentes uniformizados no serviço de patrulha. Mas poucos departamentos policiais ousam dizer «não» à senhora idosa que telefona a queixar-se de que um gato está preso numa árvore no seu jardim, enviam um carro de patrulha. Contudo, de todos os nossos organismos públicos são provavelmente os departamentos policiais que têm os objetivos mais claros e o sentido mais apurado das prioridades de todas as nossas agências governamentais.
   Em contrapartida, as enormes burocracias em departamentos governamentais como o de Saúde, Educação e Bem-Estar (HEW) ou o da Habitação e Desenvolvimento Urbano estão tão mal subdivididas entre tantos programas inúteis que, apesar dos seus muitos recursos humanos, poucos programas têm pessoal adequado para alcançar resultados.
   Definir prioridades é difícil na política porque cada programa tem os seus próprios círculos eleitorais. Portanto, estabelecer prioridades requer muita coragem, sendo que é para isso, afinal, que um executivo-chefe — no governo federal ou numa empresa privada — é pago.

3. Finalmente, o mais duro, o mais singular, mas também o mais importante pré-requisito da eficiência organizacional é o abandono organizado. A filosofia política sustenta que as funções do governo são perenes e nunca podem ser abandonadas. Isto pode ter feito sentido quando o governo estava limitado a funções tão básicas como a defesa, a administração da justiça e a ordem interna. Esses dias há muito que terminaram, é claro, mas é ainda esta a forma como gerimos o governo. O pressuposto subjacente deveria ser que tudo o que o governo faz é tão propenso a tornar-se improdutivo ou obsoleto num curto espaço de tempo como qualquer outra atividade humana. Manter tais atividades em curso exige um esforço infinitamente maior do que o de gerir os produtivos e bem-sucedidos.

A filosofia política também sempre sustentou, embora não tão firmemente, que os resultados e o desempenho não são um critério adequado para avaliar os programas governamentais. Essas avaliações pertencem à economia, o que pressupõe que estão a ser feitos esforços em prol dos resultados. Mas quando os esforços governamentais produzem um desempenho e resultados dececionantes, é sempre aceite que isso apenas indicia que são necessários mais esforços e mais verbas, uma vez que «as forças do mal são muito poderosas».

Os antimonopolistas, por exemplo, acreditam claramente que quanto menos resultados produzem, mais o esforço é merecido; para eles, a ausência de resultados não prova a inadequação da abordagem antimonopólio, mas a presença avassaladora de conspiração e maldade. A experiência dos países que, praticamente sem esforços antimonopólio, têm estruturas industriais não muito diferentes das nossas não impressiona mais o dedicado antimonopolista do que as estatísticas sexuais de outras partes do mundo impressionariam o puritano apregoando violentamente do seu púlpito contra a fornicação.

Mas até mesmo o moralista mais convicto admitiria provavelmente que a maior parte dos esforços governamentais pertence atualmente à categoria da economia, na qual os resultados são a adequada aferição de uma atividade e a adequada preocupação da gestão.

As agências governamentais devem, portanto, ser obrigadas a abandonar um programa ou uma atividade antes de poder ser iniciado um novo. A falta de tal política é provavelmente a razão pela qual os novos esforços ao longo dos últimos 20 anos produziram cada vez menos resultados. Os novos programas podem muito bem ter sido necessários e até mesmo bem planeados, mas a sua execução teve de ser confiada a quem estivesse disponível, em vez de às pessoas experientes, presas em postos de trabalho improdutivos e obsoletos.

Muito do que se passa na Saúde, Educação e Bem-Estar (HEW) ou na Food and Drug Administration (FDA) precisa claramente de ser abolido após os programas terem cumprido os seus objetivos. O atual «estado confuso da nossa saúde e bem-estar» é, em grande medida, o resultado de termos mantido os bem-sucedidos programas de bem-estar da Grande Depressão. Quando surgiu um novo problema de saúde e bem-estar na década de 1960, acrescentámo-lo aos antigos programas concebidos para fins totalmente diferentes.

A maioria dos programas agrícolas do New Deal deveria ter sido abandonada. A Segurança Social, tal como foi concebida em 1935, suspeito que também padeça do mesmo. Tem sido ultrapassada por profundas mudanças na demografia dos EUA — pelo aumento da esperança de vida e pelo aumento dos planos de pensões financiados pelas entidades empregadoras. O programa dos vales alimentares rapidamente se tornou uma má alternativa do programa de saúde e bem-estar, regimentando as despesas dos pobres em vez de lhes dar poder de compra adicional. A maior parte dos nossos subsídios à habitação pertencem, provavelmente, à mesma categoria.

Estes são os primeiros passos no sentido de melhorar o desempenho governamental. Não são de forma alguma suficientes, mas mesmo assim os obstáculos políticos levantados pelas burocracias e interesses instalados serão tremendos. Não obstante, existe agora um apoio tanto popular como legislativo às «sunset laws» (cláusulas de caducidade) que preveem a caducidade automática de agências governamentais e programas governamentais. E, tal como Carter salientou e com razão durante a sua campanha, a principal necessidade do governo moderno é tornar o governo mais eficiente. Pode até ser uma condição necessária para a sobrevivência do governo atual.

(1977)

CAPÍTULO VINTE E UM

O declínio da sindicalização

EM 1945, QUASE 40% da força de trabalho americana estava sindicalizada. Em 1977, a percentagem tinha caído para 26%. (*Nota de 1981:* E em 1981 desceu para os 20% ou menos.)

Em 1945, praticamente todos os sindicatos pertenciam ao sector privado, no qual a sindicalização se aproximava dos 50%. Desde então, o grande crescimento da filiação sindical tem sido no emprego nos serviços públicos: em organismos públicos, em hospitais, em escolas, etc.

Desta forma, no sector privado, no máximo um em cada seis empregados é membro de um sindicato e a filiação está fortemente concentrada em indústrias maduras, se não mesmo em declínio. (*Nota de 1981:* No sector privado, a filiação sindical encontra-se agora ao nível do que era antes da enorme onda de sindicalização dos anos 30.)

A filiação sindical no sector público continua a crescer, mas está claramente a deparar-se com uma resistência crescente por parte dos contribuintes e das entidades empregadoras do serviço público. É improvável que os sindicatos do serviço público consigam manter as conquistas recentes, especialmente no que diz respeito à segurança do emprego e ao valor da pensão de reforma, tendo em conta a grave crise financeira dos governos locais.

Ao mesmo tempo, a filiação aos sindicatos tradicionais do sector privado está a mudar rapidamente. Por exemplo, os novos trabalhadores manuais são menos instruídos, em regra, do que o resto da população e não mais instruídos do que os homens e mulheres que substituem — uma surpreendente inversão de uma tendência a longo prazo nos EUA.

Os jovens com escolaridade vão para universidades comunitárias e, regra geral, não estão disponíveis para os tradicionais postos de trabalho de colarinho azul. E os que estão disponíveis sentem-se uns «falhados» antes sequer de começarem e revelam-se proporcionalmente belicosos. São também muito menos fiéis à «causa» do que os membros mais velhos do sindicato.

A liderança dos sindicatos está prestes a ser substituída. Até os mais «jovens» entre os líderes tradicionais já estão nos seus 60 anos. E com o relativo declínio constante da força sindical, juntamente com o constante desgaste da liderança, veio um declínio do poder político (foi visível a surpreendente impotência do Partido Trabalhista face ao Congresso tanto durante a presidência de Carter como na administração Carter, sendo que ambas devem a sua eleição aos sindicatos) e do respeito público (todas as sondagens de opinião revelam que o público tem menos confiança no Partido Trabalhista do que em qualquer outra instituição).

Devido a esta desconfiança, à frustração e ao sentimento de quase desespero em relação ao Partido Trabalhista, podemos esperar tempos muito difíceis nas relações com a gestão do trabalho.

Mas, ao mesmo tempo, os problemas estão a mudar. A mão-de-obra continuará a pressionar por «mais», mas também pelo «diferente».

A segurança do emprego é claramente uma questão central emergente. Os trabalhadores siderúrgicos, na ronda de negociações contratuais de 1975, fizeram progressos significativos em relação ao emprego vitalício dos seus filiados. Esse objetivo tornar-se-á cada vez mais parte do movimento laboral, no emprego nos sectores privado e público.

Com o emprego vitalício ou alguma variante deste, será responsabilidade da gestão encontrar novos postos de trabalho para os trabalhadores cujos trabalhos existentes estão a ser alterados ou abolidos devido às mudanças tecnológicas. Isto exigirá uma espécie de planeamento da mão-de-obra que, até agora, é praticamente desconhecida na indústria norte-americana (mas que há muito é comum no Japão e na Suécia).

Depois há a questão da segurança sindical. Os dirigentes sindicais não lutam apenas pelo emprego dos filiados, lutam também pelo seu próprio posto de trabalho e pela sobrevivência das suas próprias organizações.

Os novos postos de trabalho na indústria dos EUA não estão onde estão os sindicatos tradicionais. Não estão nas indústrias de produção em massa, nem no trabalho manual, como a construção civil. E isso faz com que os sindicatos tradicionais se sintam postos de lado e ameaçados de extinção. Isto conduzirá, sem dúvida, a conflitos jurisdicionais entre sindicatos, que disputarão entre si a fatia maior de um bolo cada vez mais pequeno. Mas também levará a uma exigência cada vez maior por parte dos sindicatos para congelar o emprego, para congelar tecnologias e para congelar jurisdições.

Talvez a questão mais difícil e, no entanto, a mais importante relacionada com a segurança do emprego seja a causada pela dinâmica populacional da força de trabalho norte-americana. Nunca é demais dizer que a grande maioria das pessoas que atinge agora a idade da reforma consiste em trabalhadores de colarinho azul ou administrativos pouco qualificados com menor instrução. A maioria dos jovens que entra na força de trabalho tem uma escolaridade avançada e, por conseguinte, não está prontamente disponível para os trabalhos tradicionais na linha de montagem, na cabina de um camião ou atrás de um balcão de vendas.

Acrescente-se a isto o facto de que o número de recursos humanos que entram na força de trabalho (que não os jovens negros) irá diminuir em 30% no início dos anos 80 (como resultado da redução da natalidade que começou no início dos anos 60) e enfrentamos uma grave escassez de substitutos para os trabalhadores de colarinho azul e os administrativos reformados.

Ao mesmo tempo, os países em vias de desenvolvimento precisam agora de encontrar postos de trabalho nas indústrias transformadoras e nas indústrias de exportação para o enorme número de jovens que atingem a idade ativa como resultado da explosão demográfica que começou nos finais dos anos 50.

A situação é esta: seja qual for o salário pago, não conseguiremos encontrar mão-de-obra suficiente para fazer o trabalho tradicional e teremos de subcontratar trabalho intensivo aos países em vias de desenvolvimento. Cada vez mais, teremos de avançar no sentido de um intercâmbio internacional laboral por fases de produção. Mas isto, claro, ameaça os trabalhadores que restam nas indústrias nacionais.

O melhor exemplo disso são os cerca de 50 mil sapateiros, na sua maioria idosos e concentrados numa pequena área, cujos postos de trabalho estão a ser ameaçados pelas importações. No entanto, não é possível encontrar mão-de-obra suficiente neste país para produzir os sapatos de que precisamos.

O mesmo é em grande parte verdade no que diz respeito à siderurgia, onde a indústria norte-americana de trabalho intensivo tem sido ultrapassada por uma indústria siderúrgica altamente mecanizada no Japão e por mão-de-obra barata em novas indústrias siderúrgicas automatizadas do mundo em vias de desenvolvimento, como por exemplo na Coreia.

Como devemos lidar com isto se aceitarmos — como estamos prestes a fazer — o princípio do emprego vitalício? O protecionismo é a resposta óbvia, mas é claramente a solução errada. Não ajudará trabalhadores ou empregadores, exceto durante um breve período de tempo, pois o protecionismo só ajuda se a indústria estiver em crescimento. Caso contrário, prejudica a indústria e a economia durante um relativamente curto período de tempo.

Ao mesmo tempo, as políticas públicas não ficarão indiferentes às verdadeiras dificuldades. Em geral, os trabalhadores que são ameaçados pela «produção partilhada» na economia internacional são homens e mulheres mais idosos cuja requalificação ou mobilização para outros postos de trabalho não é fácil. Deverá isto ser considerado uma obrigação nacional (a abordagem adotada na administração Nixon) ou um problema da indústria (que é a forma como os trabalhadores siderúrgicos e do sector automóvel o veem)? Em todo o caso, vai ser claramente um grande problema de gestão de trabalho.

Depois há os problemas criados pelo rápido crescimento de grupos de trabalho que não se encaixam em nenhum molde tradicional: o trabalhador mais idoso que atingiu o que é normalmente considerado a idade da reforma, mas que continua a trabalhar agora que a reforma fixa por idade está a desaparecer. Ou as mulheres casadas mais velhas que estão a juntar-se à força de trabalho em número crescente e que necessitam cada vez mais de empregos a tempo parcial em vez de a tempo inteiro. A questão dos direitos, dos benefícios e das obrigações destes grupos ainda não foi abordada. Por exemplo, como fazer quanto à sua antiguidade e promoções?

São tudo questões que acabarão por surgir, mas para as quais nem a gestão nem os trabalhadores estão ainda preparados. E há outras questões. Entre elas: a indexação da remuneração para compensar o escalão fiscal mais elevado para o qual a inflação empurra automaticamente o trabalhador, reduzindo substancialmente o seu rendimento disponível. E resolver a questão da representação sindical nos conselhos de administração e nos conselhos diretivos dos fundos de pensões dos recursos humanos.

A questão não é saber quando se vão pôr estas questões; elas já existem. A questão é se a direção deixará a iniciativa inteiramente aos trabalhadores, como tem feito durante décadas. A resposta a esta questão irá contribuir muito para determinar o resultado das relações laborais e das políticas laborais do amanhã.

(1977)

CAPÍTULO VINTE E DOIS

O futuro dos cuidados de saúde

O PRESIDENTE CARTER ANUNCIOU, no outono de 1978, «princípios» para grandes alterações em matéria de legislação em cuidados de saúde. Mas o futuro sistema de cuidados de saúde dos EUA está a ser construído agora, e sem o auxílio da legislação. As propostas de Carter, fossem elas quais fossem, não tinham hipóteses de «vingar». Houve algumas audiências no Congresso sobre o tema com inúmeros testemunhos, estudos e relatórios. Mas se estes produziram alguma coisa, foi o proverbial *ridiculus mus*, o «rato ridículo», algo insignificante.

A razão para isto não é sequer a resistência aos custos de novos programas governamentais. É a ausência total de pressão popular para as grandes mudanças nos cuidados de saúde.

Não é verdade que o povo dos EUA esteja insatisfeito com o sistema de prestação de cuidados de saúde. Em todas as sondagens, a esmagadora maioria — cerca de 90% — declara-se «satisfeita» ou «muito satisfeita». É ainda menos verdade que os norte-americanos se sintam «a sofrer sob os custos surpreendentes de um sistema de taxa por serviço», como ouvi recentemente num discurso de um ilustre senador nosso.

Os médicos e hospitais regem-se, em grande parte, por uma base de taxa por serviço; os doentes não. Dezanove em cada 20 pessoas — cerca de 95% da população — têm um plano de saúde pré-pago e não pagam pelos serviços recebidos. Na verdade, essa pode ser uma das razões pelas quais os custos dos cuidados de saúde são tão difíceis de controlar.

A maioria de nós está inscrita em planos garantidos pela entidade patronal, estando os restantes dependentes dos programas Medicare ou Medicaid. E a maioria de nós não sabe nem se preocupa com os custos dos nossos seguros de saúde individuais. Na maioria dos casos é considerado «gratuito»; ou seja, os custos, como num plano nacional de saúde, estão a ser pagos através de uma retenção obrigatória sobre o salário líquido e antes de impostos.

A única razão pela qual, suspeito, ainda ouvimos falar de um serviço nacional de saúde é devido ao desejo — compreensível — do senador Edward Kennedy de ter o seu nome num diploma legislativo nacional. Mesmo os sindicatos que assinam os seus nomes na proposta Kennedy e testemunham a favor da mesma são, na melhor das hipóteses, brandos. Todos os funcionários e colaboradores sindicais com quem falei desejam que os benefícios dos cuidados de saúde continuem a ser uma questão negociável que, evidentemente, deixaria de ser se sancionássemos um serviço nacional de saúde que abrangesse todos os serviços para todas as pessoas.

Na verdade, a maioria dos líderes sindicais — e ainda mais os seus consultores — vê os benefícios dos cuidados de saúde como a *única* área com potenciais vitórias para os sindicatos nos próximos anos, considerando a resistência aos aumentos salariais e a impostos mais elevados e a liberdade de negociar os benefícios dos cuidados de saúde como essenciais para a própria sobrevivência do movimento sindical americano.

Enquanto os políticos travam batalhas fictícias, o futuro sistema de cuidados de saúde dos EUA — pelo menos para 95% da população — está a emergir rapidamente e pode ser previsto com uma probabilidade muito elevada. Irá diferir do atual em três aspectos: na cobertura dos custos dos cuidados de saúde; na diversidade dos prestadores de cuidados de saúde; e no seu controlo organizado e autocontrolo das normas médicas e dos custos dos cuidados de saúde.

Mais cedo ou mais tarde, cerca de três quartos dos norte-americanos terão seguro contra doenças catastróficas — atualmente, menos de 60% o têm. Daqui a dez anos, 95% vão ter tal seguro. Não haverá limite máximo, ou seja, nenhum máximo além do qual o seguro não pague. Atualmente, não existe tal limite máximo, exceto no contrato. Como todos os hospitais sabem, as taxas não cobertas pela política de doenças catastróficas não são cobráveis.

Mas embora a incidência de custos acima do limite máximo seja bastante pequena, o receio deles é real. Podemos, contudo, perceber um maior enfoque numa franquia bastante elevada — a opção para reembolsos em caso de doença catastrófica — e em alguns cosseguros pode atingir até um certo montante ou até uma certa percentagem do rendimento familiar do segurado. E talvez venhamos a assistir ao resseguro governamental dos custos de doença catastrófica para os 5% dos não seguráveis — proposto pela primeira vez há 30 anos pelo presidente Eisenhower.

Cinco anos depois, dois quintos da população — empregados de grandes empresas e serviços públicos — terão seguros que cobrirão os custos dos medicamentos prescritos, mais uma vez com uma franquia quem sabe de 100 dólares por ano por família. Mais importante, e mais dispendioso, por volta de 1990, cerca de metade das famílias nos EUA terão seguros com cobertura em estomatologia, e por volta de 1995 será a opção da grande maioria. Nessa altura, também as despesas com os três dispositivos médicos mais comuns — óculos graduados, aparelhos auditivos e próteses dentárias — estarão asseguradas para a maioria.

O veículo para estas extensões de cobertura não será a lei, mas contratos entre entidades empregadoras individuais e os seus empregados. Os problemas emocionais não serão, contudo, cobertos pela maioria destes contratos, creio eu, exceto no caso de doenças psicóticas genuínas que exijam hospitalização. O custo da psicoterapia é demasiado alto e impossível de controlar. Apesar das afirmações dos «especialistas» de que «três em cada quatro» norte-americanos sofrem de doenças psicossomáticas, a confiança na eficácia da psicoterapia provavelmente atingiu o seu pico e pode estar a descer muito rapidamente.

A maior parte da discussão atual sobre a prestação de cuidados de saúde implica uma escolha entre o médico que exerce sozinho ou a Health Maintenance Organization (HMO) — a organização de manutenção de saúde dos EUA —, um coletivo de médicos que opera a partir de um local central e controla o seu próprio hospital. Mas o sistema de cuidados de saúde dos EUA do amanhã consistirá em três canais de distribuição paralelos e concorrentes: o médico particular, a Independent Physician Associations (IPA) — a Associação de Médicos Individuais — e a HMO.

O grosso da prestação de cuidados de saúde daqui a dez anos ainda estará a cargo do médico privado, embora haja cada vez mais aquilo a que (erroneamente) chamam práticas de grupo, ou seja, consultórios, recursos humanos e laboratórios partilhados. O segundo mais relevante será o IPA. As entidades empregadoras de determinadas áreas irão reunir-se e estabelecer normas e honorários para serviços médicos, com a ajuda de um diretor ou consultor médico. Os médicos que acordarem cumprir as normas e honorários serão recomendados aos trabalhadores das empresas pela IPA.

Este é essencialmente o sistema que há 80 anos tem funcionado bem na Alemanha. Preserva a liberdade de escolha por parte do doente, mas também proporciona um meio de controlo de preços e qualidade. Tais planos já existem nos Estados Unidos e estão a crescer rapidamente.

A HMO, por outro lado, crescerá apenas aquilo que o governo impuser. Eu já fui um fervoroso defensor da HMO. Mas pode muito bem ser uma ideia cuja época já passou, apesar dos seus fervorosos defensores em Washington. A IPA faz tudo o que a HMO faz, mas sem as limitações desta última — ou seja, a ausência da liberdade de escolha do médico e de uma relação permanente entre médico e doente. A única vantagem de custos da HMO é a sua capacidade de concentrar os seus doentes numa instalação de cuidados de saúde gerida de forma centralizada. Mas num país descentralizado como os Estados Unidos e com cada vez mais mulheres a trabalharem a quilómetros do marido e dos filhos, isto não é uma vantagem.

A grande vantagem de uma IPA é que o supervisionamento das normas permanecerá dentro da comunidade médica. O diretor da IPA e a Ordem dos Médicos decidirão que médicos terão licença para atender os subscritores.

A avaliação dos médicos por parte dos seus pares está a crescer nos hospitais devido a processos por negligência e à pressão do governo. A avaliação sistemática dos custos hospitalares pela Blue Cross e outras seguradoras, bem como pelas entidades empregadoras e grandes sindicatos, é ainda mais rápida. Daqui a dez anos, as maiores empresas empregadoras, os organismos governamentais, as IPA e os hospitais determinarão em conjunto as normas e custos médicos de uma forma tipicamente americana — ou seja, desordenada e descentralizada.

Não é verdade que o sistema de cuidados de saúde dos EUA seja mais dispendioso do que qualquer outro — pode mesmo estar entre os mais baratos em termos de PIB e rendimento familiar. Os números divulgados sobre os custos mais baixos de outros sistemas são simplesmente falsos — o custo real do Serviço Nacional de Saúde britânico, por exemplo, não é «inferior a 7% do PIB»; está mais próximo dos 12%, considerando que os britânicos têm de gastar quase tanto para compensar a sua falta de camas hospitalares como nos gastos atuais em cuidados de saúde e que cada vez mais britânicos aderem a planos de seguro de saúde privados.

Não é verdade que os nossos custos com os cuidados de saúde tenham aumentado mais rapidamente do que os de outros países — aumentaram muito mais rapidamente na Alemanha e na Suécia, por exemplo. Não é verdade que nos EUA se recorra mais aos hospitais do que noutros países. Em todos os países desenvolvidos da Europa, os internamentos hospitalares por mil habitantes são mais elevados do que nos Estados Unidos, são cada vez mais longos e, na maioria deles, o custo diário é maior.

Até pode não ser verdade que os cuidados de saúde e especialmente os custos hospitalares tenham aumentado mais rapidamente do que qualquer outro tópico importante nos EUA e mais rapidamente do que a inflação — isto pode ser verdade apenas para os custos, tais como o Medicaid, que são impostos pelo governo.

Por outras palavras, existem boas razões pelas quais a grande maioria dos norte-americanos em todas as sondagens se declara «bastante satisfeita» com o seu sistema de cuidados de saúde, não havendo, por isso, pressão popular para mais do que pequenas alterações nele introduzidas.

(1978)

CAPÍTULO VINTE E TRÊS

O professor e o protecionismo dos sindicatos

SEM GRANDES MUDANÇAS NA POLÍTICA, os professores universitários podem vir a tornar-se uma espécie ameaçada nas próximas décadas — e a sindicalização e o *lobby* político dificilmente ajudarão mais do que têm ajudado a proteger as minas de antracite ou os caminhos-de-ferro.

No seu próprio interesse pessoal, os membros do corpo docente precisam de uma política radicalmente nova em três áreas. Precisam de substituir de forma eficaz uma contraproducente política de titularidade. Precisam de uma permanente formação pessoal que lhes permita beneficiarem de oportunidades futuras. E precisam de uma colocação organizada do professor de meia-idade em funções e carreiras fora da academia. Mas, acima de tudo, os membros do corpo docente precisam de gestão — seja ela autoimposta ou realizada por administradores.

A única mudança de estatuto a que os professores provavelmente resistem com mais persistência é qualquer eventual mudança no sistema de titularidade. Mas a titularidade tornar-se-á cada vez mais uma ameaça — mesmo para os membros efetivos do corpo docente universitário. Em vez de proteger os professores contra as mudanças, irá acabar por aprisioná-los. Sem mudanças na política de titularidade, em breve as universidades ficarão incapazes de atrair novos alunos, o que, por sua vez, só pode acelerar o declínio na matriculação de estudantes, criando assim maior pressão para cortar tanto na dimensão do corpo docente como nos seus salários. Mas, ao mesmo tempo, durante os próximos 20 anos ou mais, o corpo docente das universidades irá envelhecer — e qualquer grupo incapaz de se renovar torna-se estagnado, obsoleto e, em última análise, putrefacto. A atual política de titularidade condena o ensino superior a tornar-se uma indústria em declínio e, com o tempo, uma indústria em extinção. As universidades podem vir a tornar-se os caminhos-de-ferro da indústria do conhecimento.

A titularidade na sua forma atual nem sequer protege os membros da faculdade que dela gozam. Se não houver maneira de ajustar as atribuições do corpo docente às alterações nas matrículas e nas receitas — que é o que a atual política de titularidade implica — restam apenas três opções.

Uma delas é continuar a pressão para baixar os salários, e, sobretudo, os salários da grande maioria — os professores meramente competentes de 45 ou 50 anos. É uma ilusão acreditar que a pressão política ou sindical sobre o corpo legislativo pode mesmo retardar a redução da remuneração do corpo docente; haveria pouca compaixão política pelo professor, nem o professor mereceria, de facto, mais do que qualquer outro protegido sindical.

Uma segunda alternativa seria que os administradores das universidades encerrassem totalmente departamentos e áreas de estudo. Uma faculdade pode ter estudantes suficientes para um departamento de belas-artes com três ou quatro professores. Mas se o departamento tiver nove professores, todos eles titulares, a única hipótese de ajustamento é deixar cair o departamento de belas-artes. E se os tribunais decidirem que isto viola a titularidade, que a titularidade dá direito a um cargo, então podemos assistir ao encerramento em massa de inúmeras instituições — e não apenas das mais pequenas.

A terceira alternativa seria garantir aos professores vários contratos seguidos — talvez de três-três-cinco-cinco-cinco anos, com uma prorrogação automática por um ano, caso não seja renovado, dando assim ao membro da faculdade tempo suficiente para procurar alternativas. A decisão de garantir um contrato teria de respeitar todo o procedimento judicial justo, o que implicaria não só a participação do corpo docente, mas também a participação externa de distintos e respeitados membros dos corpos docentes de outras instituições, de preferência também de outras disciplinas, e provavelmente também de leigos, particularmente ex-alunos. Só depois de uma pessoa ter celebrado cinco ou seis contratos — no final dos quais provavelmente já teria ultrapassado os 50 anos — é que a sua titularidade estaria em situação regularizada.

Os membros do corpo docente da faculdade também necessitam de formação pessoal permanente. Têm de se preparar para as oportunidades que possam surgir, pois podemos esperar um crescimento substancial de matrículas em faculdades em duas áreas: na educação contínua, tanto profissional como geral, de adultos já altamente escolarizados e em instituições de ensino superior. Mas os jovens académicos de hoje não são incentivados a tornarem-se empregáveis tendo em conta estas oportunidades. Quem já tenha trabalhado em programas de formação contínua para adultos, seja em formações de gestão avançada ou em formações de ciências humanas (e eu tenho feito ambas) sabe que a grande maioria do corpo docente, mesmo os mais capazes, não consegue dar conta do trabalho, fracassa e tem de ser afastada. Não sabem como ensinar, especialmente como ensinar adultos. São especificamente especializados ao ponto de parecerem praticamente analfabetos a homens e mulheres maduros e experientes. Nas universidades comunitárias, a capacidade de relacionar a matéria com a experiência, a aplicação, a aprendizagem — embora a um nível muito inferior — é igualmente necessária.

O sistema de recompensas e incentivos no ensino superior promove a especialização e o isolamento. Embora hoje esta possa ser a direção certa para um membro individual do corpo docente no início, será cada vez mais a direção errónea, considerando as oportunidades do amanhã, para o seu desenvolvimento e empregabilidade. Para se antecipar, para ser promovido, para obter maior remuneração, o universitário terá de ser empregável onde as oportunidades se apresentarem — isto é, na educação avançada e contínua de adultos ou nas universidades comunitárias.

Por outras palavras, há necessidade de uma formação contínua do corpo docente. Há necessidade de fazer no meio académico o que é agora prática corrente em todas as outras áreas de emprego nos sectores do conhecimento: o autodesenvolvimento do profissional tendo em conta não só os seus próprios interesses e competências, como também as necessidades e oportunidades da profissão, da entidade empregadora, do mercado e da sociedade. Concretamente, isto significa expor os jovens académicos aos desafios do ensino e do trabalho de investigação fora das suas próprias especialidades; ao ensino e investigação com diferentes tipos de estudantes; e a oportunidades de aprendizagem, sobretudo para aprenderem mais sobre o ensino.

Se não houver um autodesenvolvimento do indivíduo na academia, é provável que vejamos imposta eficiência e conformidade obrigatória, à medida que as oportunidades de emprego, progresso na carreira e rendimento mudam. Em vez de olhar para os indivíduos e perguntar: «Quais são os seus pontos fortes e interesses, as suas maiores oportunidades, as suas maiores necessidades?» podemos muito bem precipitar-nos para um programa de formação padronizado. É precisamente porque a vantagem do ensino superior reside na diversidade e nas contribuições individuais e altamente específicas que os membros do corpo docente precisam de um esforço de formação contínuo e dirigido, um esforço centrado tanto nos pontos fortes e interesses do membro individual do corpo docente como nas oportunidades no ensino superior.

Finalmente, a academia precisa de colocação organizada — como qualquer outro sector nos campos do conhecimento se não mesmo mais. Precisa de tais esforços, sobretudo para o membro do corpo docente de meia-idade, a meio da sua carreira profissional, o homem ou mulher de 45 anos cujo próprio interesse, em muitos casos, exige colocação fora da academia e noutros trabalhos.

Quando os membros do corpo docente atingem os 40, por norma, já andam no meio académico há 20 anos — e, por norma, não trabalharam em qualquer outro ambiente. A maioria dos membros do corpo docente, por essa altura, já concluiu toda a investigação e escreveu todos os livros que alguma vez irá escrever. Para lá dessa idade, apenas um número muito reduzido de figuras de primeira linha permanece produtiva. Com certeza, estes estudiosos e professores que continuam a produzir são as figuras em que todos pensamos quando falamos de historiadores, antropólogos ou metalúrgicos, mas o seu número é efetivamente muito reduzido. Os restantes, na verdade, reformaram-se de forma definitiva. Mantêm-se ao corrente, mas já não partilham do entusiasmo inicial. Precisam de um ambiente diferente, de um desafio diferente, de uma carreira diferente. Precisam de ser «replantados».

Este corpo docente de meia-idade está longe de estar esgotado. Está simplesmente desanimado. E as soluções habituais — divorciar-se e arranjar uma licenciada de 19 anos; começar a beber; optar pelo sofá do psicanalista — não curam a doença. E a menos que esta pessoa competente mas desanimada encontre um novo desafio, um novo ambiente, um trabalho diferente e colegas diferentes, rapidamente se irá instalar um declínio irreversível.

Os professores precisam de esforços de colocação organizados que identifiquem oportunidades externas, seja nos serviços públicos, na indústria ou na atividade profissional, e que ajudem o indivíduo a ir ao encontro delas. E esta é também a melhor forma de restaurar a capacidade do ensino superior para atrair os jovens numa altura em que as matrículas e os orçamentos estão a diminuir.

Outras profissões há muito que reconheceram que as pessoas têm de ser colocadas. Os jovens advogados, contabilistas ou consultores de gestão, independentemente do seu desempenho, serão recolocados pelas suas empresas se, por volta dos 35 anos, não se revelarem ser as pessoas certas para uma colaboração, isto é, se não tiverem capacidade para realizar uma tarefa para um cliente ou para conquistar novos clientes. Dez anos mais tarde, os membros seniores destas práticas profissionais avaliam novamente os seus colaboradores e colocam noutro lugar aqueles que nunca se irão tornar sócios seniores. Embora não seja uma obrigação contratual, os esforços de colocação da empresa de contabilidade ou consultoria de gestão garantem ao associado um trabalho atrativo que se adapta às competências, necessidades e etapa do ciclo de vida pessoal do indivíduo.

Os membros do corpo docente também têm estas necessidades. No entanto, tais soluções não se enquadram facilmente no conceito tradicional do académico — quer seja o *Herr* professor alemão ou o *Don* inglês. Mas os membros do corpo docente das faculdades e universidades americanas não se enquadram hoje em dia nesses modelos europeus. Só existem postos de trabalho para cerca de 500 000 membros do corpo docente porque o ensino superior se tornou um emprego — um emprego muito significativo. Mas mesmo que o ensino superior se tenha tornado uma educação de massas e um grande negócio, temos de fazer aquilo que irá salvar a essência do académico: liberdade, autogestão, papel de liderança. Caso contrário, dentro de 20 anos, os membros do corpo docente universitário ter-se-ão transformado em meros empregados — professores do ensino secundário com licenciaturas inflacionadas e remuneração deflacionada — sem posição, sem respeito próprio, sem influência e sem um papel na sociedade.

(1979)

CAPÍTULO VINTE E QUATRO

As escolas em 1990

O MAIOR DESAFIO EM TERMOS DE INFRAESTRUTURA para este país na próxima década não são os milhares de milhões necessários para os caminhos-de-ferro, autoestradas e energia. É o sistema educativo dos EUA, desde o jardim de infância até ao programa de doutoramento e à pós-graduação de adultos. E requer algo muito mais escasso do que dinheiro — pensar e assumir riscos.

O desafio não é o da expansão. Pelo contrário, o crescimento explosivo do número de matrículas nos últimos 30 anos chegou ao fim. Em 1978, mais de 93% dos jovens que entraram na força de trabalho tinham pelo menos o oitavo ano de escolaridade. Assim, mesmo que a taxa de natalidade aumente ligeiramente, há pouca expansão possível para as matrículas no ensino primário, secundário e superior.

As escolas de pós-graduação e escolas profissionais ainda estão a transbordar com as últimas coortes etárias dos anos do *baby boom*. Mas, por volta de 1985, estes estudantes terão sido sucedidos pelos grupos etários mais emagrecidos da redução da natalidade que começou em 1960. É totalmente previsível que exista alguma contração nas matrículas.

Os últimos 30 anos de convulsões sociais nas escolas também terminaram. A prática de transportar alunos para escolas dentro ou fora de seus distritos escolares locais num esforço para diversificar a composição racial das escolas continuará a ser uma questão altamente emotiva em muitas áreas metropolitanas. E ainda haverá esforços para aproveitar as escolas para conquistar as mulheres para campos como a engenharia, que têm sido tradicionalmente considerados masculinos. Mas esta mudança já foi realizada em muitos campos: metade ou mais dos estudantes de contabilidade das escolas superiores de gestão, por exemplo, são agora mulheres. Como na maioria das outras questões sociais, o país deixará de tentar aproveitar as escolas para levar a cabo a reforma e reconstrução sociais. Está a tornar-se cada vez mais claro para os decisores políticos que as escolas não podem resolver todos os problemas da comunidade em geral.

Em vez disso, o grito de guerra dos anos 80 e 90 será a exigência de desempenho e responsabilização. Há 30 anos que as entidades empregadoras contratam licenciados pelas suas licenciaturas, em vez de pelas suas competências; o emprego, o salário e, muitas vezes, até a promoção estão dependentes do diploma. Agora, muitas das grandes entidades empregadoras começam a exigir mais do que a conclusão do secundário. Alguns dos principais bancos, por exemplo, estão a estudar a possibilidade de incluir exames de admissão que testariam os conhecimentos e competências dos licenciados que se candidatam a empregos como estagiários em gestão.

Os estudantes, e até mesmo os pais, exigirão uma maior responsabilização das escolas a todos os níveis. Na verdade, com os empregos como professor a permanecerem escassos, os candidatos à formação — pais, estudantes, conselhos escolares — estarão em vantagem, por mais ativo que seja o sindicato dos professores. Será cada vez mais comum instaurar processos judiciais contra distritos escolares e universidades por atribuição de licenciaturas sem a transmissão das devidas competências que presumivelmente estas deveriam garantir. E muitos jovens já estão a mudar para matérias práticas «difíceis». Sem prestar atenção aos fascínios da cultura jovem e dos meios de comunicação social, têm vindo a passar da psicologia para a medicina, da sociologia para a contabilidade e dos estudos africanos para a programação informática.

A procura dos estudos está na verdade a subir e não a descer. O que está a diminuir, e bastante rapidamente, é a procura do ensino tradicional em escolas tradicionais.

De facto, o sector que atualmente mais cresce nos EUA é talvez a formação profissional contínua de estudantes adultos já a meio da carreira. Grande parte do que se passa tem lugar fora das instituições de ensino — através de empresas, hospitais e gabinetes governamentais que organizam cursos para recursos humanos e profissionais da área da gestão; ou através de associações de gestão e associações comerciais. Ao mesmo tempo, inúmeros empresários privados estão a organizar seminários e cursos, a produzir vídeos de formação e cassetes áudio e a tirar partido das oportunidades de crescimento que as faculdades universitárias andam a evitar.

A procura pela formação contínua não assume a forma que a maioria dos observadores, incluindo este redator, esperava inicialmente — nomeadamente, aulas sobre «grandes livros» para adultos que querem aprender sobre ciências humanas, belas-artes, a «vida da mente». Em vez disso, enfrentamos uma procura quase insaciável de formação profissional avançada: em engenharia e medicina, em contabilidade e jornalismo, em direito e em administração e gestão.

No entanto, os adultos que regressam a esses estudos também exigem aquilo que os professores de disciplinas profissionais são tão raramente capazes de fornecer: uma perspetiva humanista que possa integrar conhecimentos profissionais e técnicos avançados num universo mais vasto de experiência e aprendizagem. Uma vez que estes novos alunos também exigem horários flexíveis — cursos noturnos, aos fins de semana ou intensivos que resumam um semestre em duas semanas —, as suas exigências de aprendizagem representam uma ameaça vaga, mas real, às instituições académicas. A resposta habitual das instituições académicas — produzir novos doutoramentos para um novo departamento — é mais ou menos comparável à reformulação do chicote para liderar o novo mercado de carruagens sem cavalos.

É provável que o maior desafio para os educadores provenha das nossas novas oportunidades para a diversidade. Temos agora a oportunidade de aplicar os resultados básicos do desenvolvimento psicológico e da investigação educacional nos últimos 100 anos: nomeadamente, que nenhum método educacional se adequa a todas as crianças.

Quase todos os jovens — e, ao que parece, também os mais velhos — são capazes de atingir os mesmos requisitos dentro de um razoável período de tempo. Todos, exceto alguns bebés, por exemplo, aprendem a andar aos dois anos e a falar até por volta dos três. Mas não há dois bebés que lá cheguem da mesma maneira, como os pais há muito sabem.

O mesmo acontece com a escolaridade mais avançada. Algumas crianças aprendem melhor por memorização, em ambientes estruturados com elevado grau de certeza e rigorosa disciplina. Outras prosperam na atmosfera permissiva menos estruturada de uma escola alternativa de métodos progressivos. Alguns adultos aprendem a partir de livros, outros aprendem fazendo, outros aprendem melhor ouvindo. Alguns estudantes precisam de doses diárias estipuladas de informação; outros precisam de um desafio, do «quadro global» e de um elevado grau de responsabilidade pela conceção do seu próprio trabalho. Mas, durante demasiado tempo, os pedagogos insistiram que existia uma melhor forma de ensinar e aprender, embora tenham discordado sobre qual é essa forma.

Há um século, a grande maioria dos norte-americanos vivia em comunidades tão pequenas que apenas existia uma escola com uma sala de aulas nas proximidades. Assim sendo, tinha de haver um método adequado para que todos aprendessem.

Hoje, a maioria das crianças em idade escolar nos Estados Unidos (e em todos os países desenvolvidos) vive em áreas metropolitanas com uma densidade tal que facilmente pode haver três ou quatro escolas primárias — bem como escolas do ciclo preparatório e até mesmo escolas secundárias — a uma distância percorrível a pé ou de bicicleta. Haverá, portanto, uma procura crescente de algum tipo de sistema de «voucher» que permita aos estudantes e aos seus pais escolherem entre alternativas de aprendizagem oferecidas por escolas concorrentes.

Na verdade, a concorrência e a escolha já começam a infiltrar-se no sistema educativo. As escolas e faculdades fundamentalistas e evangélicas demonstraram uma espantosa capacidade de prosperar durante um período de aumento de custos e de diminuição de matrículas noutras instituições de ensino. Tudo isto é um anátema, naturalmente, para as instituições escolares públicas. Mas a economia, as necessidades dos estudantes e a nossa nova compreensão de como as pessoas aprendem vão acabar por quebrar o monopólio tradicional do ensino, tal como os camiões e aviões quebraram o monopólio dos caminhos-de-ferro e os computadores e os «chips» estão a quebrar o monopólio do telefone fixo.

Nos próximos dez a 15 anos assistiremos quase certamente a fortes pressões para que as escolas sejam responsáveis por repensar que tipo de métodos de aprendizagem são apropriados para cada criança. Assistiremos quase seguramente a uma enorme pressão, tanto por parte dos pais como dos estudantes, para uma educação direcionada para os resultados e para a responsabilização no cumprimento dos objetivos definidos para cada estudante do ponto de vista individual. A formação profissional contínua de adultos com um elevado nível de estudos a meio da sua carreira profissional tornar-se-á um terceiro nível de escolaridade, além do bacharelato e da formação profissional certificada ou da pós-graduação. Acima de tudo, as atenções voltarão a centrar-se nas escolas e na formação como o investimento principal de capital e a infraestrutura de uma «sociedade do conhecimento».

(1981)

PARTE IV

Pessoas no mercado laboral

A natureza humana não mudou muito ao longo da história. Mas as competências e o conhecimento das pessoas, o seu trabalho e os seus empregos, as suas expectativas — e até a sua esperança de vida e saúde — mudam e podem mudar muito rapidamente. Em nenhuma área, nem mesmo na tecnologia, as mudanças dos últimos 30 anos foram maiores do que na força de trabalho; e em nenhuma área as mudanças serão maiores — ou virão mais rapidamente — nos restantes anos deste século do que na força de trabalho: na sua composição, nos seus hábitos de trabalho, na sua vida profissional.

A expressão «as pessoas são o nosso único recurso» tem sido um lema da gestão há pelo menos 80 anos. Mas muito poucos executivos realmente olham para este recurso. Os japoneses estavam entre as raras exceções após a sua derrota na II Guerra Mundial, e este é o maior segredo do seu atual sucesso. Os executivos, em geral, tendem a visualizar como trabalho a força de trabalho de 1920 da linha de montagem de Henry Ford — em vez do atual trabalhador do conhecimento. Para eles, o «trabalhador» é um adulto do sexo masculino, entre os 20 e os 65 anos, que opera uma máquina, trabalha a tempo inteiro e tem um trabalho permanente. No entanto, mais de metade da atual força de trabalho dos EUA é constituída por mulheres e pessoas com mais de 65 anos, muitas delas a trabalhar a tempo parcial ou de forma intermitente. E a proporção da mão-de-obra que trabalha como operador de máquinas irá, em todos os países desenvolvidos, ficar abaixo dos 10% até ao final deste século.

No seu conjunto, passámos para uma sociedade de trabalhadores. Em todos os países desenvolvidos, 80% ou 90% da riqueza nacional provém da remuneração e salários. De forma direta — através de fundos de pensões, por exemplo — ou de forma indireta, os recursos humanos estão a tornar-se rapidamente os principais proprietários e a fonte decisiva de capital. E a profissão, em vez da posse de terras, já se tornou a verdadeira «propriedade dos meios de produção».

CAPÍTULO VINTE E CINCO

Desmantelar o século XIX

ESTAMOS ATIVAMENTE EMPENHADOS em desfazer as duas mais pretensiosas conquistas sociais do reformador do século XIX: que as mulheres casadas não saem para trabalhar, permanecendo antes em casa onde são livres para se dedicarem à família e aos filhos; e que as pessoas mais velhas se reformam.

Historicamente, a participação das mulheres na força de trabalho sempre foi igual à dos homens — ambos começavam a trabalhar desde o momento em que isso se tornava possível até caírem. Nem uma quinta nem uma loja de mestre-artesão podem ser geridas sozinhas por um homem ou por uma mulher; ambas requerem um casal. E, até há pouco tempo, todos, exceto uma minúscula fração da raça humana, ganhavam a vida numa quinta ou numa loja de um mestre-artesão. Já em meados do século XIX — quando Dickens escreveu o seu pungente romance anglo-saxónico sobre a Inglaterra industrial, *Tempos Difíceis* (publicado em 1854) —, havia apenas uma esperança utópica de que um dia, num futuro remoto, as mulheres casadas não teriam de deixar os seus filhos para irem trabalhar. Em 1914, tinha-se tornado a marca do «homem trabalhador que se respeita a si próprio» que «a sua mulher» não precisava de trabalhar para ganhar dinheiro. E em 1950 — há apenas 30 anos — tinha-se tornado quase um axioma que as mulheres, à exceção de apenas um punhado delas de ambos os extremos do escalão económico, deixaria de trabalhar com o casamento e obrigatoriamente quando o primeiro filho estivesse prestes a chegar. Na verdade, até há 30 — ou quiçá apenas há 20 — anos, libertar as mulheres da necessidade de terem um emprego remunerado era a exigência «progressista» e, em grande parte, era o que queria dizer a expressão «emancipação feminina». E não havia mais nenhuma causa em que os liberais, progressistas, socialistas e reformadores de todos os géneros concordassem tão sinceramente como a necessidade de leis para proteger as mulheres, mantendo-as fora do trabalho e das profissões «perigosas» e «humilhantes». Era também, por exemplo, uma das grandes causas de Eleanor Roosevelt.

Agora, escusado será dizer que tudo isto é reacionário e discriminatório. E para as mulheres com menos de 50 anos, a taxa de participação na força de trabalho já é igual à dos homens, independentemente do seu estado civil e quase independentemente de terem ou não filhos.

A reforma obrigatória das pessoas mais velhas foi igualmente a «causa progressista» há apenas 30 anos, e a grande «conquista da reforma». No passado, não havia reformados — pela simples razão de que os idosos, aptos para a reforma, não existiam sequer. O primeiro recenseamento demográfico dos tempos modernos — a contagem de 1591 dos habitantes da cidade portuária de Zara, no Adriático — concluiu haver 365 pessoas com mais de 50 anos numa população de 13 441: uma em cada 40. Ao que parece, não havia um habitante com mais de 60 anos, quanto mais com mais de 65. No entanto, Zara era famosa pelo seu clima agradável e pela longevidade da sua robusta população da Dalmácia (ainda um dos mais antigos grupos populacionais da Europa). Duzentos e cinquenta anos mais tarde, as condições quase não tinham mudado. O enredo de um dos mais populares romances vitorianos, *The Warden* de Anthony Trollope (publicado em 1851), gira em torno da incapacidade de um lar de idosos, numa cidade inglesa onde existia uma catedral, de encontrar homens com mais de 60 anos, porque era essa a idade que os habilitava a tornarem-se reformados. Quando a esperança de vida começou a subir rapidamente na segunda metade do século passado, o sustento dos sobreviventes que eram demasiado velhos para trabalharem tornou-se então a causa progressista; e a reforma tornou-se a grande conquista social, que culminou na reforma obrigatória aos 65 anos, exigida pela Segurança Social americana, criada em 1935, e dos planos de pensão pagos pelas entidades empregadoras que começaram a proliferar por volta de 1950. Mas agora a reforma por idade é discriminação — é totalmente proibida na Califórnia, bem como aos funcionários do governo federal e ainda em todo o país para quase todos os trabalhadores até aos 70 anos. Há poucas dúvidas de que a reforma obrigatória, em qualquer idade, será em breve uma coisa do passado em todos os estados norte-americanos.

Mas as leis ficam muito aquém da realidade — um número muito elevado de oficialmente reformados trabalha — só que sabem muito bem que o devem esconder do «Tio Sam». Isto porque a taxa de imposto efetiva sobre os rendimentos do trabalho entre 5000 e 20 000 dólares por ano para trabalhadores entre os 65 e os 72 anos é de 80 a 100% (uma perda de 50 cêntimos em benefícios da Segurança Social por cada dólar recebido até aos 20 000 dólares, ou um imposto efetivo de 50%; encargos totais para as contribuições da Segurança Social — cerca de 7% para o empregado — até aos rendimentos de 25 000 dólares; imposto sobre o rendimento integral de cerca de 20% para o casal mais velho que receba 15 000 dólares por ano; e para aqueles que trabalham para empresas maiores, normalmente outros 8% a 10% para o seguro de saúde obrigatório e outros 8% a 10% para as contribuições para um plano de pensões, nenhum dos quais beneficia muito as pessoas mais idosas). Não é de admirar que estar reformado signifique cada vez mais ser pago por um antigo empregador por não trabalhar e por um novo empregador por trabalhar — e escondê-lo à Segurança Social ou ao fisco. Quanto trabalho clandestino existe por aí, não sabemos ao certo. Mas as estimativas de horas trabalhadas mas não reportadas chegam a ser uma em cada dez — e o maior número de horas em trabalho clandestino está a ser feito por pessoas que estão oficialmente reformadas.

Algumas das razões para esta surpreendente mudança são claras. Os 65 anos, a idade de reforma obrigatória de 1919 — quando foi consagrada pela primeira vez — e de 1935, e a criação da Segurança Social foram ultrapassados pela esperança de vida, pela melhoria dos cuidados de saúde, por uma grande melhoria das capacidades de trabalho apesar das deficiências e — igualmente importante — por mudanças drásticas nas exigências físicas dos postos de trabalho, de forma que os 65 anos em 1935 correspondem aos 74 ou 75 anos de hoje. Necessidades económicas, como por exemplo, a pressão da inflação sobre os rendimentos fixos dos reformados, também desempenham um importante papel, embora os pagamentos da Segurança Social estejam mais indexados à inflação do que quaisquer outros rendimentos, exceto os salários dos funcionários federais. Mas certamente, tanto no que diz respeito à participação da força de trabalho das mulheres como à dos mais idosos, oficialmente reformados, o facto de quererem trabalhar em vez de ficarem inativos, o facto de procurarem o estímulo e a independência da empresa são tão importantes como a economia, e podem muito bem ser até mais importantes. Entre os mais idosos, em particular, um dos principais motivos é o desejo de ser independente e não ter de viver com os filhos — e não propriamente ter medo de ser maltratado pelos jovens como é comum pensar-se, os mais idosos tentam escapar à «comunhão de vida» e aos «cuidados» e tentam tirar partido da «negligência benigna» enquanto lhes for possível.

Embora tenhamos quase desmantelado as grandes conquistas sociais do século passado, não estamos a regressar às condições dos anteriores tempos pré-industriais. Historicamente, as mulheres, embora sempre tenham partilhado o trabalho, nunca fizeram as mesmas tarefas que os homens. Tanto na quinta como na loja do mestre-artesão, havia uma total igualdade de género, mas homens e mulheres desempenhavam tarefas diferentes e raramente trabalhavam juntos. A fiação sempre foi considerada em todo o lado trabalho de mulher. A chamada «solteirona»* nunca é um termo usado no masculino. Já a tecelagem e o tingimento sempre foram, exclusivamente, tarefas de homem. Nas ilhas da Polinésia, os homens construíam os navios, tripulavam-nos e tratavam da pesca; as mulheres lavravam os campos e cultivavam os inhames. Por todo o Velho Mundo, só as mulheres ordenhavam vacas; no Novo Mundo só os homens o

* Solteirona (spinster) — a mulher que se dedicava à fiação. [N. do T.]

fazem. Porquê? Ninguém sabe. E, com exceção da mítica guerreira amazona, as mulheres nunca participaram na guerra organizada — mesmo a figura da enfermeira apenas entrou para as Forças Armadas no final do século XIX. Mas haverá realmente alguma dúvida de que, na próxima guerra, as mulheres terão um papel ativo — talvez até combater ao lado dos homens?

Historicamente, os homens trabalharam juntos e as mulheres trabalharam juntas — mas, no trabalho, ficavam separados por género. O que estamos a fazer agora em todas as áreas representa por isso uma experiência social sem precedentes, seguramente uma das mais interessantes da história social. Estamos empenhados nisso. Mas como funcionam essas experiências não se sabe já há algum tempo — há mesmo gerações e não décadas.

Da mesma forma, ao longo da história, as pessoas trabalharam a tempo inteiro enquanto puderam — e muitas vezes além disso. Agora a velha linha que separa o trabalho do ócio ou da inatividade está a tornar-se ténue. Uma boa parte das mulheres na vida ativa trabalha a tempo parcial; um grande número chega mesmo a trabalhar a tempo inteiro durante determinado período e, seguidamente, «faz uma pausa», por exemplo, para ter um bebé e regressar ao mercado de trabalho, a tempo parcial ou a tempo inteiro. Há tão poucos precedentes na história social sobre os hábitos de trabalho dos idosos como de homens e mulheres a partilharem as mesmas tarefas. Existe agora o «controlo da vida ativa» — a reforma antecipada seguida de um regresso ao trabalho, a tempo inteiro ou parcial; estas são «segundas carreiras» — tornadas possíveis e necessárias pelo acentuado prolongamento da esperança de vida ativa dos 25 anos ou menos, há um século, para os 50 anos agora; existe o «trabalho voluntário», para o idoso cujas necessidades financeiras estão garantidas pela sua pensão de reforma, e assim por diante. Tanto para as mulheres como para os idosos de ambos os géneros existe cada vez mais uma escolha de hábitos que combinam trabalho e inatividade, empregos permanentes e temporários, trabalho remunerado e trabalho voluntário. E estes dois grupos em conjunto já constituem mais de metade de toda a força de trabalho dos EUA, apesar de, na nossa mente, continuarmos a assumir que um trabalhador é um adulto do sexo masculino com menos de 65 anos a trabalhar a tempo inteiro. Mas nem todas as mulheres e idosos que trabalham querem trabalhar, e nem todos os que não trabalham querem não trabalhar. Mas uma grande parte deles — provavelmente uma boa maioria — quer ter *algum* trabalho; e, cada vez mais especialmente entre os mais idosos, querem ser capazes de tomar essa decisão por si próprios.

Empregadores, líderes sindicais, políticos — e até, *mirabile dictu*, aqueles aprendizes lentos, os economistas — começam a acordar para os impactos destas mudanças no emprego, nos hábitos de vida profissional, no horário de trabalho e nos benefícios. Os executivos já não se sentem chocados se alguém lhes disser que precisam de estruturar empregos a tempo inteiro para serem permanentemente ocupados por trabalhadores a tempo parcial. Há dez, ou mesmo há cinco anos, a opção de benefícios em vez de planos de benefícios uniformes impostos a todos os recursos humanos independentemente da idade, sexo, estado civil e situação familiar eram inéditas. Estão a tornar-se comuns, embora os sindicatos ainda os vejam com maus olhos. Profissionais do *marketing* do mundo inteiro, seja na área comercial ou em hospitais, começam a adaptar-se ao facto de que estas evoluções na força de trabalho também provocam acentuadas mudanças na segmentação do mercado, na procura, no consumo e nos hábitos de compra.

Mas quais são as implicações sociais e políticas? O que significa, por exemplo, que as «causas progressistas» de ontem sejam as atuais «birras de porcos reacionários» e «discriminação»? Poderão outras «causas sagradas» dos «progressistas» e «reformadores» de ontem — ou de hoje — tornar-se, de forma semelhante, as «birras reacionárias» e «discriminação» do amanhã, como resultado talvez das mesmas alterações demográficas que transformaram a permanência das mulheres em casa, a sua exclusão da força de trabalho e a reforma obrigatória dos idosos em «símbolos de opressão»? É perfeitamente concebível que estejamos num período de mudança muito rápida em que os «heróis liberais» de ontem se tornam a «retaguarda da reação» da noite para o dia — a forma, talvez, como o «sindicalista progressista» de ontem se está a tornar rapidamente o defensor de Reagan.

Qual será o impacto sobre a família e sobre o papel e o lugar da criança americana no lar americano e na escola americana? A «família burguesa» em que a mãe permanece em casa com as crianças tem sido um dos temas favoritos de sociólogos, filósofos, políticos e párocos desde antes da viragem do século. Dependendo da própria política, ou era o «bastião da civilização» ou a «alienação total que divorcia as mulheres da realidade». Há apenas dez anos, Herbert Marcuse, o guru filosófico da rebelião estudantil, ainda defendia este velho tema que foi abordado pela primeira vez por Flaubert, Karl Marx e Ibsen. As crianças de hoje estão tão «alienadas da realidade», ou seja, mantidas fora do mundo do trabalho adulto como acontecia na «família burguesa». Mas a mãe — e até mesmo a avó — sabe tanto sobre o mundo do trabalho como o pai, que faz parte dele, está familiarizado com ele, conhece-o bem. Durante quanto mais tempo as comédias televisivas vão continuar a retratar a pobre mulher incapaz de controlar o seu livro de cheques, quando mais de metade dos alunos dos cursos de contabilidade são do sexo feminino? E como será a família de amanhã, não apenas com dois rendimentos, mas com duas carreiras paralelas e separadas, isto é, numa «coexistência competitiva»? Não sei se isso será melhor ou pior do que a «família burguesa», mas será certamente diferente.

Finalmente: e que tal toda essa conversa impressionante sobre o «desaparecimento da ética do trabalho»? Nos mesmos anos em que todos os inquéritos de opinião mostravam que a «ética do trabalho» desaparecera, tanto a força de trabalho como a proporção da população ativa e a trabalhar aumentaram espetacularmente, enquanto os obstáculos à participação da força de trabalho tanto de homens como de mulheres mais idosos têm sido consistentemente afastados do caminho. Uma lição a retirar disto é já antiga: em muitos aspectos sociais, as «posições» são secundárias e os «inquéritos de opinião» uma armadilha e uma ilusão; o que importa é o que as pessoas fazem e não o que dizem que vão fazer, sendo a sua relação tudo menos previsível. Mas mais importante ainda: em retrospetiva, aparentemente, os últimos 100 anos, os 100 anos em que a inatividade profissional para mulheres casadas e pessoas mais idosas foram as «causas progressistas», foram realmente os anos em que a «ética do trabalho» começou a ficar fragilizada. Os últimos 20 anos assistiram ao seu regresso em força.

(1981)

CAPÍTULO VINTE E SEIS

Política de aposentação

A REFORMA OBRIGATÓRIA aos 65 anos praticamente deixou de existir. Resta agora saber a rapidez com que será abolida, e todos os sinais apontam para que seja bem mais rapidamente do que se poderia pensar.

Os Trabalhistas opõem-se quase em massa a qualquer mudança, e as empresas e os serviços públicos têm sérias desconfianças. No entanto, um projeto de lei para proibir a reforma obrigatória em qualquer idade por parte de empregadores privados — mesmo que escrito no contrato sindical — foi aprovado em 1977 tanto pela Câmara Baixa como pelo Senado (ou Câmara Alta) da Assembleia Legislativa da Califórnia. E um projeto de lei paralelo para funcionários públicos foi aprovado pouco depois, juntamente com um projeto de lei para aumentar a idade de reforma obrigatória no âmbito nacional de todos os outros funcionários para os 70 anos.

O limite dos 65 anos há muito que se tornou um anacronismo. Foi, inicialmente, escolhido na Alemanha de Bismarck há quase um século e, depois, introduzido nos EUA por altura da I Guerra Mundial. Em termos de esperança de vida e saúde corresponde hoje em dia aos 74 ou 75 anos.

A reforma fixa por idade aos 65 anos atira, desta forma, um grande número de pessoas perfeitamente saudáveis e dinâmicas para a inércia. Que se revoltariam era certo; e agora estão em vantagem numérica para vencerem, sendo que 10% da população (quase 20% da população adulta) tem 65 anos ou mais.

Mas a idade de reforma fixa aos 65 anos estava também a tornar-se um encargo insustentável para a Segurança Social e para os planos de reforma das entidades empregadoras.

Quando a Segurança Social foi adotada pela primeira vez neste país, em 1935, havia nove a dez norte-americanos adultos na força de trabalho para cada homem e mulher com mais de 65 anos. Em 1977, a proporção era de três para um. No início da década de 1980 tinha atingido 2,5 para um.

Se tivéssemos continuado com a reforma fixa aos 65 anos, 40% do salário e rendimento de cada recurso humano teriam de ser usados para apoiar os mais idosos na reforma. Antes do final deste século o número atingiria os 50%. É um valor demasiado alto para ser politicamente suportável. E também iria exigir da economia uma contínua pressão para subir os salários nominais de forma a manter os salários reais e o poder de compra.

O argumento para excluir ou aumentar a idade fixa de reforma é ainda mais convincente em termos de oferta de mão-de-obra e economia do trabalho. Por cada 100 pessoas na força do trabalho que chegam aos 65 anos, cerca de 80 são trabalhadores de colarinho azul com apenas a escolaridade obrigatória.

Por cada 100 jovens que entram no mercado de trabalho, pelo menos 50 tiveram formação superior e simplesmente não estão disponíveis para os empregos tradicionais na indústria transformadora, na indústria mineira, na indústria de transportes ou nas indústrias de serviços.

Exceto talvez no caso de uma grave crise financeira, a oferta de mão-de-obra para os empregos tradicionais de colarinho azul será cada vez mais inadequada, mesmo que os atuais trabalhadores de colarinho azul estejam dispostos a trabalhar além dos 65 anos.

Embora a alteração ou abolição de qualquer idade fixa de reforma seja inevitável do ponto de vista político e económico, a mudança criará problemas muito reais. A menos que seja gerida de forma inteligente, pode impor custos adicionais elevados à economia e deixar-nos com uma rigidez ainda maior em termos de emprego e mobilidade individual.

E pode causar sérios problemas laborais. Por exemplo, o empregador terá de desenvolver diretrizes para determinar quando os empregados atingem o ponto em que se tornam incapazes de desempenhar as suas funções, e quando devem por isso aceitar a reforma obrigatória.

Teremos de ponderar sobre quais os incentivos de que precisamos para incitar as pessoas, especialmente os trabalhadores de colarinho azul, a adiarem a reforma. Já aumentamos o montante que um beneficiário recebe da Segurança Social por cada ano que permanece no trabalho. Incentivos semelhantes, embora provavelmente muito maiores, serão necessários para os planos de pensões privados.

Mas adiar a idade da reforma não irá salvar a Segurança Social. Tudo o que podemos esperar é evitar uma maior deterioração, manter o rácio entre a população ativa e os reformados a receber pensão na proporção dos três para um — ou, na melhor das hipóteses, recuperá-lo para os valores de há dez anos, de 2,75 para um.

Quais devem ser os direitos e benefícios laborais das pessoas que adiam a reforma? Devem continuar a manter a antiguidade em importantes períodos de redução de pessoal, mesmo que já possam reformar-se com uma pensão adequada? Ou deveríamos tentar adotar a política japonesa, que considera os recursos humanos que permanecem no mesmo posto de trabalho depois de terem atingido a idade em que se podem reformar como «trabalhadores temporários» que já não têm segurança no trabalho?

Estes trabalhadores não devem, na minha opinião, ser considerados como tendo direitos de antiguidade para promoções e novas ofertas de emprego, nem sequer no Japão. Mas deverão continuar a contribuir para o plano de pensões e para a Segurança Social quando não beneficiam de contribuições adicionais? E como é que o seu seguro de saúde deve ser adaptado ao Medicare? Ao abrigo da maioria dos acordos de negociação coletiva, a entidade empregadora tem de continuar a pagar a totalidade dos custos do seguro de saúde destas pessoas, apesar de os seus custos hospitalares e médicos serem adequadamente cobertos pelo Medicare e apesar de a maioria destas pessoas possuir atualmente um seguro Medicare com cobertura para despesas como consultas médicas. Neste caso, é claramente necessária uma mudança substancial.

Um grande número de pessoas que acabam por se reformar antecipadamente rapidamente percebe que afinal o que pretendiam era umas longas férias. E agora estas pessoas não podem regressar ao seu emprego original. Parece inteligente disponibilizar planos de reforma que permitam às pessoas a opção, talvez nos primeiros seis meses, de regressarem aos seus postos de trabalho. Mas deveriam ser tratados como novos empregados em termos de antiguidade, de direitos de promoção, de benefícios e, acima de tudo, das suas pensões? Ou deveriam ser reintegrados com os devidos ajustes atuariais?

Por último, abolir a reforma fixa por idade cria problemas distintos tanto para a gestão como para os empregados. Aqui não temos falta de mão-de-obra — pelo contrário, teremos por muitos anos uma oferta substancial. Mas, também aqui, estar física e mentalmente em forma não é muitas vezes suficiente. Nestas funções, há também a necessidade de se ser «desafiado». É nestes grupos que encontramos a maioria das pessoas de meia-idade que se limitam a cumprir horários executando o mínimo das suas funções enquanto aguardam a reforma.

Não podemos continuar a suportar estas pessoas na expectativa de que atinjam os 65 anos em breve e se reformem; é provável que estas pessoas queiram continuar após essa idade. Teremos de trabalhar sistematicamente na sua colocação em segundas carreiras. Sem estes esforços organizados e sistemáticos, a abolição da idade fixa de reforma tornar-se-á um problema sério entre a gestão e os recursos humanos.

Quer haja uma abolição total da reforma fixa por idade quer nos contentemos, por enquanto, em aumentar a idade da reforma, enfrentamos uma mudança tão traumática como a que a chegada do sindicalismo de massas introduziu há 40 anos. Os Trabalhistas e a gestão assobiam para o lado, tentando convencer-se mutuamente de que poucas pessoas vão querer permanecer no trabalho além dos 65 anos. Tanto a economia como as considerações sobre a «qualidade de vida» para os mais idosos argumentam veementemente que uma muito grande minoria — e quem sabe mesmo uma muito grande maioria — quererá continuar a trabalhar, nem que seja a tempo parcial, durante alguns anos além da atual idade de reforma. Afinal, em 1910, dois terços dos norte-americanos com 65 anos ou mais trabalhavam.

Mas mesmo que apenas uma minoria opte por permanecer ativa até após os 65 anos, as implicações são tão sérias que é preferível que a gestão, os Trabalhistas e o governo comecem a pensar desde já nelas. E devem sobretudo aceitar que, no amanhã, a vida — ou o trabalho — vai começar aos 65 anos.

(1977)

CAPÍTULO VINTE E SETE

Relatório sobre a turma de 1968

A TURMA DE 1968 — aqueles que se manifestaram nas universidades contra a guerra no Vietname e nas ruas durante a Convenção Nacional Democrata em Chicago — foi a turma mais antiempresarial da história dos EUA e a mais radical de todas as gerações de estudantes. Certo?

«Sim, mas...» A turma de 68 também se transformou na turma mais pró-empresarial entre as gerações universitárias em muitas décadas.

Esta turma seguiu com mais afinco a carreira empresarial do que a maioria das suas antecessoras, quanto mais não seja porque as vagas de emprego nos serviços públicos e na educação começaram a desaparecer quando esta turma chegou ao mercado de trabalho. E foi esta a turma que marcou a forte procura pelos MBA que temos visto na última década. Também é a turma de 1968 que tem obtido maior sucesso nas carreiras empresariais do que qualquer das suas antecessoras desde as turmas muito mais pequenas dos anos 20.

Com a turma de 1968, os primeiros bebés do *baby boom* atingiram a maturidade. E eles vieram logo a seguir às pequenas coortes de nascimentos dos anos 30 e 40, de modo que entraram no que era quase um vazio. Como resultado, os licenciados da turma de 1968, que em 1978 mal chegavam aos 30 ou 31 anos (*nota de 1981:* e ainda não tinham atingido a meia-idade em 1981), já estavam a ocupar posições de liderança como vice-presidentes, tesoureiros adjuntos, diretores de planeamento empresarial e diretores de estudos de mercado.

Ainda não se encontram, de forma geral, em cargos de decisão. (*Nota de 1981:* mas vão a partir de agora começar a encontrar-se.) Mas quando me sento com os «decisores» nas empresas minhas clientes, grandes ou pequenas, é habitual estar presente um membro da turma de 1968, ou pelo menos um licenciado dessa altura. «Este é o Johnny Jones, o nosso vice-presidente adjunto de processamento de dados», será assim apresentado pelo «grande chefe». E foi Johnny Jones quem fez o trabalho de casa, quem elaborou o plano, quem escreveu posteriormente o relatório e quem esboçou a diretiva política para ser assinada pelo «decisor». E cada vez mais, não será o Johnny Jones, mas a Jane Jones, pois a turma de 1968 foi a primeira a ter um significativo número de mulheres a entrar para empresas como estagiárias de gestão e não como secretárias.

Confesso que não fiz um estudo científico sobre o assunto. E reconheço que a minha amostra não é totalmente representativa. Mas os jovens que vejo nas organizações de clientes e, sobretudo, nas empresas, os jovens que estão agora a ser promovidos para estes cargos logo abaixo dos cargos de topo, onde começam a ter um verdadeiro impacto e influência, parecem ter muitos atributos em comum. Além do mais, são diferentes, diferentes do que seria de esperar da turma de 1968, mas também diferentes das pessoas de meia-idade, cujos cargos estão a conquistar rapidamente.

Contrariamente ao que seria de esperar, muito poucos destes quadros — pelo menos entre os que vejo nas empresas, nos hospitais ou nos escritórios de advocacia — se encontram nas áreas mais «leves» das empresas, por exemplo, em relações humanas; assuntos ambientais; responsabilidade social ou mesmo relações-públicas.

Tendem a agrupar-se nas áreas «difíceis» como finanças, contabilidade, processamento de dados, planeamento, análise económica, pesquisa de mercado e gestão de produto. Quando vêm ao meu escritório para um dia de trabalho de consultoria, a primeira coisa que poisam na mesa da minha sala de conferência é a calculadora de bolso. São a primeira geração para quem o computador é algo inseparável, e não uma ameaça nem uma maravilha científica, apenas uma ferramenta diária.

Não são conservadores no que toca a critérios tão tradicionais como posições sobre questões de raça, religião ou sexo. Segundo esses critérios, seriam grandes liberais. Mas não são liberais nas suas posições relativamente ao governo e aos programas governamentais. Nesses casos são cínicos ultraconservadores. Não são isolacionistas. São pessoas viajadas e as suas férias não são normalmente passadas na Escócia a andar de bicicleta. Mas não são internacionalistas dos anos 50. As cicatrizes do Vietname ainda estão muito visíveis. E o desenvolvimento dos países subdesenvolvidos não é para eles um desafio.

Estes jovens executivos da turma de 1968 têm posições muito diferentes, em relação às suas carreiras, daquilo que seria de esperar deles quando se revoltaram contra o «sistema» há dez anos. Tendem a ser viciados no trabalho. Vivem de forma entusiasmada o seu trabalho e desejam que seja desafiante e exigente. Entre eles, muito poucos desistiram dos estudos.

São, ao mesmo tempo, intensamente ambiciosos ao ponto de serem agressivos. Sentem que têm de chegar muito rapidamente ao topo ou, caso contrário, nunca lá chegarão. Porque se sentem empurrados para isso. Estão conscientes de que as coortes etárias por detrás deles são ainda maiores e continuarão a ser muito grandes durante mais uns 12 anos, até que os bebés do *baby boom* sejam sucedidos pelos bebés da redução da natalidade que teve início em 1960. «Ou já estamos muito perto do topo da carreira quando chegamos aos 35 anos ou somos espezinhados», confidenciaram-me muitos deles — homens e mulheres — neste ano que passou quando discutiram as suas expectativas de carreira.

Ao mesmo tempo, definitivamente não são homens nem mulheres de se deixarem subordinar pelas exigências da instituição onde trabalham. Olham para a instituição que os emprega como uma ferramenta. «Penso que devo ficar no meu banco atual mais três anos», disse-me um deles quando me ligou para me informar que lhe tinha sido proposta a vice-presidência por que tanto lutara. «Mas nesse momento terei chegado o mais longe possível na banca comercial; e penso que posteriormente deveria mudar para uma empresa, para a área da análise ou do planeamento económico».

Esta cuidadosa ponderação sobre as suas próprias carreiras é absolutamente típica. Há também uma boa dose do que só pode ser apelidado de cinismo, embora a turma de 1968 lhe chamasse realismo, sobre a inflação e as suas consequências, sobre os impostos — e os abrigos fiscais — e, acima de tudo, sobre a remuneração. «Aprendemos», disse-me uma jovem desta turma, «a aceitar sempre um aumento em vez de uma promoção, mas nunca a aceitar uma promoção em vez de um aumento. Se não nos pagam um salário maior, então não é uma promoção».

Mas a maior diferença entre a turma de 1968 e os seus antecessores reside nas posições em relação à gestão. Esperam, na verdade, exigem, uma grande competência e uma gestão genuinamente profissional por parte da chefia. Esperam que a organização que os emprega faça efetivamente planos e os execute. Espera que a tomada de decisões recorra a um processo sistemático. Espera que a organização tenha uma política de recursos humanos, que inclua, por exemplo, avaliações de desempenho regulares e exaustivas.

Por outras palavras, esperam que a gestão seja racional e que os gestores — e, acima de tudo, as suas próprias chefias na gestão de topo — sejam profissionais. Na verdade, são muito críticos em relação à gestão que veem, por vezes hipócrita. Sendo que eles próprios não possuem muita experiência, talvez não a valorizem adequadamente. Eles valorizam, talvez até demais, o sistema, o método e o plano.

Fora do trabalho, muitos deles estão «em busca de consciencialização» e praticam meditação transcendental ou participam em seminários de autoaperfeiçoamento. Mas no trabalho esperam, na verdade, exigem, uma gestão profissional, sistemática, talvez com menos humor. A sua principal queixa sobre a «chefia» — uma queixa que todos os que conheci nestes últimos três anos manifestou, de uma forma ou de outra — não é que a chefia seja «um velho do Restelo», «reacionário» ou «estúpido» — as queixas dos jovens que os precederam. É que a chefia não pratica a gestão que prega.

(1978)

CAPÍTULO VINTE E OITO

Números significativos de desemprego

EMBORA NA SUA MAIORIA NÃO PASSE DE UM GESTO INÚTIL, a versão final do Projeto-Lei Humphrey-Hawkins do pleno emprego — aprovada pelo Congresso dos EUA em meados de outubro de 1975 e que prometia uma redução simultânea do desemprego para 4% e da inflação para 3% até 1983, um orçamento equilibrado, um excedente comercial e, por precaução, subsídios agrícolas mais elevados — continha ainda um elemento fortemente nocivo. Comprometia os Estados Unidos com um índice de desemprego tradicional.

Durante anos, foi do conhecimento de todos os que lidavam com estatísticas económicas que esta aferição, tal como nos chegou da Grande Depressão, se tinha tornado inútil e enganadora. A maioria dos poucos que a defendem ainda afirma que mede com considerável falta de fiabilidade o número de pessoas na força de trabalho deste país que, se a remuneração fosse certa e as horas certas, poderia estar disponível para pelo menos algum trabalho de vez em quando. Durante anos, uma equipa dedicada de economistas e estatísticos trabalhou no Departamento do Trabalho dos EUA para elaborar um novo índice de desemprego.

Teria sido politicamente difícil, em qualquer caso, conseguir que um índice tão novo fosse aceite; qualquer mudança teria significado a redução tanto da contagem oficial do desemprego como da definição de «pleno emprego» e teria, assim, sido combatida amargamente pelos Trabalhistas. Mas a Lei Humphrey-Hawkins, embora insensata enquanto «lei do pleno emprego», transformou o incorreto índice de desemprego e a igualmente incorreta e vazia definição de pleno emprego em vacas sagradas.

Porém, os números a ter em conta como fatores de emprego e de desemprego na tomada de decisões estão disponíveis e até mesmo publicados em praticamente todos os jornais, todos os meses. Contudo, poucos leitores, na minha experiência, conhecem e utilizam esses números de forma apropriada.

Os números são de três tipos.

1.

O mais importante e mais significativo é o número e a proporção de pessoas neste país que têm emprego. O emprego total é muito mais importante do que qualquer outro número relacionado com o desemprego. Enquanto o número de pessoas empregadas e a percentagem da força de trabalho com emprego continuarem a aumentar, os gastos de consumo obrigatoriamente aumentarão. Se ambos diminuírem significativamente durante um dado período de tempo — três meses ou mais — o consumo também cairá. E se os dois divergirem, os empresários devem ficar em alerta para mudanças abruptas na oferta da mão-de-obra.

A falta de atenção à taxa de desemprego é responsável por muitos dos graves erros empresariais que testemunhei nos últimos anos. Como a maioria das pessoas sabe agora, tanto o número de pessoas com emprego como a percentagem de empregados estão agora num auge sem precedentes na história económica dos Estados Unidos ou, verdade seja dita, de qualquer outro país desenvolvido. E este rápido crescimento teve lugar em anos que muitos economistas, utilizando os números oficiais do desemprego, caracterizaram como «a mais grave recessão desde a Grande Depressão».

Na verdade, tanto o número de pessoas com emprego fixo como a percentagem de pessoas empregadas diminuíram durante apenas três trimestres dos seis anos entre 1972 e 1978, e mesmo assim muito ligeiramente. Por outras palavras, em termos de procura e compra por parte dos consumidores não houve qualquer recessão. Mas um grande número de empresas de bens de consumo e de serviços, que se centram apenas nos números sem base real, contudo, oficiais do desemprego, não o compreendeu e, como resultado, perdeu vendas e posição no mercado. Mesmo algumas empresas muito grandes e muito bem geridas sofreram danos substanciais e talvez permanentes porque se centraram nos números oficiais do desemprego e, por isso, agiram com base no pressuposto de uma «recessão severa».

2.

O segundo número a ter em conta é a taxa de emprego e de desemprego dos homens adultos chefes de família. Em 1978 situava-se em cerca de 2,75%, o que, na realidade, significa uma grave escassez de emprego e uma fortíssima pressão inflacionista sobre os salários. Apenas em alguns meses maus da recessão de 1975–1977 se atingiu níveis reais de desemprego de 6 a 7% e apenas por períodos muito curtos.

O desemprego entre os homens adultos chefes de família é o que o número oficial de desempregados foi originalmente concebido para aferir, já nos anos 30. Nessa altura, os homens adultos chefes de família *eram* a força de trabalho dos Estados Unidos. Não surpreende, portanto, que tantas pessoas assumam que o número oficial de desempregados ainda se refira aos homens adultos chefes de família. É neste pressuposto que a maioria dos economistas baseia o seu orçamento de «pleno emprego» ou a projeção da alegada «perda de rendimentos» para o país devido ao desemprego.

Foi também esse pressuposto que levou a Lei Humphrey-Hawkins a fixar o nível de «pleno emprego» nos 4% de desemprego. 4% de desemprego para os homens chefes de família é, na verdade, o pleno emprego nos Estados Unidos. Qualquer valor acima disso é verdadeiro desemprego e qualquer valor abaixo é escassez de emprego. A «Curva de Phillips» dos economistas, que procura medir a relação entre inflação e desemprego, também oscila do desemprego deflacionista para escassez excessiva e inflacionista de emprego a cerca de 4% de taxa de desemprego para os homens adultos chefes de família. E a taxa de desemprego dos homens adultos chefes de família tem sido um indicador mais fiável das pressões inflacionistas do que a própria Wall Street, de onde vem o dinheiro.

Mas é claro que o nosso número oficial já não se centra nos homens adultos chefes de família, que, neste momento, não constituem mais do que dois quintos da nossa força de trabalho. Os outros três quintos são mulheres, a grande maioria não «chefes de família», mas «dependentes» com «segundos empregos», muito provavelmente disponíveis apenas para trabalho a tempo parcial; pessoas que estão oficialmente «reformadas», mas disponíveis para trabalho a tempo parcial até obterem o nível de rendimentos em que o total atingido põe em perigo a sua pensão da Segurança Social; um considerável número de jovens adultos, ainda sem os encargos das responsabilidades de uma família, que completam os seus rendimentos alternando entre períodos de emprego a tempo inteiro e períodos de «desemprego» oficial, quando recebem um fundo de desemprego isento de impostos; os «inempregáveis» registados para «emprego» para serem elegíveis para os cheques de assistência social e senhas de alimentação; e, finalmente, um considerável número de estudantes a tempo inteiro, disponíveis apenas para trabalho a tempo parcial e, muitas vezes, não mais do que uma hora, ocasionalmente, num fim de semana ou noites.

Ainda assim, os homens adultos chefes de família, embora sejam apenas 40% da força de trabalho, representam cerca de dois terços de todas as horas trabalhadas, precisamente porque são sobretudo trabalhadores a tempo inteiro. E são, na sua esmagadora maioria, trabalhadores qualificados, gestores e profissionais liberais.

3.

O último número a ter em conta é o que os jornais publicam primeiro: a taxa oficial do desemprego. Estatisticamente, é uma abominação, um guisado estapafúrdio do *Alice no País das Maravilhas*. Nada pode torná-lo novamente válido. Em termos económicos, não tem qualquer significado. Muitos têm tentado torná-lo novamente um número económico significativo, alterando a marca referencial do «pleno emprego» dos números oficiais dos tradicionais 3 ou 4% para os 6 ou 7%. Embora mais realista, tal ainda não tornaria o número útil e significativo para qualquer fim económico, tanto para prognósticos como para a política económica.

E, no entanto, *em termos políticos*, o tradicional número do desemprego ainda detém influência. O número oficial domina a retórica oficial e, portanto, induz a gestos políticos que, embora fúteis, tendem a ser dispendiosos, inflacionistas e, quanto mais prejudiciais, menos resultados reais produzem. Como medida de pressão política, o número oficial de desempregados deve, portanto, ser levado a sério.

Mesmo que fosse possível ignorar esta aferição oficial do desemprego — e a Lei Humphrey-Hawkins tornou isso improvável por muitos anos — a força de trabalho dos EUA tornou-se provavelmente demasiado heterogénea para que o emprego e o desemprego possam ser aferidos por um único critério. A única aferição que poderia ser válida seria, ao mesmo tempo, excessivamente complicada e politicamente inaceitável. Converteria o número de pessoas disponíveis e à procura de trabalho em empregos equivalentes a tempo inteiro — da mesma forma que as universidades convertem estudantes a tempo parcial e noturnos em «equivalentes a tempo inteiro».

Mesmo assim, o número teria de ser ajustado para o número de pessoas (sobretudo jovens caucasianos) que estão registadas como desempregados apenas para aumentarem os seus rendimentos; para aqueles que se registam apenas para terem direito às prestações sociais; e para o número bastante elevado de jovens (especialmente negros) que são mantidos fora da força de trabalho pelas leis do salário mínimo.

Hoje (isto é, outubro de 1978), esta medida equivalente a tempo inteiro revelaria provavelmente uma taxa de desemprego de cerca de 3,5% em comparação com a taxa oficial de cerca de 6%. Mas enquanto se aguarda a criação de um índice que reflita a heterogeneidade da força de trabalho dos EUA, o empresário — e o economista e o decisor político — deveria orientar-se por, pelo menos, dois, de preferência, três índices de emprego separados: o número e proporção de pessoas na força de trabalho que têm emprego; o número de emprego e desemprego dos homens adultos chefes de família; e a ficção do desemprego do índice tradicional.

(1978)

CAPÍTULO VINTE E NOVE

Problemas do *baby boom*

HÁ RELATOS RECENTES de que várias empresas de consultoria de gestão estão a oferecer salários de entrada que podem atingir os 60 000 dólares por ano aos melhores licenciados de MBA de escolas empresariais de prestígio. Tenho pena dos otários que se deixam enganar por esta tentação. Daqui a cinco anos, é bastante provável que muitos se sintam frustrados, derrotados e amargurados. E podem nessa altura ter a sorte de encontrar um posto de trabalho de 30 000 dólares como forma de promoção. Bons salários de início de carreira podem ser tentadores para o jovem licenciado e parecem ser uma boa maneira de a empresa captar as atenções. Podem mesmo, em alguns casos, ser justificados. Mas, mais do que nunca, o candidato a emprego e o empregador precisam de avaliar bem o que está realmente a ser oferecido.

A turma de 1979 não foi a última dos anos do *baby boom* a atingir a idade adulta. Temos mais cinco turmas destas pela frente. Mas a turma de 1979 pode ter sido a primeira a descobrir que as premissas que os esperavam eram tendenciosas.

As mais precoces coortes de nascimentos do *baby boom* tinham 30 anos em 1979. São vice-presidentes adjuntos ou mesmo vice-presidentes de grandes bancos e grandes empresas; professores associados e diretores de escolas secundárias na área da educação; administradores adjuntos em hospitais ou organismos públicos. Mas também estão, em muitos casos, nos seus últimos empregos ou muito perto disso. Os recém-chegados, as coortes de bebés nascidos no final dos anos 50 e que estão agora a entrar no processo de formação de executivos, podem descobrir que todos os degraus da escada que os espera estão ocupados.

As coortes anteriores do *baby boom* encontraram uma situação diferente. Ingressaram no mercado de trabalho quando os grupos executivos na maioria das áreas estavam a entrar na idade da reforma. Também atingiram a idade adulta numa altura em que a economia estava a expandir-se rapidamente. O resultado foi serem rapidamente sugados para cargos de topo.

Era habitual demorar 25 anos a chegar ao cargo de vice-presidente adjunto de um banco respeitável; no final dos anos 60 e início dos anos 70, era possível atingir esse cargo em três ou quatro anos. Da mesma forma, era habitual demorar 20 anos para se chegar a professor titular de uma grande universidade; no final dos anos 60 e início dos anos 70, muitas vezes só demorava cinco ou dez anos. Quando entrei para o corpo docente de uma grande escola empresarial em 1949, eu era, aos 40 anos, o «bebé» do corpo docente e o mais jovem professor titular. Quando saí, 22 anos mais tarde, em 1971, a escola estava repleta de professores competentes e bem-sucedidos titulares das suas cadeiras aos 20 e poucos ou aos 30 anos.

Mas a mesma demografia que garantiu o rápido progresso nos anos anteriores vai retardar os que agora estão a entrar no mercado de trabalho. O caminho para o progresso rápido estará bloqueado por pessoas com o mesmo nível de formação, mas apenas um pouco mais velhas — pessoas que se manterão na vida ativa por mais 25 a 35 anos.

Para aqueles que estão agora a entrar no mercado de trabalho para um cargo de executivo — aqueles a quem são oferecidos elevados salários — existe um enorme e crescente fosso entre as suas expectativas e a realidade que irão encontrar. O que eles esperam, muito compreensivelmente, baseia-se na experiência dos seus irmãos, irmãs e primos mais velhos. Afinal, são pelo menos tão instruídos, ambiciosos, brilhantes e ansiosos como eles. Não é culpa deles terem nascido cinco anos mais tarde.

É necessário que tenham noção de que terão de assumir o controlo das suas próprias carreiras com muito mais cuidado do que os seus irmãos e irmãs mais velhos. Haverá pouca margem para erros. Terão de ponderar bem sobre cada etapa onde pensam ser o lugar deles; onde os seus pontos fortes podem produzir resultados e serem reconhecidos e recompensados por isso; onde os seus temperamentos melhor se adaptam.

Acima de tudo, terão de aceitar que apenas o autodesenvolvimento e os cursos superiores podem permitir-lhes destacarem-se — se não se destacarem vão acabar por ficar esquecidos.

O desafio pode ser maior para as entidades empregadoras. Não estou certo de que ainda faça muito sentido fazer recrutamento intensivo nas universidades. Ainda há muito a dizer (especialmente no que toca a empresas mais pequenas) a favor da procura de pessoas ligeiramente mais velhas (e infelizmente desiludidas) disponíveis para o seu segundo emprego. Mas seguramente as entidades empregadoras terão de mudar totalmente o que prometem agora aos licenciados. Não serão capazes de cumprir a promoção rápida que ainda estão a prometer como tentação.

Mais importante ainda — e mais difícil — terão de reestruturar os postos de trabalho para os jovens. Nos últimos 20 anos, tendemos a tornar os cargos de entrada cada vez mais pequenos e menos exigentes; os jovens tiveram de ser rapidamente preparados para as promoções. Agora, teremos de estruturar os postos de trabalho partindo do princípio de que até uma pessoa competente e esforçada pode ter de passar muitos anos no mesmo cargo para o qual entrou. As tarefas iniciais terão de ser tornadas mais exigentes e mais desafiantes; o ambicioso jovem deverá ter a oportunidade de ser bem-sucedido — ou de falhar.

Nos últimos 15 anos, em muitas empresas, a prioridade não tem sido sequer o trabalho, mas as promoções: Quando estará o novo empregado pronto para subir na carreira? Tal era irresponsável mesmo quando as promoções eram habituais. Mesmo nessa altura, a maioria dos empregados não subia na carreira. As promoções sempre foram a exceção e agora a prioridade voltará a estar onde devia: no trabalho. Isto significará mudanças drásticas nos incentivos, avaliações, estrutura de trabalho e desenvolvimento da liderança.

Mas, acima de tudo, há necessidade de aconselhar os jovens. Há necessidade de se certificarem de que têm alguém com quem possam falar na empresa, nem que seja para desabafar. Existe a necessidade de alguém que se preocupe com o problema de os jovens conseguirem atingir um cargo na empresa — ou mesmo até fora da empresa — onde os seus pontos fortes podem mais facilmente ser produtivos e reconhecidos.

Existe a necessidade de alguém que perceba que os jovens, embora a culpa não seja deles nem nossa, não vão ter uma vida fácil nos próximos anos.

(1979)

CAPÍTULO TRINTA

Planear despedimentos

A DIFÍCIL SITUAÇÃO DA CHRYSLER irá criar uma nova procura de planeamento de despedimentos — ou seja, prever as mudanças estruturais e tecnológicas na economia e preparar-se para salvaguardar e encontrar novos postos de trabalho para os trabalhadores que terão de ser despedidos.

Durante os próximos anos, esta procura será intensificada pelo encerramento quase previsível de algumas siderúrgicas que se tornarão tecnicamente obsoletas e sem potencial de recuperação. Na verdade, os sindicatos já estão a propor que o Congresso imponha ao sector o planeamento de despedimentos de trabalhadores excedentários.

As empresas, previsivelmente, estão a combater estas propostas e podem conseguir atrasar a sua promulgação. Mas, pela primeira vez, é um erro o sector opor-se a uma exigência sindical. Nos próximos anos, as empresas dos EUA precisarão muito mais de planear despedimentos do que de mão-de-obra e terão de conceber, desenvolver e adotar os planos no seu próprio interesse. As empresas dos EUA precisam de fazer algumas mudanças estruturais rápidas se quiserem permanecer competitivas, capazes de crescer e rentáveis durante um período de grandes alterações demográficas.

Nem os serviços públicos nem as empresas estão preparados para as peculiares alterações demográficas dos próximos anos. Haverá quedas acentuadas no número de jovens disponíveis para o tradicional emprego na indústria transformadora e no número total de pessoas disponíveis para trabalhos tradicionais. Estes declínios resultarão em parte da redução da natalidade que teve início em 1960–1961: daqui a alguns anos, o número de jovens que atingem a idade ativa cairá em quase 30%.

Igualmente importante será uma mudança qualitativa resultante da «explosão na educação». Das pessoas que irão atingir a idade da reforma nos próximos anos, menos de um quarto terá completado o ensino secundário. A maioria passou a trabalhar após seis ou, no máximo, oito anos de escolaridade formal. Mas dos jovens que entram na força de trabalho, metade terá uma formação acima da escola secundária e, por isso, não estará disposta a aceitar trabalhos manuais tradicionais. Na verdade, serão mesmo desqualificados para tais trabalhos.

Criar e encontrar postos de trabalho produtivos para os trabalhadores do conhecimento será a primeira prioridade de contratação para este país. E espero que criem empregos produtivos no sector privado; caso contrário, a pressão política para expandir os empregos no sector público será quase irresistível.

Estas alterações demográficas exigirão uma rápida automatização e mecanização dos processos existentes. A automatização pode tornar muitas indústrias transformadoras dos EUA novamente competitivas, precisamente porque este país possui uma tão grande oferta de trabalhadores do conhecimento que são necessários para tornar produtivas as fábricas automatizadas. A RCA (Radio Corporation of America), por exemplo, construiu recentemente uma fábrica que faz o que «todos» tinham pensado ser «completamente impossível»: afinal é possível produzir televisores a cores a um custo mais baixo do que no Japão ou na Coreia do Sul.

Uma consequência ainda mais importante da demografia será a produção partilhada. As fases de produção intensiva que não podem ser automatizadas ou mecanizadas — a costura de camisas, a curtição de peles ou a montagem de peças — serão levadas a cabo nos países em vias de desenvolvimento com o seu enorme e crescente excedente de jovens pouco qualificados, apenas aptos para o trabalho de fabrico. Os trabalhadores americanos do conhecimento irão lidar com as fases da produção mais intensivas em termos de tecnologia e de perícia — a conceção, a engenharia, o controlo de qualidade e o *marketing*.

Até a Chrysler poderia ter voltado a ser viável se tivesse seguido esta via. Na verdade, a Chrysler foi líder enquanto se baseou na produção partilhada, como em grande parte acontecia antes da II Guerra Mundial. Depois, a Chrysler centrou-se, essencialmente, na conceção, na engenharia e no *marketing*. Comprava peças e montava-as em vez de as fabricar. Para muitas empresas norte-americanas, a produção partilhada será cada vez mais a única forma de se manterem na indústria transformadora, independentemente de existir protecionismo ou não. A produção partilhada já se tornou uma política oficial no Japão. É o modo de organização industrial de crescimento mais rápido no mundo de hoje. E está a crescer rapidamente nos EUA, apesar de toda a resistência do governo, dos sindicatos, e, a propósito, dos próprios fabricantes.

A menos que haja uma depressão grave e prolongada, a economia dos EUA nos próximos anos será marcada mais por uma escassez do que por um excedente de trabalhadores manuais. Embora as primeiras páginas dos jornais possam ser dominadas por histórias terríveis de desemprego, o número de pessoas deslocalizadas por transferências provocadas pela automatização e pela produção partilhada será, de facto, pequeno em comparação com o número total de postos de trabalho. A Chrysler, a décima maior fabricante do país, emprega menos de 100 000 trabalhadores por hora de um total de 100 milhões da força de trabalho dos EUA, ou um décimo de 1%.

E, ao contrário do que se pensa, a maioria dos trabalhadores despedidos em resultado de uma mudança estrutural ou tecnológica consegue encontrar novos postos de trabalho com bastante rapidez. Mesmo em cidades siderúrgicas onde a fábrica dominante tenha encerrado de forma definitiva, mais de quatro quintos dos recursos humanos afetados conseguiram encontrar novos postos de trabalho em menos de 18 meses, pelo menos enquanto as condições económicas globais se mantiveram razoavelmente boas.

No entanto, estes pequenos grupos de trabalhadores «excedentários» tendem a estar concentrados em pequenas áreas «com dificuldades». Tendem a ser de meia-idade; as indústrias antigas não atraem ou retêm muitos jovens. Assim sendo, estes pequenos grupos são altamente visíveis, detêm um poder político desproporcional ao seu número e estão receosos.

E o pior é que a sua situação expande o receio a toda a força de trabalho. Do ponto de vista económico, pode argumentar-se que o desemprego não é um problema. Do ponto de vista político, é um problema considerável. E do ponto de vista psicológico e emocional é um problema dominante. Se o medo do desemprego não puder ser apaziguado, haverá uma resistência em massa.

Qualquer que seja a forma que assuma, esta resistência será inútil, como o prova inequivocamente a experiência britânica. Subsidiar trabalhadores excedentários e processos obsoletos não salvou as fábricas de automóveis, os estaleiros navais ou as siderurgias britânicas. Pelo contrário, acelerou o seu declínio. Mas inibiu também o desenvolvimento de novas indústrias criadoras de emprego e de tecnologias competitivas.

No mundo, existem atualmente três abordagens ao desemprego. O mais antigo é o seguro de desemprego — que já vai com 65 anos na Grã-Bretanha, o país da sua origem. Do ponto de vista económico tem sido um grande sucesso, mas do ponto de vista psicológico tem sido um fracasso. Não resolve aquilo para que foi prioritariamente concebido: garantir segurança emocional.

Depois temos o emprego japonês vitalício. Embora tenha por beneficiários menos de um quarto da força de trabalho do Japão, no passado, garantiu segurança emocional a toda a sociedade japonesa. Mas, em termos económicos, ameaça transformar-se num desastre, uma vez que impede substancialmente a passagem das velhas tecnologias para as novas e das indústrias antigas para as novas. Na verdade, o Japão está agora desesperadamente empenhado em encontrar uma solução que mantenha a segurança emocional do emprego vitalício e, no entanto, permita, incentive até, rápidas mudanças no trabalho.

A terceira, e mais recente, abordagem encontra o seu melhor exemplo na Bélgica, onde despedir pessoas com alguma antiguidade custa tanto que chega ao ponto de ser proibitivo. Mas a prática belga na verdade cria o desemprego que se pretende combater. Se não tivessem medo de serem incapazes de despedir recursos humanos desnecessários no futuro, as empresas belgas — segundo algumas estimativas — aumentariam as suas contratações em 20%. Assim sendo, quase ninguém na Bélgica, seja belga ou estrangeiro, dá início a uma nova indústria ou abre um novo escritório.

Acabaremos assoberbados pela «solução» belga, a menos que sejamos capazes de desenvolver um planeamento de despedimentos que tire partido dos despedimentos, na verdade, acelerando-os. Temos de antecipar os despedimentos. Há, normalmente, um prazo de dois anos entre a identificação dos recursos humanos excedentários e o encerramento de uma fábrica ou uma mudança de processos. Precisamos de encontrar novas oportunidades de emprego para as pessoas suscetíveis de serem despedidas, de as requalificar e, depois, de as reposicionar.

Isto aparenta ser um tremendo problema. Um programa nacional seria certamente um sorvedouro tão imenso como os vários programas governamentais de reconversão profissional que já existem. Mas como projeto local, o planeamento de despedimentos é bastante fácil e barato. Sabemos isso porque já foi feito — duas vezes.

A primeira vez foi no Japão, há 75 anos, quando, após a Guerra Russo-Japonesa, o país enfrentou uma enorme mudança estrutural na sua organização industrial. Nessa altura, o grupo Mitsui, já o «zaibatsu» líder do país (ou seja, «grupo financeiro» — o termo japonês para o que agora chamamos um «conglomerado») e o maior empregador privado, comprometeu-se a não despedir trabalhadores excedentários, mas sim a mobilizá-los para outras empresas em crescimento do grupo Mitsui.

A segunda vez que o planeamento de despedimentos foi realizado com sucesso foi na Suécia entre os anos 1950 e 1970. O país enfrentava então uma tremenda mudança de uma economia sobretudo pré-industrial, produtora de matérias-primas, para uma economia tecnológica moderna. Sob a liderança de um economista sindical, Gösta Rehn, foram criados grupos tripartidos em cada região para incentivar, antecipar e acelerar os despedimentos e depois requalificar e reposicionar as pessoas afetadas. A Suécia mudou quase metade da sua força de trabalho para novos cargos nesses 20 anos sem grande dificuldade e a uma fração do custo do pagamento do subsídio de desemprego.

Regra geral, apenas uma minoria de trabalhadores excedentários precisa de ser formada e reposicionada. Um vasto grupo, na sua maioria os mais jovens, pode precisar de alguma ajuda a nível de aconselhamento e colocação; fora isso, possuem a mobilidade necessária. Um outro grupo, ainda maior, está pronto para a reforma antecipada, o que normalmente significa que irá encontrar empregos a tempo parcial para conseguir voltar a aumentar os seus rendimentos para os valores anteriores. Apenas os trabalhadores de meia-idade com grandes obrigações familiares, competências limitadas e baixa mobilidade necessitam da garantia de que serão formados e reposicionados.

O que é necessário é segurança emocional e não económica. E isso, como as experiências japonesas e suecas demonstraram, só a gestão pode garantir. A gestão norte-americana deve assumir a liderança na promoção da segurança emocional do planeamento de despedimentos. Se não o fizer, os receios de alguns grupos muito pequenos podem impedir as empresas norte-americanas de procederem às mudanças estruturais e tecnológicas que as nossas alterações demográficas e as nossas oportunidades tecnológicas exigem.

(1979)

CAPÍTULO TRINTA E UM

O trabalho como direito de propriedade

EM TODOS OS PAÍSES DESENVOLVIDOS NÃO COMUNISTAS, o trabalho está a transformar-se rapidamente numa espécie de propriedade. O mecanismo difere de cultura para cultura; já os resultados são sempre os mesmos.

No Japão, há emprego vitalício para o empregado permanente (isto é, sobretudo, masculino) nos serviços públicos e em grandes empresas. Isto significa, na verdade, que, a não ser em caso de falência, a empresa é gerida principalmente para o empregado, cujo direito ao trabalho tem precedência sobre os credores externos e os proprietários legais.

Na Europa, cada vez mais os trabalhadores não podem ser despedidos; têm de ser compensados com indemnizações por despedimento. Em alguns países, como a Bélgica e a Espanha, estes valores podem ser tão elevados que, para alguém com muitos anos de antiguidade, equivalem a um salário completo durante o resto da vida de um recurso humano. E o Tribunal de Justiça da União Europeia, num acórdão considerado vinculativo para todos os países membros, decidiu que o pedido de indemnização por despedimento sobrevive mesmo à falência de um empregador e estende-se aos restantes bens dos proprietários da empresa empregadora.

Nos Estados Unidos, legislação recente garante ao pedido de pensão por parte do empregado uma grande parte da proteção tradicionalmente reservada à propriedade. De facto, em caso de falência ou liquidação da empresa empregadora, os pedidos de pensão dos recursos humanos têm precedência sobre todos os outros (exceto os impostos ao estado) até 30% do património líquido da empresa empregadora.

A variada regulamentação do trabalho nos Estados Unidos, seja em nome das minorias raciais, das mulheres, das pessoas com deficiência ou dos idosos, trata a promoção, a formação, a segurança e o acesso ao emprego como uma questão de direito. Está a tornar-se cada vez mais difícil despedir um recurso humano, exceto «por justa causa». E há uma pressão crescente, incluindo um projeto-lei entregue no Congresso, para tornar a entidade empregadora responsável por garantir ao recurso humano um posto de trabalho equivalente em caso de despedimento.

O trabalho, na realidade, está a ser tratado como uma espécie de propriedade e não como reivindicação contratual.

Historicamente, existem três tipos de propriedade: propriedades «reais» tais como terras; propriedades «pessoais» tais como dinheiro, ferramentas, mobiliário e bens pessoais; e propriedades «intangíveis» tais como os direitos de autor e as patentes. Não é demasiado rebuscado falar da emergência de um quarto — a «propriedade do trabalho» — muito análoga à propriedade da terra nos tempos pré-modernos.

Os direitos de propriedade no trabalho, tais como os pedidos de pensão ou o emprego vitalício, não podem ser comprados ou vendidos, penhorados ou legados, nem podem ser retirados ao seu «legítimo proprietário». E esta foi praticamente a forma como a lei tratou a propriedade de terras na Europa medieval e no Japão pré-moderno.

Digo já que esta comparação não é por acaso. A emergência dos direitos de propriedade no trabalho não resulta de pressões sindicais ou de um decreto governamental; nem sequer teve, por exemplo, muito que ver com as práticas do emprego vitalício no Japão. Em vez disso, aquilo a que um marxista chamaria «forças objetivas da história» ditou que primeiro a terra e agora o trabalho ganhariam o estatuto de propriedade real.

Para a grande maioria das pessoas nos países mais desenvolvidos, a terra foi o verdadeiro «meio de produção» até a uma boa parte deste século, muitas vezes até à II Guerra Mundial. Era a propriedade da terra que garantia a eficácia económica e com ela vinha a posição social e o poder político. Era, por isso, devidamente apelidada pela lei como propriedade «imobiliária».

Nas modernas sociedades desenvolvidas, pelo contrário, a esmagadora maioria das pessoas na força de trabalho é empregada de organizações — nos Estados Unidos o número é de 93% — e o «meio de produção» é, portanto, o trabalho. O trabalho não é «riqueza». Não é «propriedade pessoal» no sentido jurídico, mas é um «direito» nos meios de produção, um *ius in rem*, que é a antiga definição de propriedade imobiliária. Hoje em dia, o trabalho é o meio de acesso do empregado ao estatuto social, à oportunidade pessoal, à realização e ao poder.

Para a grande maioria dos atuais países desenvolvidos, o trabalho é também a única via de acesso a propriedades pessoais. Os pedidos de pensão são de longe os bens mais valiosos dos recursos humanos com mais de 50 anos, mais valiosos, de facto, do que todos os seus outros bens em conjunto — a sua quota na sua casa, as suas poupanças, o seu automóvel e assim por diante. E o pedido de pensão é, evidentemente, uma consequência direta do trabalho, se não mesmo parte do trabalho.

A evolução do trabalho para uma espécie de propriedade pode ser vista como uma oportunidade genuína. Pode ser a resposta certa, se não a única, ao problema da «alienação», que Marx identificou há 125 anos como resultante do divórcio do «trabalhador» dos «meios de produção».

Mas como a longa história da posse da terra o prova, tal desenvolvimento comporta também um perigo real de rigidez e imobilidade. Na Bélgica, por exemplo, o sistema de indemnizações por despedimento pode impedir as entidades empregadoras de despedir trabalhadores. Mas também as impede de contratar os trabalhadores de que necessitam, criando assim mais desemprego do que aquele que evita ou mitiga. Da mesma forma, no Japão, o emprego vitalício pode ser a maior barreira para a mudança necessária das indústrias de trabalho intensivo para as indústrias de conhecimento intensivo.

Como podem as economias modernas lidar com a emergência dos direitos de propriedade do trabalho e ainda manter a flexibilidade e a mobilidade social necessárias para se adaptarem rapidamente às mudanças? No mínimo, as organizações empregadoras terão de reconhecer que os postos de trabalho têm algumas das características dos direitos de propriedade e, portanto, não podem ser reduzidos ou retirados sem um fundamento jurídico. A contratação, o despedimento, a promoção e a despromoção devem estar sujeitos a critérios pré-estabelecidos, objetivos e públicos. E tem de haver uma avaliação, um direito pré-estabelecido de recurso a um juiz em todas as ações que afetem os direitos no trabalho e para o trabalho.

As normas e avaliações serão, paradoxalmente, impostas às entidades empregadoras nos Estados Unidos pelo abandono da reforma fixa por idade. Para ser possível despedir mesmo os mais velhos, senis e caducos, as empresas terão de desenvolver normas despersonalizadas de desempenho e procedimentos sistemáticos de gestão de recursos humanos para empregados de todas as idades.

A evolução do trabalho para uma espécie de propriedade exige também que não haja «expropriação sem remuneração» e que as entidades empregadoras assumam a responsabilidade de antecipar despedimentos, reciclar os recursos humanos prestes a serem despedidos e encontrar-lhes novos postos de trabalho. Requer planeamento dos despedimentos em vez de subsídio de desemprego.

Na emergente «sociedade dos trabalhadores», os empregados, através dos seus fundos de pensões, começam a ser proprietários das — e inevitavelmente também a controlar — grandes empresas da economia. Os postos de trabalho estão a tornar-se um nexo de direitos e uma espécie de propriedade. Este desenvolvimento não é certamente o que as pessoas querem dizer quando discutem sobre «capitalismo», seja a favor ou contra. Mas é compatível com o governo limitado, a liberdade pessoal e a distribuição racional de recursos através do mercado livre. Pode, assim, ser a alternativa eficaz ao «capitalismo de estado» dos totalitários, que, sob o nome de «comunismo», transforma o governo em absoluta tirania e suprime tanto a liberdade como a racionalidade.

(1980)

PARTE V

O mundo em mudança

Durante os últimos 30 anos, a economia internacional tornou-se uma economia mundial transnacional. Mesmo a economia nacional mais poderosa é agora apenas uma concorrente na economia mundial e o seu bem-estar económico depende do seu sucesso na economia mundial. Paradoxalmente, o único grande país desenvolvido do mundo livre que entende isso é o mais nacionalista e protecionista: o Japão. O facto de o Japão, desde o início da década de 1950, ter guiado o seu curso económico pelas constelações da economia mundial e não por considerações económicas internas, como exige a economia keynesiana (ou friedmanita), tem sido um fator importante no seu desempenho económico excecional.

Como resultado, as teorias económicas pelas quais as nações mais desenvolvidas guiam as suas políticas estão rapidamente a tornar-se obsoletas. A «gestão da procura» só pode produzir inflação quando as políticas internas, ou seja, as políticas fiscais e monetárias nacionais, já não controlam verdadeiramente a economia nacional. Por isso, como os japoneses perceberam pela primeira vez há 20 anos, a política nacional deve centrar-se no investimento. Não pode, pois, haver mais nenhuma moeda nacional dominante e os países devem avançar para novas formas de moeda que sejam transnacionais em vez de extensões da soberania nacional. E as alterações demográficas em curso que nos obrigam a passar do comércio tradicional de bens para a integração internacional por fases de produção e produção partilhada irão guiar ainda mais a economia mundial para uma fase de ascensão.

Este tema é demasiado importante para ser abordado de forma superficial. Para uma abordagem mais aprofundada, consultar o meu recente livro, *Managing in Turbulent Times*. Os artigos selecionados neste volume abordam, contudo, temas importantes e introduzem questões, ideias e conceitos novos e relevantes.

CAPÍTULO TRINTA E DOIS

A ascensão da produção partilhada

A MAIS RECENTE TENDÊNCIA ECONÓMICA MUNDIAL é a produção partilhada. Embora não seja exportação nem importação no sentido tradicional, é assim que ainda é mostrado nos nossos números comerciais e tratado nas discussões económicas e políticas. É, na verdade, uma integração económica por fases do processo produtivo.

Poucos ouviram falar de produção partilhada, mas todos os que possuem uma calculadora estão familiarizados com ela. Os semicondutores que permitem o cálculo são «Made in America» e depois enviados para montagem para um país em vias de desenvolvimento, como a Coreia do Sul ou Singapura. O produto acabado é posteriormente comercializado predominantemente nos países desenvolvidos.

As estatísticas tradicionais indicam as calculadoras como «importações», mas na realidade são a forma como a eletrónica de fabrico americano vai para o mercado, ganha divisas e cria postos de trabalho americanos. De facto, o antigo termo alemão do século XVIII, *Veredelungsverkehr* (atualização do comércio), descreve a transação melhor do que qualquer um dos termos conhecidos da economia internacional e da teoria do comércio internacional.

Um exemplo semelhante de integração por fases de produção é o grande grupo têxtil europeu que faz fiação, tecelagem e tingimento no Mercado Comum Europeu, sendo que todos os processos são automatizados, de capital intensivo e de alta tecnologia. Em seguida, transporta por via aérea o pano para Marrocos, Malásia ou Indonésia, onde é convertido em vestuário, roupa de cama, tapetes, toalhas, tecidos de estofos ou cortinados. Finalmente, é devolvido por via aérea e vendido nos mercados europeus.

Há também a produção partilhada promovida ativamente pelo governo do Japão, sob a qual uma empresa japonesa exporta toda uma fábrica industrial e recebe grande parte do seu pagamento em produtos dessa fábrica, que são depois vendidos no Japão.

Os países desenvolvidos são poderosos em gestão, capital e tecnologia, e em poder de compra dos consumidores. Os países em vias de desenvolvimento disponibilizam um enorme excedente de mão-de-obra em rápido crescimento.

Faltam-nos os números que nos permitiriam ter uma noção da dimensão deste processo, mas os principais bancos multinacionais estimam que o volume terá, pelo menos, duplicado entre 1974 e 1977. (*Nota de 1981:* e já duplicou novamente desde essa altura, ou seja, entre 1977 e 1981.) Alguns bancos já o consideram significativo ao ponto de justificar a criação de unidades especiais dentro dos sectores internacional e empresarial da banca tradicional para financiar a produção partilhada.

A produção partilhada está destinada a crescer, pois por detrás dela está uma força económica inexorável: a dinâmica populacional. Podemos discutir os números relativos ao emprego e ao desemprego nos países desenvolvidos, sendo que estes são, na verdade, muito confusos. No entanto, mais de metade de todos os jovens que entram na força de trabalho nos países desenvolvidos obtiveram uma formação superior ao ensino secundário, não estando por isso disponíveis para o tradicional trabalho semiespecializado ou não especializado.

No entanto, nos países em vias de desenvolvimento, as dinâmicas populacionais são completamente diferentes. Nesses países, os bebés que não morreram no final dos anos 50 e 60, quando a mortalidade infantil caiu acentuadamente — entre 60% ou 70% em algumas zonas —, estão agora a entrar na força de trabalho e precisam de emprego. O México, por exemplo, terá de encontrar quase três vezes mais postos de trabalho para jovens que entrarão no mercado de trabalho por cada ano daqui até ao ano 2000 do que o país alguma vez teve de criar nos anos anteriores.

Poucos desses jovens são altamente treinados ou altamente qualificados, mas estão muito mais bem preparados do que os seus pais — e estão cada vez mais nas cidades. A agricultura, provavelmente, já não conseguirá proporcionar os postos de trabalho necessários. A reforma agrária, independentemente do seu apelo emocional, na maioria dos locais, agravaria o problema.

Apenas em muito poucos países, países como o Brasil que já passaram a «descolagem do desenvolvimento», existe um grande potencial para o rápido crescimento do mercado interno. Além disso, os países em vias de desenvolvimento geralmente não têm a base populacional, o poder de compra e o capital necessários para o rápido crescimento interno. O único emprego concebível para os novos trabalhadores em massa é produzir para os mercados de consumo dos países desenvolvidos, que já não dispõem de mão-de-obra não qualificada adequada.

Os custos de produção nos países em vias de desenvolvimento tendem a ser elevados, muitas vezes muito mais elevados do que nos países desenvolvidos, apesar de os salários serem relativamente baixos. A produtividade tende a ser baixa, e os custos gerais administrativos e governamentais são muitas vezes astronómicos. Além do mais, a produção partilhada tem custos próprios bastante elevados — requisitos de gestão pesados, custos de capital elevados e despesas de transporte acrescidas.

O que impulsiona a transição para a produção partilhada não é prioritariamente os custos mais baixos, mas a falta de mão-de-obra disponível para o trabalho de produção tradicional no mundo desenvolvido. Quase todos os países desenvolvidos estruturaram subsídios de desemprego, regras de antiguidade e planos de reforma de modo a desincentivar os trabalhadores manuais de procurarem postos de trabalho fora do sector que os empregou originalmente.

A produção partilhada pode, no último quarto deste século, tornar-se tão dominante na economia mundial como a empresa multinacional tradicional se transformou na economia mundial dos últimos 20 anos. No entanto, paradoxalmente, a multinacional que organizar a produção partilhada será mais controversa do que nunca.

Isto acontece porque a produção partilhada oferece aos países em vias de desenvolvimento a sua única oportunidade real de disponibilizarem os postos de trabalho e as competências de que os seus cidadãos necessitam. Mas isto não os deixará obrigatoriamente gratos, uma vez que quanto mais dependentes se tornarem dos «impiedosos imperialistas», mais propensos estarão a prolongar a velha retórica.

Ainda assim, muitos países em vias de desenvolvimento estão a ajustar rapidamente as suas políticas e o seu comportamento. «Multinacional» continua a ser uma palavra feia nos países em vias de desenvolvimento, mas os seus governos tentam seduzir cada vez mais as multinacionais para construir e gerir indústrias de exportação — cujos produtos esperam comercializar no mundo desenvolvido.

Há apenas 15 anos, no início dos anos 60, os países da costa oeste da América do Sul, da Venezuela ao Chile, aderiram solenemente ao Pacto Andino, destinado a expulsar as multinacionais. Nos últimos anos, cada um desses países revogou a maior parte das leis do Pacto Andino ou descartou-as discretamente.

Nos países desenvolvidos, a produção partilhada ameaça a própria base do sindicalismo tradicional, que se encontra nas antigas indústrias de fabrico manual. É, de facto, suscetível de criar mais postos de trabalho do que de os deslocalizar, sobretudo, postos de trabalho para trabalhadores mais instruídos que constituem a nova força de trabalho. Mas os trabalhadores deslocalizados tornam-se muito mais percetíveis e concentrar-se-ão em áreas que já estão em declínio. Também tenderão a ser pessoas mais velhas com competências limitadas. O mesmo será em grande parte verdade para as empresas que empregam estes trabalhadores: empresas de ontem em indústrias já em declínio.

O multinacionalismo tornar-se-á, assim, mais uma vez, uma questão importante nos países desenvolvidos. Na verdade, o principal ataque contra o multinacional já se transferiu dos países de acolhimento para os países de origem, especialmente para os Estados Unidos. O Congresso, a Receita Federal, a Comissão de Valores Mobiliários e uma série de outras agências governamentais representam agora ameaças ainda maiores às multinacionais do que ao nacionalismo de Gaulle ou do Terceiro Mundo.

Por conseguinte, precisamos desesperadamente de políticas que permitam à economia adotar a produção partilhada a um custo mínimo para os trabalhadores deslocalizados.

Precisamos do tipo de política da qual os suecos foram pioneiros para tornar possível uma transição semelhante à que executaram, ou seja, de uma nação praticamente pré-industrial, produtora de matérias-primas na década de 1940, para uma nação altamente industrializada e altamente competitiva dos dias de hoje. Há 20 anos, convocaram entidades empregadoras, sindicatos e governos para trabalharem em conjunto na reconversão dos trabalhadores excedentários e colocá-los em novos postos de trabalho (uma abordagem com muito melhores resultados do que qualquer regime de subsídio de desemprego, a uma fração do custo).

Precisamos também de rever os valores respeitantes ao comércio para conseguirmos perceber onde a produção partilhada cria trabalho e para onde deslocaliza postos de trabalho. O comércio livre ou argumentos protecionistas só aumentam a confusão, pois ambos pressupõem uma troca de bens em vez de uma integração económica por fases de produção onde exportações e importações são mutuamente dependentes.

Mas a nova e emergente integração multinacional coloca igualmente grandes desafios à gestão.

Não se enquadra na estrutura organizacional tradicional da corporação multinacional, com uma gestão central de topo à qual a gestão das filiais reporta. Requer antes uma abordagem sistémica, na qual um organismo coordena as gestões autónomas que não se reportam umas às outras.

A nova multinacional não se apoia no investimento de capital ou na propriedade. Na verdade, a empresa-mãe no país desenvolvido por norma pouco ou nada investe, embora muitas vezes proporcione aos seus associados no país em desenvolvimento acesso a recursos financeiros através da compra da sua produção. Por essa razão, aquelas que provavelmente se sairão melhor como novas multinacionais podem muito bem ser as empresas de *marketing*, em vez de, como no passado, as empresas da indústria transformadora.

É provável que as empresas mais pequenas tenham melhores resultados do que as empresas de maior dimensão, uma vez que detêm a flexibilidade necessária. Isto explica porque é que algumas empresas de média dimensão se estão a sair bem no sector da eletrónica.

Um dos requisitos essenciais é a capacidade e vontade de adaptação a diferentes culturas e de trabalhar com pessoas de hábitos e tradições diferentes. A produção partilhada não é apenas transnacional, é antes multinacional; é, sobretudo, transcultural. E é uma ideia cuja hora chegou.

(1977)

CAPÍTULO TRINTA E TRÊS

A reviravolta da política económica do Japão

O JAPÃO ENFRENTA OS MAIS SÉRIOS desafios às suas práticas sociais e laborais tradicionais desde a II Guerra Mundial, senão mesmo desde os anos 20. As razões não são políticas nem económicas, mas sim demográficas.

A nação está a sair lentamente da sua pior recessão em mais de 30 anos e o pior de um quadro já negro em relação ao desemprego ainda está para vir. Mesmo assim, os líderes empresariais, banqueiros, governo e líderes sindicalistas japoneses com quem me encontrei na minha mais recente visita ao Japão estavam tão preocupados com a iminente *escassez* de mão-de-obra de amanhã como com o traumático desemprego atual.

O Japão enfrenta um quase total esgotamento da oferta de mão-de-obra na qual a expansão económica dos 25 anos após o ano de 1950 se baseara: os trabalhadores da indústria transformadora. O problema pode afetar radicalmente a posição do Japão no comércio internacional e as suas políticas de exportação e importação. Desafiará as crenças e práticas sociais fundamentais da nação e apelará a uma reformulação da política económica básica.

O número anual de jovens que atingirão a idade ativa no Japão durante os próximos 20 anos será 40 a 45% inferior ao que foi durante os anos 60. Nessa altura, metade dos jovens japoneses começou a trabalhar logo após terminar os primeiros anos do ensino secundário. Hoje, praticamente todos seguem para o ensino secundário e um terço dos licenciados do ensino secundário de ambos os sexos (metade dos homens) seguem para a universidade, em vez de um oitavo como acontecia há 25 anos.

Os japoneses raramente fazem as coisas pela metade e as oscilações no Japão são muito maiores do que nos Estados Unidos. O *baby boom* japonês do pós-guerra não só foi mais acentuado do que nos Estados Unidos como aconteceu muito mais cedo, no início da década de 1950. E foi depois seguido por uma redução na natalidade muito mais pronunciada: uma queda na taxa de nascimento de mais de 40%, em comparação com o valor de 25% nos EUA. Além disso, as consequências económicas e sociais destas tendências demográficas são bastante diferentes no Japão e muito mais extensas.

Uma razão é um costume japonês, quase equivalente a uma tradição sagrada, de vincular salários e benefícios à antiguidade. Ao longo de 30 anos de emprego, os japoneses, quer trabalhem em manutenção de máquinas, sejam contabilistas ou executivos, triplicam o seu rendimento salarial em dinheiro. Os benefícios adicionais, tais como os subsídios à habitação, sobem ainda mais rapidamente. Um trabalhador com 30 anos de antiguidade custa à entidade empregadora japonesa cerca de quatro vezes mais do que um jovem recém-contratado, seja homem ou mulher. Por outras palavras, os jovens subsidiam os idosos.

Também subsidiam substancialmente a economia japonesa. Sem qualquer aumento nas taxas salariais, os custos de mão-de-obra de uma organização japonesa, seja ela empresarial, universitária ou governamental, aumentam automática e acentuadamente à medida que os trabalhadores envelhecem. Por isso, quanto mais jovens uma empresa conseguir contratar, mais baixos serão os seus custos de mão-de-obra — e mais digna de crédito se tornará aos olhos dos bancos japoneses. Durante os anos 50 e 60, a oferta de jovens era abundante — em parte devido aos efeitos do *baby boom* e em parte porque os jovens deixaram as explorações agrícolas e transferiram-se para as cidades. No final da II Guerra Mundial, mais de metade da população do Japão ainda trabalhava na agricultura; esse número está agora abaixo dos 10% ou 12%, e foram sobretudo os jovens, como é óbvio, que se transferiram.

Com a estrutura tradicional em termos de custos de mão-de-obra do Japão, isto significou uma melhoria constante da posição competitiva para as empresas japonesas e para a economia japonesa. Na verdade, cerca metade dos tão apregoados aumentos na produtividade da indústria japonesa provavelmente não terá sido realmente um «aumento da produtividade». Era simplesmente a força de trabalho a ficar mais jovem durante 20 anos.

Mas, a partir de agora, a força de trabalho irá, por força das circunstâncias, envelhecer. Os custos de mão-de-obra aumentarão acentuadamente e a produtividade da mão-de-obra diminuirá ou, pelo menos, abrandará acentuadamente o seu aumento.

A segunda razão pela qual a mudança demográfica é um problema maior para o Japão do que para qualquer país ocidental é a tradição que liga de forma estreita a evolução na carreira e as oportunidades de formação. Apenas os jovens que não terminaram o ensino secundário são candidatos a trabalhos manuais, e prioritariamente a trabalhos de fabrico manual. Os finalistas do ensino secundário virão a ser escriturários e secretários. Os licenciados tornam-se gestores e profissionais liberais. Sempre houve alguma, embora não muita, mobilidade ascendente nesta classificação, já por si rígida, da raça humana por certificado de escolaridade.

A despromoção, que é aceitar um posto de trabalho abaixo das habilitações literárias, é, no entanto, quase impensável. Existem muitos formandos do ensino secundário qualificados para postos de trabalho de escritório e de vendas. Existe um excedente de candidatos com diplomas universitários e qualificados para empregos de gestão e profissões liberais. Mas os três tipos de emprego — trabalho manual, trabalho de escritório, trabalho de gestão — são divisões de trabalho separadas que não comunicam entre si, independentemente da procura e da oferta. E os jovens que não terminaram o ensino secundário, ou seja, os jovens elegíveis para o trabalho manual, desapareceram.

Finalmente, o sistema japonês torna muito difícil o aproveitamento do excedente de mão-de-obra existente num sector ou comércio para oportunidades de emprego noutras áreas. Não há, em termos absolutos, falta de mão-de-obra no Japão — nem mesmo de pessoas qualificadas pelo estatuto educacional para o trabalho manual. Na verdade, segundo as normas norte-americanas, o Japão seria considerado um país com um substancial excedente de mão-de-obra. Isto porque ainda existe um sector pré-industrial substancial na indústria japonesa da manufatura, um sector de pequenas oficinas que produzem os tradicionais produtos do «velho Japão» — como por exemplo a cerâmica ou a roupa de cama. E, nesse caso, a mão-de-obra é geralmente usada de forma bastante ineficiente, embora atualmente seja tudo menos barata. Existe também um grande excedente de mão-de-obra de trabalhadores industriais das antigas indústrias, como a indústria têxtil ou do vestuário.

Mas estas divisões de mão-de-obra excedentária não ajudam muito. Não podem ser aproveitadas devido ao sistema de salários por antiguidade em que o salário corresponde ao tempo de serviço. Um trabalhador industrial de 30 anos contratado pela primeira vez por um empregador teria de receber um salário de entrada — isto é, o salário de alguém com 16 ou 17 anos — sendo que ele tem 30. Com efeito, ele não pode receber nem o salário adequado à sua idade nem o salário adequado à sua antiguidade — e isto torna-o quase «não empregável». No mínimo, cria enormes obstáculos à mudança de emprego e à mobilidade profissional. Isto também explica porque o desemprego é uma ameaça tão terrível para os japoneses — um homem que tenha sido despedido apenas consegue encontrar trabalho como funcionário temporário com um rendimento muito mais baixo e com pouca probabilidade de se vir a tornar novamente um funcionário permanente.

Nunca devemos subestimar a capacidade japonesa de inovação social. Ao longo da sua história, os japoneses têm sido excecionalmente capazes de encontrar soluções para novos problemas sociais, mantendo ao mesmo tempo os tradicionais valores japoneses. E estão novamente a fazê-lo. Deparei-me, por exemplo, com uma solução muito simples e, no entanto, fantasticamente engenhosa para o dilema de como estipular o salário de um homem que passa a trabalhar para uma nova entidade empregadora após dez ou 12 anos de serviço noutra entidade empregadora. Em vez de se despedir da sua antiga empresa, junta-se à nova empresa por empréstimo permanente do antigo empregador. Isso torna possível definir um salário que se ajuste à sua idade sem violar o princípio de que o salário é pago de acordo com a antiguidade do serviço. Ainda assim, as alterações demográficas e educacionais em curso irão desafiar crenças e costumes sociais que a maioria dos japoneses considera sagrados.

Os impactos económicos da mudança demográfica serão pelo menos tão grandes quanto os impactos sociais. Os custos de mão-de-obra irão subir rapidamente, mesmo que as taxas subam apenas lentamente ou não subam de todo. A subida dos custos de mão-de-obra com a antiguidade dos serviços — tanto salários como benefícios — está demasiado enraizada na sociedade japonesa para ser eliminada ou mesmo muito modificada. Pior ainda, o trabalho manual para novas indústrias ou para a expansão das antigas não estará de todo disponível. Há 100 anos que a economia japonesa se baseia na troca de produtos japoneses por alimentos e matérias-primas provenientes do mundo exterior. As alterações demográficas não afetarão a dependência do Japão de alimentos, petróleo, minério de ferro ou pasta de celulose, mas tornarão cada vez mais difícil para o Japão pagá-los através das exportações dos bens manufaturados com os quais tem, até agora, pago as suas importações. E assim o Japão está a começar a reavaliar as suas políticas económicas internas, especialmente no mercado mundial.

Uma possível resposta é uma nova ênfase na automatização. Nos Estados Unidos, o discurso sobre a fábrica automatizada, tão comum há 15 ou 20 anos, esgotou-se em grande parte nos anos 60. No Japão, os trabalhos na fábrica automatizada estão a decorrer a toda a velocidade e com toda a seriedade. O governo e a indústria, com a concordância dos sindicatos, estão a desenvolver em conjunto a primeira fábrica de grandes dimensões totalmente automatizada — uma fábrica altamente flexível e diversificada de produção de ferramentas. Não existirá um único trabalhador na área de produção. A maioria dos processos necessários para esta fábrica foi concebida e testada e encontra-se em fase experimental. Espera-se que atinja a plena produção comercial até 1983.

Vários grandes fabricantes — em campos que vão dos químicos ao calçado — explicaram-me que o seu objetivo era poder produzir, daqui a dez anos, ou o dobro da sua produção atual com o mesmo número de trabalhadores da indústria transformadora ou 30 a 40% mais com metade da atual força de trabalho manual. Isso significará claramente um grande aumento do emprego de mão-de-obra com formação universitária, especialmente engenheiros. Mas estes são os trabalhadores que o sistema educacional japonês disponibiliza em quantidades crescentes.

Outra resposta é uma mudança deliberada, mais uma vez com o governo e as empresas a trabalharem em conjunto para alterarem a gama de produtos exportados. Cada vez mais, o Japão espera passar da exportação de bens de consumo, mesmo aqueles com elevado conteúdo tecnológico, para a exportação de fábricas e indústrias inteiras. A primeira prioridade de exportação do MITI (Ministry of International Trade and Industry), o poderoso Ministério de Comércio Internacional e da Indústria, recentemente anunciada será a exportação de fábricas inteiras. Em 1975, as exportações de fábricas ascenderam a 6 mil milhões de dólares. A meta para 1976 é o dobro desse valor. E até 1980 alguns planificadores japoneses esperam atingir uma meta de exportações de 50 mil milhões de dólares para fábricas completas. (*Nota de 1981:* que quase atingiram.) Com isto, no entanto, assistiremos também a uma mudança na direção do comércio japonês. Uma vez que o mercado de fábricas completas não são, como é evidente, predominantemente os países desenvolvidos, mas sim os países em vias de desenvolvimento: os países ricos em petróleo, sobretudo a Arábia Saudita; os países da América Latina produtores de alimentos e matéria-prima; e, talvez o mais importante, a China continental com a sua promessa de uma produção petrolífera em rápida expansão. (*Nota de 1981:* que não se concretizou.)

E, finalmente, as *importações* do Japão poderão vir a mudar — embora esta seja, do ponto de vista político, a mais difícil de todas as mudanças que se avizinham. Exportar o suficiente para garantir a um Japão pobre em matérias-primas, deficiente em alimentos e pobre em energia os alicerces da vida económica moderna deve continuar a ser a grande prioridade da política comercial japonesa. Mas, cada vez mais, o Japão terá de exportar para pagar bens de consumo provenientes de países com excedente de mão-de-obra, bens de consumo que a sua própria economia com escassez de mão-de-obra já não consegue produzir. A fábrica de calçado que uma empresa japonesa está agora a construir, por exemplo, num dos países do Sudeste Asiático será paga a partir da sua própria produção — com 10% ou 20% da sua produção entregue a preço de custo durante 20 anos aos japoneses que financiaram e construíram a fábrica. Isto, por um lado, torna possível a construção de uma fábrica que tenha economias de escala além da capacidade de absorção do pequeno país onde estará localizada. Cria, por outro lado, uma fonte de bens de consumo baseada na oferta de mão-de-obra abundante e em custos laborais relativamente baixos para o mercado interno japonês e para o consumidor japonês.

Se tal mudança de política pode realmente funcionar não é de modo algum ainda certo. No Japão, será ferozmente combatida pelos sindicatos, mas também pelas pequenas empresas extremamente numerosas e poderosas. Exige uma completa abordagem por parte do governo japonês e, sobretudo, do MITI. Pois ainda é axiomático no MITI que qualquer coisa que o Japão seja tecnicamente capaz de produzir deve ser produzida no Japão e não trazida do exterior. E o MITI reflete convicções nacionais profundamente enraizadas, que remontam a quase 400 anos.

Fora do Japão, existem também tremendos obstáculos. Enquanto o Japão ofereceria aos países em desenvolvimento uma oportunidade de acelerarem a sua própria industrialização, torná-los-ia fortemente dependentes do país nipónico; um pequeno país do sudeste asiático tornar-se-ia, na verdade, um satélite japonês. Mas, como um japonês muito bem colocado me referiu, «Que alternativa temos, tendo em conta a nossa tendência crescente da população?

E que alternativa têm os países em vias de desenvolvimento — especialmente os pequenos, pobres e sobrepovoados —, tendo em conta a sua dinâmica demográfica?»

Seja qual for o rumo da política económica japonesa, a demografia — tanto no que respeita ao número de pessoas como à sua formação — tornar-se-á cada vez mais um fator-chave, se não mesmo o fator de controlo, na economia japonesa e na posição e política do Japão em relação à economia mundial.

(1976)

CAPÍTULO TRINTA E QUATRO

A batalha sobre a codeterminação

UMA DAS MAIS IMPORTANTES disputas sociais e políticas na Europa Ocidental nestes últimos anos é a batalha pela codeterminação.

Basicamente, a codeterminação é o sistema legal que concede aos sindicatos uma participação substancial ou de controlo nos conselhos de administração ou nos conselhos de supervisão das empresas. De certa forma, é a lei para empresas maiores na Alemanha, Holanda e Escandinávia, e encontra-se em debate ativo na Grã-Bretanha, Bélgica e França.

Ao debater comigo a batalha política sobre a codeterminação, um alto funcionário do Ministério do Trabalho alemão disse recentemente que no seu país os novos grupos de gestores e profissionais liberais estão a tornar-se rapidamente a maioria numa sociedade pós-industrial. Como resultado, os sindicatos, antes que percam demasiados membros para a classe média, tentam desesperadamente negar o poder a esses grupos e privá-los dos seus direitos.

É por isso, explicou ele, que os sindicatos, no seu esforço de representação dos trabalhadores nos conselhos de administração, se recusam tão veementemente a aceitar quaisquer representantes da gestão intermédia e insistem em limitar a filiação nos conselhos de administração aos funcionários dos sindicatos que representam os trabalhadores de colarinho azul.

Um sindicalista alemão com quem falei durante a mesma viagem não o negou. «Mesmo que se sindicalizem», acrescentou ele, «os gestores e profissionais liberais não são efetivamente "trabalhadores". Se lhes dermos a palavra nos conselhos de administração das empresas, votarão sempre com a direção; e se não estabelecermos um princípio que só os trabalhadores de boa-fé (*bona fides*) têm o direito de participar no controlo dos negócios, o movimento sindical em breve se tornará de ontem.»

Ao mesmo tempo (ou seja, na primavera de 1977), do outro lado do Canal da Mancha, só se falava no Relatório de Bullock, o trabalho de uma comissão real britânica de dez homens chefiada pelo historiador de Oxford, Lord (Allan) Bullock, o biógrafo de Adolf Hitler e Ernest Bevin.

O Relatório de Bullock causou repercussões generalizadas quando foi publicado em janeiro de 1977. Recomendava que os conselhos de administração das empresas britânicas com dois mil recursos humanos ou mais, incluindo filiais britânicas de empresas multinacionais sediadas fora do Reino Unido, fossem reformulados para permitir aos trabalhadores o mesmo número de representantes que os acionistas, desde que um terço dos recursos humanos da empresa pretendesse tal representação.

A maioria da comissão afirmou que a representação do trabalho na sala de reuniões (a chamada democracia industrial) já era uma dinâmica dos dias correntes. Afirmou ainda que tal representação conferiria uma nova legitimidade ao exercício da função de gestão dentro de um quadro político acordado.

O responsável pela maior confederação britânica do trabalho concordou, prevendo que o Relatório de Bullock se tornaria «um marco no desenvolvimento da nossa instituição democrática». Mas a maior entidade patronal da nação denunciou o relatório, dizendo que se fosse promulgado alteraria substancialmente o sistema britânico de livre empreendimento.

Tanto o sindicalista alemão como o Relatório de Bullock foram demasiado longe. Os alemães foram forçados a aceitar a entrada da gestão intermédia no conselho de supervisão e tiveram mesmo de concordar em conceder uma votação de controlo na legislação que entrou em vigor na Alemanha em 1977.

E o alvoroço causado pela discriminação admitida por Bullock contra a gestão e os profissionais liberais explica porque é que as propostas desse relatório foram arquivadas na Grã-Bretanha.

Mas seria insensato acreditar que os Trabalhistas em qualquer um dos países tenham desistido da tentativa de privar a gestão e os profissionais liberais de direitos. De facto, a primeira prioridade do Partido Trabalhista alemão é a revogação das disposições da lei de codeterminação que mandatam a representação dos quadros nos conselhos de supervisão. Os socialistas confessos, afinal, precisam de acreditar no conceito de guerra de classe económica e têm dificuldade em lidar com uma cada vez mais emergente classe de gestores e de profissionais liberais.

Os sindicalistas europeus e os seus aliados socialistas pretendem privar os gestores dos seus direitos para evitar que se tornem poderosos nas empresas e na sociedade. No entanto, isto pode resultar na sua desestruturação. Muitas pessoas nos partidos socialistas da Alemanha, Escandinávia, Países Baixos e Grã-Bretanha com quem falei durante uma viagem pela Europa na primavera de 1977 sentiram que a batalha da codeterminação alemã e o tumulto britânico sobre o Relatório de Bullock poderiam, a dada altura, acabar com o apoio da classe média aos partidos trabalhistas ou socialistas.

«Os jovens gestores neste país», afirmou um moderado ministro do Trabalho da Grã-Bretanha, «ainda não gostam dos Conservadores. Mas, após o Relatório de Bullock, provavelmente, gostam ainda menos dos Trabalhistas — e podem ter-se afastado de nós para sempre, e não só nas próximas eleições.»

Assim, parece evidente que a codeterminação, mesmo onde é somente debatida e posteriormente posta de lado, é uma questão explosiva com importantes ramificações políticas, bem como sociais e económicas. Nós, neste país, deveríamos prestar mais atenção a este assunto. (*Nota de 1981:* E, de facto, três anos após este artigo ter sido publicado pela primeira vez, o sindicato United Automobile Workers começou a exigir a codeterminação como preço para apoiar uma Chrysler em dificuldades.)

(1977)

CAPÍTULO TRINTA E CINCO

Um gigante japonês conturbado

VISTO DOS ESTADOS UNIDOS, o Japão possui um excedente recorde — e que continua a crescer — na sua balança de pagamentos e no seu comércio internacional. Visto do Japão, este «excedente» parece mais uma amortização recorde de perdas massivas de inventário.

Visto dos Estados Unidos, o iene japonês é a mais forte entre as moedas do mundo livre, talvez ainda subvalorizado nos 250 ienes em relação ao dólar e impedido de continuar a subir apenas devido a «flutuação controlada» — a intervenção em grande escala do Banco do Japão. Vista do Japão, a solidez do iene parece transitória e ilusória.

Vista dos Estados Unidos, a política económica japonesa parece ser demasiado bem-sucedida — um gigante comercial que não conhece limites. Visto de Tóquio, o Japão começa agora a enfrentar as consequências de erros económicos e empresariais monumentais que ameaçam afundar, ou pelo menos abrandar, o gigante.

Os empresários e funcionários do governo japonês que participaram numa ronda de seminários e encontros que conduzi no Japão no verão de 1977 — a décima visita em 18 anos — estão cada vez mais tristes e desiludidos. À primeira vista, parece haver poucos indícios da sua preocupação. Restaurantes e bares estão lotados; não há um quarto livre em qualquer estância, e os aviões e comboios esgotaram no Dia Nacional da Cultura, 3 de novembro; as compras dos consumidores atingiram um auge; os comerciantes esperam uma época recorde de vendas de Natal.

Quanto ao desemprego, o número oficial é inferior a 2%.

No entanto, os empresários e funcionários do governo japoneses podem ter muitos motivos para o seu mal-estar, embora não pelas razões que frequentemente apresentam em público.

Em primeiro lugar, o Japão está extremamente sobreabastecido com inventários de materiais industriais a preços elevados. «Por norma, armazenamos entre cinco e seis meses de inventário de areia de sílica», confessou-me o presidente de uma grande empresa vidreira. «Agora temos o suficiente para três anos de plena produção.» O marido de uma amiga nossa, um executivo de nível intermédio de uma empresa têxtil, vai trabalhar todas as manhãs e senta-se à sua secretária durante dez horas a fazer pouco mais do que ler histórias de detetives. É gerente de produção e a empresa há cinco meses que não produz porque todos os seus armazéns estão lotados de mercadoria não vendida.

Em outubro de 1977, o Japão e a Austrália resolveram a sua «guerra do açúcar». Em 1974, as refinarias de açúcar japonesas comprometeram-se com a compra de toda a cultura de açúcar australiana de 1976 e 1977 aos preços elevados praticados à época — cinco a oito vezes os preços atuais. Quando os australianos deram início às entregas, os japoneses recusaram-se a cumprir o compromisso. A determinada altura, havia 150 navios ancorados no porto de Tóquio à espera de descarregar o açúcar.

Os japoneses finalmente cederam após os australianos terem feito uma concessão simbólica de estender o período de pagamentos de três para quatro anos. Agora, os japoneses estão presos a dois anos de fornecimento aos preços mais elevados alguma vez registados para o açúcar.

O mesmo se aplica ao cobre, ao minério de ferro, à celulose, ao enxofre e ao carvão coque. Os japoneses, e sobretudo o oficialismo japonês, foram apanhados pela histeria em 1974, quando a escassez de matérias-primas se fazia sentir em todo o lado. Compraram, compraram e não pararam de comprar. Agora estão a tentar desvincular-se dos compromissos de encomendas e reduziram as importações de matérias-primas quase para metade. Mesmo assim, os inventários industriais estão repletos de matérias-primas de elevado preço. (Ao que parece, o mesmo está a acontecer com alguns produtos acabados: outro amigo relata que o seu ministério ainda armazena um fornecimento de dois anos de papel higiénico em resultado do susto da escassez de há alguns anos.)

O segundo erro dos japoneses foi cometido em 1975 e 1976. A indústria japonesa não só continuou a produzir quando a procura mundial desceu, como em muitos casos ainda aumentou a produção. A necessidade de manter o emprego foi responsável apenas em parte e, provavelmente, em menor parte.

A principal razão foi um erro de cálculo. Os japoneses e, mais uma vez, em particular, os funcionários do governo esperavam uma aceleração da inflação mundial e uma recuperação muito rápida da procura nos mercados japoneses, especialmente na Europa. «Tomámos a decisão deliberada de aumentar a produção», diz o vice-presidente executivo de uma empresa de baterias. «Esperávamos que os preços a nível mundial subissem 30%. Em vez disso, desceram e, em meados de 1976, tínhamos o equivalente a dois anos completos de vendas nos nossos armazéns.»

Quando os bancos começaram a exigir o reembolso dos empréstimos dos inventários, o esforço de exportação do Japão entrou em alta velocidade. Mas os inventários de produtos acabados para muitas indústrias — siderúrgica, têxtil, eletrónica de consumo — ainda estão muito elevados.

O erro final foi a resposta japonesa à sua atribulação. Em parte, por consenso entre governo, empresas e sindicatos, que estão muito mais estreitamente unidos no Japão do que nos outros países industrializados, e, em parte, devido à conjuntura política, os japoneses decidiram manter os preços internos elevados e impulsionar as exportações. Os preços das exportações estão a ser fixados para venderem rapidamente; os rendimentos mais elevados das vendas internas estão a ser utilizados para compensar as perdas de exportação.

Mas houve exceções. Akio Morita, por exemplo, o presidente da Sony Corporation, é conhecido por ter sido altamente crítico de tal política. A Sony, talvez a única entre as grandes empresas japonesas, baixou os preços no Japão enquanto os aumentou no mercado de exportação.

Os líderes empresariais japoneses perceberam que a sua estratégia corria o risco de provocar uma reação extremamente protecionista por parte dos outros países. Mas do ponto de vista político a estratégia era irresistível, particularmente para os sindicatos. Parecia ser a única forma de permitir às empresas continuarem a aumentar os salários e os benefícios. Em 1975, por exemplo, os salários e os benefícios subiram quase 40%, permitindo que os consumidores pagassem alguns dos preços mais elevados do mundo. (A carne de bovino de baixa qualidade é vendida entre 15 e 20 dólares o quilo em Tóquio, o peixe está quase ao mesmo preço e o *matsutake*, o popular cogumelo japonês, chega a atingir os 40 dólares o quilo.)

Agora, porém, o Japão enfrenta uma reação protecionista de grandes proporções, tal como está a tornar-se rapidamente evidente nos Estados Unidos. E as suas próprias políticas protecionistas fizeram subir o iene ao ponto de o Japão se estar a tornar rapidamente um dos produtores com custos mais elevados entre os países industrializados. Uma boa parte do excesso de inventário ainda não foi reduzida e, no entanto, o Japão enfrenta a perspetiva de ser forçado a reduzir drasticamente as exportações ou a perder o acesso permanente aos principais mercados mundiais.

Aliviar a proteção agrícola, talvez passando de um sistema de restrição das importações para um sistema de subvenção direta dos rendimentos agrícolas, como nos Estados Unidos ou na Grã-Bretanha, contribuiria de algum modo para reduzir o excedente da balança comercial do Japão. Reduziria também a ameaça à capacidade do Japão de competir, imposta pelos custos exorbitantes dos alimentos e consequentes exigências. Contudo, até agora, só houve concessões simbólicas — à Nova Zelândia, por exemplo, que ameaçou proibir o acesso dos pescadores japoneses às suas zonas de pesca, a menos que lhe fosse concedido um melhor acesso ao mercado japonês de carne e produtos lácteos.

São necessárias medidas mais arrojadas. Uma delas poderá consistir na realização de uma liquidação genuína, através da venda de uma muito grande quantidade de inventário a preços baixos e em condições de crédito favoráveis a países não pertencentes ao mercado, especialmente à China comunista.

Esta foi a forma como o fabricante de baterias que acima mencionei escoou o seu inventário. O problema é que não há muita produção japonesa de que a China necessite em grandes quantidades; a procura dos chineses por televisores a cores, por exemplo, é, no mínimo, muito limitada. Ainda assim, o aço, os químicos e os plásticos japoneses podem encontrar mercado na China e talvez até na União Soviética. Um grande acordo comercial, num futuro próximo, com esses países não seria uma surpresa.

Mas, acima de tudo, espera-se um período conturbado na política económica e monetária japonesa. Os ajustamentos que os japoneses têm de fazer são bastante óbvios — mas também vão ser muito dolorosos, tanto financeira como politicamente.

(1977)

CAPÍTULO TRINTA E SEIS

Índia e tecnologia apropriada

«O GRANDE ERRO COMETIDO POR GANDHI foi defender a roda de fiar», disse um influente ministro da Economia do governo indiano. «É demasiado eficiente. Com o desemprego e o subemprego que temos nas nossas aldeias, a tecnologia verdadeiramente apropriada é o fuso manual, a fusaiola.» No entanto, não será certamente assim que os aldeões indianos definem «tecnologia apropriada».

O que mais me impressionou quando, no inverno de 1978–1979, viajei durante seis semanas pela Índia rural não foi a pobreza generalizada nem o desemprego palpável; isso já eu esperava encontrar. O que eu não esperava, porém, eram as quatro ou cinco bicicletas novinhas em folha que se encontravam à porta de cada um dos miseráveis casebres — e nem uma estava acorrentada ou tinha cadeado. Pode ainda haver na Índia rural mais carroças puxadas por bois do que bicicletas; certamente ainda haverá muito mais carroças puxadas por bois do que pequenos tratores. Mas o que impulsiona a Revolução Verde da Índia, o que permite ao subcontinente um excedente alimentar pela primeira vez em milhares de anos, não é a vara de cavar nem o arado de madeira. É a omnipresente bomba de gasolina no poço artesiano e a vala de irrigação numa terra árida.

Em cada carroça puxada por bois, cada carroça puxada por camelos, cada riquexó, cada *houdah* nas costas de um elefante, existe um rádio a tocar música. E a tenda mais lotada em cada um dos inúmeros mercados da aldeia é aquela que vende motocicletas a plano prestacional.

Por muito que isso prejudique o ministro da Economia do governo indiano e o seu superior, o primeiro-ministro, a bicicleta, o rádio transístor, a bomba de gasolina e a motocicleta — mais do que a roda de fiar, ou mesmo a roca ou a fusaiola — são, de facto, a tecnologia apropriada para a Índia e para a maioria dos países em vias de desenvolvimento. Criam postos de trabalho e poder de compra — a roca destruiria ambos.

Ninguém na Índia me conseguiu explicar qual é a política económica do governo. As únicas ações governamentais são a expansão das empresas governamentais já de grande dimensão, o crescimento desenfreado de uma burocracia já exagerada e regulamentações ainda mais burocráticas. O ministério não consegue chegar a acordo sobre nada e não defende qualquer política. Subsídios substanciais estão a ser atribuídos às aldeias, mas sem qualquer plano e muito menos objetivos definidos. Mas existe uma retórica generalizada de pequenez e de antitecnologia.

O primeiro-ministro da Índia por altura da minha viagem (isto é, antes do regresso de Indira Gandhi ao poder), Morarji Desai, com 84 anos, mas que não aparentava mais de 55 (que ele atribui ao facto de comer apenas puré de vegetais crus e de beber a sua própria urina), tentou pregar-me conceitos como «pequeno é belo», «desenvolvimento rural» e «tecnologia apropriada [ou seja, pré-industrial]». É esta retórica que o seu conselheiro económico reitera quando defende um regresso à fusaiola. E praticamente a mesma retórica pode agora ser ouvida em muitos países em vias de desenvolvimento, por exemplo na Indonésia, ou por parte dos fundamentalistas islâmicos no Irão. É praticamente a mesma retórica que subjaz ao desastroso «Grande Salto em Frente» na China maoísta ocorrido há 20 anos, com ênfase na aldeia e nos fornos de aço do quintal.

Como reação à ilusão do «quanto maior, melhor», que cativou os governos indianos anteriores, especialmente o de Nehru, a ênfase de Desai na Índia rural já vinha tarde. Governos anteriores negligenciaram a aldeia, onde 90% dos 550 milhões de indianos ainda vivem. Mas o «pequeno é belo» é uma ilusão tão grande como o «quanto maior, melhor». O que é apropriado não é o que utiliza mais capital ou mais mão-de-obra; não é o que é «pequeno» ou «grande», «pré-industrial» ou «maravilha científica». O que é apropriado é muito simplesmente o que torna os recursos da economia mais produtivos. O que é apropriado num país de grande densidade populacional e rápido crescimento demográfico é o que multiplica os postos de trabalho produtivos. O desenvolvimento de um país como a Índia, com consideráveis recursos de capacidade de gestão e empreendedorismo e, simultaneamente, enormes necessidades dos consumidores por satisfazer, passa por tudo o que faça expandir o seu poder de compra.

As siderurgias, aqueles investimentos de prestígio dos anos 60 onde os anteriores governos indianos investiram grandes quantidades dos escassos recursos de capital do país, estão a tornar-se os elefantes brancos dos anos 70 e 80. As siderurgias são uma tecnologia inadequada para um país como a Índia. São sobretudo de capital intensivo e não de trabalho intensivo. Fornecem um bem que está em abundância no mercado mundial e disponível em todo o lado a um preço baixo. Acima de tudo, não criam praticamente nenhum posto de trabalho além daqueles na própria siderúrgica.

Mas a indústria automóvel — carros de passageiros, motas, camiões e tratores — é provavelmente o mais eficiente multiplicador de postos de trabalho. As suas próprias fábricas possuem uma proporção bastante elevada de mão-de-obra em relação ao capital, e a indústria gera cerca de quatro a cinco postos de trabalho secundários ou terciários em toda a economia por cada trabalhador da fábrica. Cria postos de trabalho na construção e manutenção de estradas, no controlo de tráfego, nos concessionários, estações de serviço e oficinas de reparação. E com estes postos de trabalho cria um enorme poder de compra.

Da mesma forma, a produção de rádios transístores e bicicletas requer tanto uma grande base de fabrico como um grande sistema de concessionários; e ambos multiplicam postos de trabalho e criam poder de compra. E, tal como a indústria automóvel, ambos criam capital humano, ou seja, competências acessíveis para os que não tiveram formação. O mesmo pode dizer-se do fabrico de fertilizantes sintéticos, medicamentos ou pesticidas — todos requerem grandes empresas, distribuição e assistência nacional (além disso, estes produtos, juntamente com a bomba de gasolina, estão na base das duas grandes conquistas da Índia desde a independência: o rápido aumento da produção alimentar e a rápida diminuição da mortalidade infantil).

Igualmente apropriado como criador de produtividade, postos de trabalho e poder de compra é o fabricante de cosméticos, que pode ser bastante pequeno. Conheci uma empresa multinacional de cosméticos altamente eficiente e bem-sucedida em Bangalore que, com 20 empregados, produz cinco vezes mais divisas por rupia de investimento ou vendas do que qualquer outra das enormes empresas estatais indianas.

As décadas de desenvolvimento dos anos 50 e 60 veneravam o investimento de capital. O melhor testemunho desta superstição é o *The Stages of Economic Growth*, que Walt W. Rostow, mais tarde conselheiro do presidente Johnson para a política externa, escreveu no início da década de 1960 e que posteriormente se tornou a bíblia dos países em vias de desenvolvimento. Rostow proclamou que o desenvolvimento é uma função automática e direta da dimensão do investimento de capital. Mas isso não é produtividade; é desperdício e incompetência. Hoje em dia, há uma tendência para definir a produtividade como o que mais utiliza mão-de-obra — especialmente nos países em vias de desenvolvimento, com a sua imensa população jovem e desempregada.

Mas também isso é incompetência. A produtividade é o que gera o maior rendimento global a partir dos recursos de capital, mão-de-obra, recursos físicos e tempo de uma economia. Isto também garantirá o maior número de postos de trabalho e o máximo poder de compra. Irá mesmo gerar a mais baixa desigualdade possível na distribuição dos rendimentos atingíveis numa determinada fase do desenvolvimento económico. E certamente os países pobres não se podem dar ao luxo de sustentar pessoas improdutivas — isto é, pessoas que se fazem ocupadas a enrolar alguns fios de algodão em torno de um bastão de madeira. Os países ricos podem ter capacidade para apoiar financeiramente pessoas improdutivas desempregadas, mas os países pobres não possuem excedentes que possam distribuir.

Acima de tudo, os que apregoam o «pequeno é belo» esquecem — assim como grande parte das entidades legislativas e governamentais de Washington — que uma economia e sociedade saudáveis precisam de *ambos*, do grande e do pequeno. De facto, ambos são interdependentes, tanto num país desenvolvido como num país em vias de desenvolvimento. Não pode haver um pequeno fabricante num grande mercado — seja o dos Estados Unidos ou o da Índia — a menos que haja uma grande entidade agregadora ou um grande retalhista, uma IBM, uma GM, uma Sears Roebuck. Apenas nos seus produtos ou nas suas lojas é que a produção reduzida consegue chegar ao mercado. Mas também não haveria GM, exceto pela existência de uma multiplicidade de pequenas oficinas autónomas de reparações e pintura e uma série de pequenos fornecedores de peças, ou concessionários locais, estações de serviço e oficinas de reparações.

A investigação farmacêutica requer grandes — se não mesmo muito grandes — empresas. Mas as vendas farmacêuticas dependem de cerca de 200 mil farmácias e 200 mil médicos — cada um necessariamente descentralizado e efetivamente autónomo. O desenvolvimento rural na Índia não significa apenas organizações nacionais de comercialização de produtos de aldeia e instituições nacionais de crédito e bancárias. Significa grandes centrais elétricas. Acima de tudo — algo que os defensores do «pequeno é belo» ignoram constante e convenientemente — significa burocracias governamentais centralizadas, que certamente não podem ser chamadas de «pequenas», independentemente de serem ou não «belas».

Nenhum destes argumentos, receio, teve grande impacto sobre o ministro da Economia do governo indiano — nem, segundo percebi, teria qualquer impacto no seu primeiro-ministro. Mas agora que os indianos já têm a bicicleta, a motocicleta, o rádio transístor e as bombas de gasolina, irão realmente voltar à fusaiola?

(1979)

CAPÍTULO TRINTA E SETE

Rumo a uma nova forma de moeda?

DESDE 1973, QUANDO AS TAXAS de câmbio flutuantes se tornaram a nova ortodoxia, que duas escolas de pensamento económico têm vindo a discutir entre si.

Uma escola, a maioria, acredita que as taxas de câmbio flutuantes são necessárias e desejáveis de forma permanente. Esta escola consideraria qualquer regresso às taxas fixas potencialmente catastrófica devido às crises periódicas que parecem intensificar-se quando os governos são encarregados de ajustar as taxas.

A outra escola, hoje em minoria, acredita que as taxas de câmbio flutuantes apenas incentivam a irresponsabilidade fiscal e a inflação. Defende um regresso às taxas fixas como meio de forçar os governos a manter a sua oferta de moeda sob controlo.

As duas escolas parecem ser incompatíveis. No entanto, podemos muito bem estar a meio caminho de uma estrutura monetária e cambial de dois níveis que institucionaliza ambas as visões. Um nível seria as moedas nacionais emitidas e manipuladas pelos governos nacionais e flutuantes em relação umas às outras. O outro nível seria uma moeda transnacional constituída por dinheiro de conta mantida pelo sistema bancário mundial e denominado em termos do seu poder de compra.

A maior parte dos negócios e das trocas comerciais da economia mundial é agora realizado em «euromoedas»: eurodólares, euromarcos, euroienes, eurofrancos e assim por diante. Os manuais definiam originalmente os eurodólares como dólares depositados em bancos norte-americanos, mas mantidos no estrangeiro. Mas essa definição há muito que deixou de ter qualquer relação com a realidade. O eurodólar — ou o euromarco ou o euroiene ou o eurofranco suíço — é dinheiro puramente transnacional, propriedade de qualquer pessoa e depositado em qualquer local. Por norma, as euromoedas são criadas quando uma empresa ou indivíduo, talvez para obter uma taxa de juro mais elevada, efetua um depósito noutro país.

O eurodólar tornou-se popular em meados da década de 1960, quando o presidente Johnson reconsiderou pela primeira vez o papel-chave do dólar americano, impondo restrições ao investimento dos EUA no exterior. Mas foi inventado — e esta é uma deliciosa ironia — pelo banco estatal soviético nos anos 50, quando os soviéticos levantaram os dólares depositados nos Estados Unidos, os depositaram na sua agência de Londres e começaram a fazer empréstimos com base nesses dólares. A intenção soviética era proteger os depósitos de serem bloqueados por ação do Governo dos EUA; o resultado foi um instrumento financeiro que pode ter salvo a economia mundial e, na verdade, o sistema de mercado livre.

Nos anos 60, pressupôs-se que os eurodólares continuariam a ser um pequeno complemento das moedas nacionais e regulamentadas no plano nacional. Pressupôs-se também que o dólar americano permaneceria sólido e que o governo dos EUA teria tanto o desejo como os recursos para manter o seu valor interno e externo.

Ambos os pressupostos eram racionais há 15 anos. Ambos foram desmentidos pelos acontecimentos. As euromoedas tornaram-se a moeda dominante da economia mundial — com as moedas nacionais a tornarem-se rapidamente os complementos. Em 1979, havia 900 mil milhões de dólares de euromoeda em circulação no sistema bancário mundial, 600 mil milhões de dólares se deduzidos os empréstimos interbancários. (*Nota de 1981:* O valor é substancialmente mais elevado agora.) Isto é mais do que todos os depósitos bancários nacionais dos países desenvolvidos do mercado livre do mundo.

Mas também já é certamente evidente que todos os governos modernos têm de colocar considerações internas e de curto alcance — o emprego, a proteção das indústrias moribundas, a posição competitiva das suas exportações — antes das preocupações do mundo exterior, apesar de ser, evidentemente, a economia mundial que hoje põe os ovos de ouro para os países desenvolvidos. Por outras palavras, não pode haver mais nenhuma «moeda dominante» que se possa, com segurança, esperar que seja estável ou mesmo previsível por qualquer período de tempo.

Certamente, alguns dos autores da nova união monetária europeia, o Sistema Monetário Europeu, que está apenas a dar os seus primeiros provisórios e hesitantes passos, anseiam que uma moeda europeia baseada no marco alemão se torne o apoio monetário e comercial da economia mundial. Mas como o muito qualificado ministro das Finanças alemão, Hans Matthofer, afirmou em Frankfurt no verão de 1979, isto pressupõe (a) que os Estados Unidos manterão o dólar estável em vez de subordinar o seu valor cambial a considerações internas de emprego e da balança comercial; (b) que os franceses estarão dispostos a defender o franco sob o risco de desemprego substancial; e (c) que os britânicos, sob o governo conservador, farão o mesmo.

Matthofer considerou estes pressupostos razoáveis «a curto prazo» — mas isto não chega para servir como base ao futuro da economia mundial. (*Nota de 1981:* E, claramente, Matthofer enganou-se até em relação ao «curto prazo».)

Há duas respostas para o desenvolvimento das euromoedas. A primeira é tentar desfazê-las. Com efeito, era este o objetivo do governo dos EUA durante a administração Carter, com as suas bem-conhecidas propostas para pressionar a «moeda sem Estado» do mercado do eurodólar a regressar à jurisdição e regulamentação das autoridades monetárias e financeiras dos EUA. Tal tentativa estava condenada ao fracasso. Apenas os alemães a apoiaram e mesmo assim sem grande convicção. Os governos britânico, francês e japonês não tinham qualquer utilidade para isso. E se os Estados Unidos e os alemães tivessem conseguido enfraquecer o atual sistema, os mutuantes teriam, isso é claro, concebido um novo, tal como os seus predecessores, há 15 anos, conceberam o eurodólar.

A segunda resposta é proveniente dos principais mutuantes nos mercados da euromoeda, dos países da OPEP e das multinacionais sediadas em países com substanciais excedentes comerciais, principalmente da Alemanha Ocidental e do Japão. Estes mutuantes estão a exercer uma forte pressão no sentido de uma mudança para uma moeda verdadeiramente transnacional. Precisam de dinheiro que não esteja associado a nenhuma denominação, mas sim ao poder de compra da moeda — por exemplo, através da garantia de convertibilidade a taxas fixas num «cabaz de mercado» de outras moedas, através da indexação de acordo com o índice de preços por grosso ou dos fabricantes dos principais países industriais ou, talvez, através de algo como a tradicional cláusula do ouro do século XIX.

Numa viagem que fiz em 1979 pelos principais centros económicos da Europa, quase todos os banqueiros e ministros da Economia — em Londres, Frankfurt, Bruxelas, Madrid e Estocolmo — me confirmaram que uma mudança para uma moeda europeia transnacional seria praticamente inevitável.

Como observou um grande banqueiro, os países da OPEP estão, por razões políticas, presos ao dólar. Por quanto mais tempo poderão continuar sob este jugo, tendo em conta a rápida desvalorização do dólar e a igualmente rápida escalada dos preços que pagam ao mundo industrial pelos produtos acabados? De facto, antes de a crise iraniana ter feito subir os preços do petróleo em 1979, o poder de compra do que a OPEP recebia pelo seu petróleo tinha caído para o que era antes de o cartel da OPEP se ter tornado efetivo em 1973. Que as próprias ações da OPEP são largamente responsáveis por isto, e que a velha e bem comprovada teoria económica há muito que ensina que um cartel não pode nem irá aumentar o rendimento real dos seus membros da indústria a menos que haja uma verdadeira escassez física do produto e da capacidade de o produzir, não é percebido nem reconhecido pelos países da OPEP.

Desta forma, mesmo os membros mais responsáveis e inteligentes da OPEP se veem quase obrigados a exigir que o seu dinheiro depositado no sistema bancário mundial seja mantido de uma forma que o proteja contra a expropriação através da desvalorização cambial por parte do mundo desenvolvido, ou seja, em moeda de carácter transnacional. E um banqueiro alemão em Frankfurt disse quase o mesmo quando falava dos seus clientes, as grandes multinacionais alemãs, e dos seus negócios de exportação.

Quão rápida será a mudança e até onde irá? «Num prazo de três anos», afirmou um banqueiro com ligações árabes, «um terço dos novos depósitos em moeda tornar-se-á não nacional na sua denominação por meio de um dispositivo ou de outro». O banqueiro em Frankfurt considerou que esse valor era alto — na sua opinião, seria provavelmente um quinto disso. (*Nota de 1981:* O banqueiro de Frankfurt tinha razão.)

Talvez a mais plausível tenha sido a avaliação do executivo londrino de um dos grandes bancos dos EUA. «A mudança ainda agora começou», afirmou, «mas a tendência é de forte subida. E, portanto, os bancos terão de aplicar as mesmas salvaguardas relativas ao poder de compra da moeda sobre os empréstimos que fazem contra os eurodepósitos. Somos eficazes na proteção contra os riscos cambiais — temos de ser. Mas ninguém é totalmente capaz de se proteger contra sequer um décimo dos seus depósitos. E assim os empréstimos dos bancos serão também numa moeda transnacional, em vez de serem os próprios bancos a assumir o risco em moeda nacional.» (*Nota de 1981:* Isso começou em 1980.)

No início da década de 1940, John Maynard Keynes começou a defender a ideia de uma moeda verdadeiramente transnacional a que chamou «Bancor» e que propôs ser gerida por um grupo transnacional, não político, de banqueiros e economistas. A sua proposta foi derrotada pelos keynesianos americanos na Conferência de Bretton Woods de 1944, em parte devido à sua suspeita de «imperialismo britânico», em parte porque queriam que o dólar se tornasse a moeda dominante do mundo e estavam convencidos de que poderia desempenhar esse papel, apesar dos avisos de Keynes de que uma «moeda dominante» se tinha tornado uma perigosa autoilusão. Posteriormente, em meados dos anos 70, o antikeynesiano F. A. Hayek propôs que os governos se desvinculassem totalmente da moeda e a entregassem a bancos individuais e concorrentes, deixando o mercado decidir a que banco estava disposto a confiar o seu dinheiro.

Provavelmente, nenhuma das propostas se concretizará. Hoje sabemos que Keynes sobrestimou muito a capacidade do «perito imparcial» para tomar decisões apolíticas e impô-las aos governos nacionais. E é pouco provável que a proposta de Hayek seja aceite por políticos, parlamentos ou Ministérios das Finanças num futuro próximo. Mas o pressuposto subjacente a estas duas propostas — que a moeda é demasiado importante para ser confiada a políticos e governos — é agora aceite, diria eu, por quase todos (exceto talvez pelos os ministros das Finanças). É ainda cada vez mais aceite pelo cidadão comum, não especializado em economia, mas que assiste ao poder de compra dos seus rendimentos a diminuir mês após mês.

Certamente, já ninguém, talvez nem mesmo os ministros das Finanças, acredita, como nós ingenuamente acreditávamos quando participei no Seminário

Keynes em Cambridge no início dos anos 30, que os governos têm tanto a competência como a integridade para gerir a moeda de forma responsável e apolítica.

O dinheiro transnacional para a economia mundial, ou seja, dinheiro denominado em qualquer moeda nacional, mas ligado, de uma forma ou de outra, ao poder de compra da moeda, é assim um desenvolvimento lógico e talvez inevitável. É pouco provável que seja tão metódico quanto o Bancor proposto por Keynes teria sido, ou tão racional como o dinheiro bancário da livre concorrência competitiva de Hayek. Vai ser confuso, difícil, complicado, arriscado e vai provocar um interminável desgaste. E como a história da banca central demonstra inesgotavelmente, existem perigos muito reais nos bancos que tentam ser bancos centrais que gerem moeda e bancos comerciais preocupados com a liquidez e os lucros. Um sistema monetário bipartido pode ser uma cura pior do que a doença.

Mas a moeda transnacional pode resultar. Com todas as suas imperfeições, pode muito bem tornar-se realidade num mundo que exige tanto moedas nacionais que são politicamente controladas e geridas por conveniência política de curto prazo como moeda transnacional suficientemente estável para financiar o comércio e o investimento numa economia mundial cada vez mais interdependente.

(1979)

CAPÍTULO TRINTA E OITO

Quão ocidentalizados são os japoneses?

«EU ODEIO O NEPOTISMO que permeia a vida académica japonesa», diz o ilustre historiador. «Os jovens estudantes devem basear a sua carreira nos seus méritos e não nos seus laços familiares. Por isso casei as minhas quatro filhas com os meus alunos de doutoramento mais competentes e brilhantes. Desta forma poderia fazer o que a tradição japonesa exige e colocar os meus genros nas melhores cátedras — e poderia fazê-lo em boa consciência, por saber que eles o merecem.»

«Somos completamente ocidentais com estas vestimentas», diz o bem-sucedido produtor de cinema independente no seu estúdio modernista em Tóquio. «Até temos uma mulher vice-presidente responsável pelas finanças e administração. Mas, professor Drucker, poderia agir como intermediário e encontrar-lhe um marido nos Estados Unidos? Ela está agora com 30 anos e em breve deveria casar.»

«Se me encontrasse um marido americano e tratasse do casamento seria para mim excelente», diz a atraente mulher vice-presidente. «Nenhum japonês se casará com uma mulher feminista como eu, uma profissional liberal e uma executiva.» «Tem de ser um casamento arranjado?», pergunto. «Sem dúvida», responde a feminista. «De outra forma seria demasiado arriscado.»

«Daqui a dez ou 15 anos, o jovem Ohira será presidente desta empresa», foi-me repetidamente dito pelo presidente de uma das empresas líderes na área da alta tecnologia. Mas quando, na minha última viagem, lhe perguntei por Ohira, a resposta foi um silêncio constrangedor. «Tivemos de o dispensar», disse-me o presidente. «Ele é um primogénito e o seu pai, proprietário de uma pequena empresa de retalho em Kobe, exigiu que ele assumisse a gestão da empresa familiar. Tentámos dissuadir o velho homem, mas ele é teimoso e por isso tivemos de dispensar o Ohira.»

«Mas ele queria ir-se embora?», pergunto. «Claro que não, mas ele não tinha alternativa. Se tivesse ficado, nunca teria sido promovido. Afinal de contas, os executivos têm de dar o exemplo — e no Japão ainda se espera que o primogénito herde a empresa do seu pai.»

A jovem que foi minha intérprete numa conferência de imprensa perguntou-me se a poderia aconselhar, bem como ao seu marido bioquímico. O problema dela? Os intérpretes são muito bem pagos e, por isso, a jovem ganha muito mais do que o seu marido, que, segundo as regras japonesas da antiguidade, só daqui a seis anos será professor titular. Só então as suas posições se inverterão. Ele ganhará cerca de três vezes o que ganha neste momento; e o plano dela é aproveitar esse momento para deixar o trabalho e ter filhos. Mas, entretanto, tanto a família dele como a dela criticam e desaprovam.

«Incomoda-o realmente o facto de a sua mulher receber um salário maior do que o seu?», pergunto. «De forma alguma», ambos respondem. «Nesse caso, porque têm de o dizer às vossas famílias?», pergunto eu. Eles sorriem, dizem-me que lhes salvei o casamento e agradecem-me generosamente. «Precisavam mesmo de me ouvir dizer isto?», pergunto. «É claro que não», respondem, «mas isto é o Japão; para se fazer algo não convencional, é preciso que um *sensei* [mestre] no-lo diga. E nós sabíamos bem o que nos iria dizer quando viemos pedir-lhe o seu conselho.»

Esta é uma boa forma de apoiar as «velhas mãos japonesas» na sua alegação de que os japoneses são ocidentalizados apenas «das nove às cinco». É certamente um pressuposto muito mais seguro para lidar com os japoneses do que o conselho que ouvi um banqueiro suíço dar ao seu sucessor como representante do banco em Tóquio: «Tratem-nos como se fossem executivos de topo norte-americanos com pastas de documentos do tamanho das pastas alemãs», sem falar na excelente descrição de um grupo de economistas do Mercado Comum Europeu que é citada por todo o Japão como um misto de piada e indignação: «Os japoneses são animais económicos que vivem em tocas de coelhos.»

«Durante 20 anos», diz um experiente recrutador de executivos, «recrutei executivos japoneses para empresas ocidentais. As empresas que têm tido sucesso em atrair e manter japoneses realmente competentes são as que sabem que eles se continuarão a comportar como japoneses, por mais perfeito que seja o seu inglês ou por mais que prefiram o uísque ao saqué.»

Na verdade, os japoneses — exceto «das nove às cinco» — podem muito bem ter-se tornado mais «japoneses» e menos «ocidentais» nestes últimos anos.

Há dez ou 15 anos, por exemplo, as atuações Noh — a forma clássica de teatro profissional japonês que combina canto, pantomima, música e poesia — era feita em teatros vazios, sendo que os poucos espectadores, sobretudo homens idosos, entravam na sala, suspeito, porque o local tinha ar-condicionado. Quando fui a uma atuação Noh, em junho de 1980, estava esgotada, com todos os lugares ocupados, na sua maioria, por, segundo me pareceu pela sua aparência, profissionais liberais ou jovens executivos.

Mas as coisas raramente são assim tão simples — e nunca no Japão. Vejamos o exemplo:

A filha de 20 anos de uns velhos amigos — conhecemo-la desde bebé — diz-nos que vai tirar o curso de filosofia. «No último semestre estive numa seleta palestra de leitura de Platão», diz ela. «Têm boas traduções de Platão para japonês?», pergunto. «Nós não lemos traduções», responde-me, muito indignada. «Lemos Platão em grego. E este semestre estamos a ler Kant e Schopenhauer, em alemão. E também estou a fazer um curso muito interessante sobre Whitehead, Russell, Wittgenstein e lógica simbólica, em inglês, obviamente.»

«E o que faz para se divertir?», pergunto. «Mas *isto* é a minha diversão», respondeu ela. «É claro que também tenho de me instruir para um emprego e para a ganhar a vida, e por isso estou a fazer judo. Recebi o cinturão negro há 18 meses e estou agora a estudar para o exame de instrutora. Já sou conselheira do clube de judo na minha universidade e espero que a universidade me contrate como professora de judo quando me licenciar no próximo ano. Não se ria», grita ela. «Falo muito a sério. As raparigas japonesas estão agora a estudar medicina, contabilidade e até mesmo engenharia. Mas são tudo importações do Ocidente. Para serem aceites como iguais, as nossas mulheres terão de ser bem-sucedidas em algo genuinamente japonês — e o que poderia ser mais japonês do que o judo?»

Miyeko, que conhecemos pela primeira vez quando estava no segundo ano da universidade e que nos serviu de intérprete numa caminhada e num acampamento, visita-nos com a sua filha de seis anos e o seu marido, um executivo de nível intermédio numa grande sociedade comercial. Ela confessa-me que ambos queriam muito ter outro filho, mas decidiram não o ter.

«Poderia ser um rapaz e, claro, era o que queríamos», diz Miyeko. «Mas depois a empresa não nos enviaria para o estrangeiro ou exigiria que eu ficasse no Japão com as crianças e o meu marido teria de ir sozinho. Como sabe, um rapaz japonês tem de crescer no Japão para ser aceite como japonês. E o meu marido está na calha, atualmente, para ser chamado para Nova Iorque ou Los Angeles.» «Porque é que querem tanto ir para o estrangeiro?», pergunto. «As oportunidades de carreira são melhores?»

«Pelo contrário», responde o marido. «Se eu ficar na sede da empresa, tenho uma boa oportunidade de chegar ao topo da gestão daqui a dez anos; se eu for para o estrangeiro, fico rotulado como especialista externo e nunca lá chegarei. Mas esse é um aceitável preço a pagar pela liberdade que se tem fora do Japão. Nem imagina o quanto a Miyeko e eu adorámos os sete anos em que estive colocado em Dusseldórfia, quando à noite podíamos ir juntos a concertos ou ao teatro e fazer caminhadas e acampar aos fins de semana. Agora a tradição japonesa exige que vamos viver com os pais da Miyeko e que tomemos conta deles nos fins de semana. E eu nunca vejo a minha esposa e a minha filha. Durante a semana, tenho de ir todas as noites, até às 23h, a um bar Ginza, ou com os meus chefes ou com os meus subordinados. Nem imagina o quanto eu e a Miyeko estamos fartos e cansados de todo este interminável espírito de união japonês. E todos os meus colegas que já trabalharam no estrangeiro sentem o mesmo.»

Há um renascimento em curso da antiga e encantadora tradição japonesa de ter uma peça de arte realmente boa e dispendiosa que serve como única decoração do pequeno e vazio apartamento japonês. Mas o que os jovens casais agora compram quando se mudam para a sua própria casa raramente é arte japonesa. Compram uma gravura de Picasso, cerâmica pré-colombiana do México ou Peru, uma miniatura de Moghul da Índia ou uma figura de terracota supostamente encontrada num túmulo etrusco.

Quando, num quente domingo de junho, tive de atravessar um engarrafamento de carrinhos de bebé nas praias a sul de Tóquio, lá estavam, ao que parece, as mesmas famílias jovens — pai, mãe e duas crianças — que por lá andam há 20 anos. Há 20 anos, o pai seguia à frente, de mãos livres; a mãe seguia atrás, arrastando pela mão uma criança e levando a outra ao colo, coberta de apetrechos. Agora era a jovem mulher quem caminhava à frente segurando a criança mais velha pela mão, com o marido atrás, com o bebé ao colo, a televisão portátil, a geleira, os baldes de areia e pás, as lancheiras, os colchões e as boias em forma de animais. Para cima e para baixo na estrada da praia, entrando e saindo do trânsito parado, jovens aceleravam em motocicletas, oferecendo boleia a raparigas solteiras. Mas eis que de repente aparece uma brigada de raparigas em motocicletas em busca de jovens rapazes a quem dar boleia.

De acordo com o folclore japonês, a pessoa renasce no seu sexagésimo aniversário e recomeça a vida como um bebé. O que a então imperatriz do Japão escolheu como mais adequado a esta tradição unicamente japonesa quando escolheu um presente para o seu marido, o imperador, no seu octogésimo aniversário (ou seja, o seu segundo vigésimo aniversário) na primavera passada: uma máquina de barbear elétrica!

(1980)

CAPÍTULO TRINTA E NOVE

Necessário: um orçamento de investimento total

A POLÍTICA ECONÓMICA NOS PAÍSES NÃO COMUNISTAS DESENVOLVIDOS nos últimos 30 anos baseou-se em grande parte no conceito da «mão invisível» de John Maynard Keynes: a procura do consumidor cria de forma automática e fiável investimento e emprego. Mas as provas destes últimos 30 anos — e as políticas do New Deal implementadas 20 anos antes — não conseguiram validar o teorema keynesiano. E nos últimos dez ou 15 anos a experiência real tem sido exatamente o oposto do que Keynes postulou: políticas para aumentar o consumo produziram uma formação de capital nitidamente inferior, um declínio no investimento, um declínio na produtividade, um desemprego cada vez mais incontrolável e autoilusões de uma «aterragem suave».

Durante longos anos, a única exceção, o único país não-keynesiano, foi o Japão. Durante os seus anos de rápido crescimento industrial e emergência como uma grande potência económica, o Japão construiu a sua política económica em torno da formação de capital e não em torno do consumo. O resultado foi a maior taxa de poupança do mundo, um investimento elevado, uma produtividade em rápido crescimento, um emprego elevado e ainda um consumo crescente. Mas, há alguns anos, em grande parte como resultado do segundo «choque petrolífero» após a Revolução Iraniana de 1979, o Japão também se juntou ao cortejo. Está agora a tentar aumentar a procura dos consumidores através da subida constante dos défices no orçamento nacional — que, claro está, é sempre apreciado a curto prazo, aparentemente indolor e, portanto, politicamente tentador. Porém, quase de imediato, a formação de capital no Japão começou a descer e a taxa de crescimento da produtividade abrandou acentuadamente. Se o Japão continuar na despreocupada via keynesiana durante mais alguns anos, também ele se poderá tornar vulnerável à estagflação — a doença que provoca o desperdício causado pela formação inadequada de capital, produtividade lenta e consumo excessivo.

Até os keynesianos admitem agora que a maior necessidade económica dos EUA é um rápido aumento na formação de capital. E todos, à exceção de uns quantos obstinados keynesianos — que podem sobretudo ser encontrados entre os políticos e não entre os economistas —, admitem também agora que não há varinha mágica e nenhum «multiplicador» keynesiano que transforme automaticamente a procura dos consumidores em capital e investimento. As necessidades de capital que se avizinham são, na verdade, muito grandes e podem mesmo ser maiores do que qualquer outra coisa que enfrentámos desde a explosiva acumulação industrial da II Guerra Mundial. Existe a necessidade de automatizar rapidamente as grandes indústrias antigas, tais como a indústria de fabrico de automóveis. Se tal não for feito, não haverá uma indústria automóvel americana daqui a dez anos. As novas indústrias em crescimento — como as telecomunicações, os miniprocessadores, a bioengenharia, etc. — exigem um investimento em massa; todas elas são altamente capital intensivas. Qualquer que seja a forma como lidamos com o problema energético — carvão, «combustíveis sintéticos» ou energia nuclear — o capital é a matéria-prima básica necessária. E desde 1950 ou 1960 temos permitido o desgaste dos transportes; caminhos-de-ferro, portos e autoestradas exigirão todos os anos milhares de milhões de capital apenas para manterem a estabilidade.

Mas como pode a reconhecida e persistente necessidade de investimento ser integrada no processo de tomada de decisões e na política económica americana? A resposta pode muito bem ser um orçamento de investimento total.

Há 20 anos, no início da presidência de Kennedy, desenvolvemos o conceito de orçamento para o pleno emprego. Partindo do postulado keynesiano de que o consumo cria investimento e, portanto, postos de trabalho, o orçamento do pleno emprego calculou a quantidade de procura adicional de consumo necessária para reduzir o desemprego ao número teoricamente considerado de pleno emprego. E, então, seguindo a lógica do orçamento de pleno emprego, as despesas deficitárias do governo seriam utilizadas para dar aos consumidores o rendimento pessoal e o poder de compra adicionais necessários. Infelizmente, a teoria não funcionou — o gasto com o défice criou rendimento individual, mas, mais uma vez, não conseguiu gerar o investimento prometido.

Um orçamento de investimento total não funcionaria através de défices orçamentais ou excedentes orçamentais. O seu objetivo seria sobretudo não cometer erros — não penalizar a formação de capital, poupança e investimento ou não subsidiar o consumo excessivo. O seu resultado mais importante, pelo menos nos primeiros anos, seria provavelmente a identificação e o diagnóstico: quão grande é a diferença entre o investimento de que a economia americana necessita e o investimento que efetivamente recebe? E que efeito têm determinadas políticas económicas, fiscais e monetárias na formação de capital? Será que possuem um efeito de incentivo ou de dissuasão?

Tal como o orçamento para o pleno emprego, o orçamento para o investimento total começaria com postos de trabalho. Quantos postos de trabalho tem a economia dos EUA de gerar nos próximos três a cinco anos e que tipos de empregos? E seguidamente perguntaria: «E quanto investimento é necessário para propiciar os postos de trabalho?» Pois no cerne da necessidade de investimento dos EUA está o facto de os empregos para a força de trabalho de hoje e de amanhã exigirem muito mais capital do que os empregos de ontem.

A melhor ilustração é a mais avançada, mais praticamente automatizada, mais conhecimento intensiva e de longe a mais produtiva indústria da América: a agricultura. Os 600 mil agricultores comerciais de hoje, que são responsáveis por mais de três quartos da nossa produção agrícola, produzem três a quatro vezes mais do que os seis milhões de agricultores comerciais de 1940. Mas o investimento de capital por agricultor comercial em 1940 era inferior a 35 mil dólares em valores dos dias de hoje. Está hoje perto de um quarto de milhão — sem contar com os investimentos na formação do agricultor de hoje, que aplica métodos científicos, ou nos sofisticados serviços de extensão, serviços de *marketing* e serviços de crédito que lhe são disponibilizados.

Numa fábrica moderna de hoje, entre 40 mil e 50 mil dólares são investidos no trabalho de um trabalhador manual, ou seja, aproximadamente o que o agricultor comercial de ontem exigia. O trabalhador do conhecimento — o operador da máquina na linha de montagem que passa a ser um programador de máquinas ou o técnico no laboratório automatizado do hospital — necessita de um investimento duas a três vezes maior para fazer o seu trabalho. A secretária do escritório trabalha hoje em dia com equipamento no valor de 3000 dólares. A sua sucessora, a especialista em informação no escritório do futuro, irá controlar um investimento de capital de cerca de 25 000 dólares. Os ganhos de produtividade, como a agricultura provou, serão provavelmente muito grandes — mas este não é o ponto principal. A verdade é que não temos alternativa. A nossa oferta de mão-de-obra será cada vez mais constituída por pessoas qualificadas prioritariamente para trabalhar como trabalhadores do conhecimento, que apenas serão produtivos se estiverem equipados com as ferramentas que o trabalho do conhecimento exige e apoiados pelo adequado investimento de capital. Oito em cada dez jovens que entram no mercado de trabalho terminaram o ensino secundário — sendo que quatro deles prosseguem os estudos durante pelo menos mais dois anos. Uma maioria espera, assim, realizar trabalho de conhecimento e não está, de facto, qualificada para fazer mais nada. Quer queiramos quer não, não teremos nem produtividade nem pleno emprego a menos que criemos postos de trabalho que se ajustem à oferta de mão-de-obra e a tornemos produtiva. E, dessa forma, um orçamento de investimento total é o único orçamento de pleno emprego que pode funcionar.

Um orçamento de investimento total é, na verdade, menos inovação do que adaptação. Um número crescente, especialmente das empresas líderes — como a AT&T, por exemplo, ou a General Electric —, considera o planeamento do investimento o cerne da sua estratégia. Estas empresas aprenderam que só obterão as vendas e os lucros que pretendem se puderem atrair e investir o capital adequado.

Do mesmo modo, temos de perceber que não teremos os empregos de que precisamos a menos que façamos o investimento de capital necessário, mas só atingiremos os nossos objetivos de emprego e produtividade se a formação de capital for adequada.

Como todos os alunos do primeiro ano de economia aprendem, há 50 anos Keynes «refutou a "Lei de Say"», segundo a qual a poupança cria automaticamente investimento. Mas a «Lei de Keynes», que ensinava que o consumo criaria automaticamente o investimento, revelou-se ainda menos válida. O que está mais perto da verdade do que a Lei de Say ou a Lei de Keynes é que o investimento produz emprego. Na verdade, todos — sejam conservadores ou liberais, keynesianos, friedmanitas, ou «defensores da economia pelo lado da oferta» — já o reconhecem. Mas não temos, até agora, um mecanismo para converter esta perceção em políticas e ações eficazes; até agora, não temos um orçamento de investimento total.

(1981)

CAPÍTULO QUARENTA

Um retorno às escolhas difíceis

EM TODA A EUROPA OCIDENTAL, de Frankfurt e Bona até Bruxelas e Oslo, o quadro económico deste ano permanece o mesmo, independentemente das mudanças de cenário e linguagem: queda da produtividade, desemprego especialmente entre os jovens, défices governamentais acrescidos, inflação crescente e estagnação do investimento. A «estagflação» era a «doença britânica» há dez anos e há três anos foi a «doença americana». Tornou-se agora a «doença europeia».

Como é óbvio, os políticos na Europa estão todos a pôr as culpas da sua provação nos vilões externos. A OPEP é um alvo favorito, embora três das economias mais doentes da Europa — a Grã-Bretanha, os Países Baixos e a Noruega — sejam exportadores líquidos de petróleo bruto e gás natural e, portanto, beneficiários dos preços elevados do petróleo.

Apenas um pouco menos popular como vilão é a política económica americana com as suas «taxas de juro artificialmente elevadas» e o seu «dólar artificialmente elevado». Contudo, há apenas dois ou três anos, os europeus queixavam-se de «taxas de juro americanas artificialmente baixas» e do «dólar artificialmente desvalorizado». E mesmo os políticos admitem que a maior parte da saída de capital para os Estados Unidos não é «hot money» (solução de crédito por prazos muito curtos e taxas de juro competitivas) ou depósitos a curto prazo atraídos pelas elevadas taxas de juro. Ao invés disso, consiste em investimentos a longo prazo, que são pouco afetados pelos diferenciais das taxas de juro.

Embora toda a Europa Ocidental sofra da mesma doença, cada país prescreve uma terapia nitidamente diferente. Os Conservadores britânicos, sob o governo de Margaret Thatcher, estão empenhados na primeira experiência mundial em monetarismo. Os franceses, sob a presidência de Giscard d'Estaing, praticaram uma forma de economia do lado da oferta que deslocou a incidência da tributação da produção para o consumo.

Os alemães tornaram-se keynesianos tardiamente e praticam a «gestão da procura» — subsídios pesados para criar emprego e estimular o consumo, acompanhados de défices governamentais galopantes. E agora os franceses, sob o seu novo presidente, François Mitterrand, fizeram uma viragem de 180 graus para um keynesianismo ainda mais agressivo do que o praticado em toda a Renânia — completado com um «papel impulsionador», aumentos e cortes salariais acentuados na semana de trabalho, reforma obrigatória com pensões mais elevadas e aumento das despesas governamentais.

Cada uma destas terapias é totalmente ineficaz.

O problema é que os europeus ainda pensam que a política económica pode ser relativamente indolor. Durante o último meio século, em ambos os lados do Atlântico, a economia tem sido considerada como «a ciência alegre». Por mais que diferentes escolas de pensamento económico tenham discordado, todas elas pensaram que a sua marca de economia poderia prometer uma prosperidade indolor sem ter de enfrentar escolhas políticas impopulares.

Há mais de 100 anos, Thomas Carlyle chamou à economia a «ciência sombria» porque nos lembra a cada passo que tudo tem um custo e, por isso, um preço, que nada pode ser consumido a não ser que tenha sido produzido primeiro, que nada pode ser produzido sem trabalho e sacrifício e, acima de tudo, que temos de fazer escolhas entre satisfações contraditórias, entre hoje e amanhã e entre valores e objetivos inconciliáveis.

No entanto, a economia dos últimos 50 anos, pelo menos tal é como compreendida por não economistas e políticos, tem preconizado soluções relativamente simples e indolores para o problema da escolha económica. A panaceia keynesiana é essencialmente a gestão da procura dos consumidores, a criação de poder de compra através da despesa pública. A panaceia monetarista envolve manter a oferta de dinheiro em equilíbrio. Para os economistas do lado da oferta, a redução das taxas de imposto irá simultaneamente aumentar o consumo, aumentar o investimento *e* aumentar as receitas fiscais totais.

Os europeus ainda querem acreditar nestas terapias. Quer as suas políticas atuais sejam keynesianas, monetaristas ou do lado da oferta, todos exprimem a mesma esperança — que um país e o seu governo não precisem de enfrentar decisões políticas difíceis.

Os verdadeiros vilões na Europa não são nem a OPEP nem as taxas de juro americanas. Em vez disso, os decisores políticos europeus têm de fazer face a algumas escolhas difíceis a nível estrutural e político. Quanto rendimento nacional pode ser transferido de produtores para não-produtores? Que limites são necessários para a dimensão das despesas gerais governamentais de uma economia? Quanto rendimento nacional pode ir para o fundo salarial e não para o fundo de capital sem estimular o desemprego e a depressão? Que recompensas e incentivos são necessários para uma adequada formação de capital?

Estas são perguntas impopulares. Qualquer resposta é certamente controversa e altamente arriscada.

Mas evitar estas questões agarrando-se à economia dos últimos 50 anos pode ser ainda mais arriscado. É comummente aceite que Margaret Thatcher falhou redondamente porque não fez face às fraquezas estruturais da Grã-Bretanha. Confiando na panaceia do monetarismo, as suas políticas deixaram intocada a parte improdutiva da economia britânica — um governo exagerado, um serviço público excessivamente pago e «perdedores» fortemente subsidiados — enquanto caíam com toda a força sobre o sector produtivo. A versão de Giscard d'Estaing da economia do lado da oferta teve o mesmo efeito, assim como o keynesianismo de Helmut Schmidt.

As «taxas de juro artificialmente elevadas» não explicam porque é que o capital europeu procura investimento nos Estados Unidos; de facto, são suscetíveis de ser um pouco dissuasivas. A verdadeira razão é que a administração Reagan está a enfrentar problemas estruturais e a fazer escolhas. Não há muita economia do lado da oferta no pacote Reagan; os cortes nas taxas de impostos são praticamente o que qualquer governo teria pedido neste momento. Mas Reagan está a fazer uma tentativa genuína de limitar o papel do governo e de reduzir uma ampla variedade de despesas e programas.

Se as escolhas estão corretas é uma questão de opinião. Gostaria de ver mais coragem no combate às vacas sagradas como a Segurança Social ou as senhas de alimentação e mais discriminação no tratamento de áreas politicamente problemáticas mas economicamente importantes, como o apoio à ciência e à investigação. Mas o maior furor sobre o orçamento de Reagan não é o resultado das escolhas feitas; qualquer outra lista teria provocado protestos igualmente angustiantes. Tem a ver com a aceitação da realidade, com a necessidade de fazer escolhas. A economia é mais uma vez a ciência sombria, a ciência das limitações, dos riscos e das escolhas.

Também a Europa em breve terá de seguir o exemplo e deixar que a economia se torne novamente «economia política». A mudança pode não ser má para a economia como disciplina. Os economistas, claro, deixariam de ser populares ou amigos dos políticos; ninguém gosta de um colete de forças. Mas a economia é, afinal de contas, a disciplina das decisões racionais em condições de escassez. E tal disciplina poderia, talvez, ser mais apropriada como uma consciência do que como uma boa companheira.

(1981)

A questão da «ética empresarial»

A «ética empresarial» está a tornar-se rapidamente o tema «da moda», substituindo as «responsabilidades sociais» de ontem. A ética empresarial está agora a ser ensinada em departamentos de filosofia, escolas de gestão e seminários teológicos. Há inúmeros seminários, palestras, artigos, conferências e livros sobre o assunto, para não falar das inúmeras tentativas sérias de incluir a ética empresarial na legislação. Mas o que é exatamente a ética empresarial? E o que poderia, ou deveria, ser? Será apenas mais uma moda, apenas a última ronda do sangrento desporto americano de atrair negócios? Há mais na ética empresarial do que o apelo do pregador revivalista ao pecador para que se arrependa? E se existe realmente algo que se possa chamar ética empresarial e que se possa levar a sério, o que poderá ser?

Afinal, a ética não é uma descoberta recente. Ao longo dos séculos, os filósofos, na sua luta com o comportamento humano, desenvolveram diferentes abordagens à ética, cada uma levando a diferentes conclusões, na verdade, a regras de comportamento contraditórias. Onde é que a ética empresarial se encaixa — será que se encaixa sequer?

A confusão é tão grande — e o nível de ruído ainda maior — que talvez a tentativa seja no sentido de descobrir o que poderia ser a ética empresarial, e o que poderia não ser, à luz das principais abordagens que os filósofos adotaram ao longo dos tempos (embora a minha única qualificação para fazer esta tentativa seja que eu, em tempos, muito antes de alguém sequer pensar em ética empresarial, ensinei filosofia e religião, e trabalhei posteriormente com afinco nas questões complicadas da «ética política»).

Ética empresarial e tradição ocidental

Para o moralista da tradição ocidental, a ética empresarial não faria sentido. Na verdade, o próprio termo seria para ele muito censurável e tresandaria a laxismo moral. As autoridades sobre ética discordaram, evidentemente, sobre o que constitui os fundamentos da moral — sejam eles de natureza divina, humana ou necessidades da sociedade. Discordaram igualmente sobre as regras específicas de comportamento ético; a mais severa das regras morais, *Os Dez Mandamentos*, por exemplo, apregoa: «Não cobiçarás a... serva do teu próximo». Mas nada diz sobre o assédio sexual das próprias mulheres que trabalham, embora tenha sido certamente tão comum nessa época como é agora.

Todas as autoridades da tradição ocidental — desde os profetas do Antigo Testamento a Spinoza no século XVII, a Kant no século XVIII, a Kierkegaard no século XIX e, neste século, ao inglês F. H. Bradley (*Ethical Studies*) ou ao americano Edmond Cahn (*The Moral Decision*) — estão, no entanto, em total acordo num ponto: existe apenas uma ética, um conjunto de regras de moralidade, um código, o do comportamento *individual* em que as mesmas regras se aplicam a todos.

Um pagão poderia dizer: «Quod licet Jovi non licet bovi.» («O que é permitido a Júpiter, não é permitido a um boi.») Poderia assim defender que as regras de comportamento que se aplicam a Júpiter são diferentes das que se aplicam ao boi. Um judeu ou um cristão teria de rejeitar tal diferenciação em ética — precisamente porque toda a experiência demonstra que se acaba sempre por isentar os «Júpiteres», os grandes, poderosos e ricos, das regras que «o boi», os humildes e pobres, têm de cumprir.

O moralista da tradição ocidental aceita circunstâncias «atenuantes» e «agravantes». Aceita que a pobre viúva que rouba pão para alimentar os seus filhos famintos merece clemência e que é uma ofensa mais hedionda para o bispo ter uma concubina do que para o pobre padre-cura da aldeia. Mas antes de existirem circunstâncias atenuantes ou agravantes, tem de haver uma ofensa. E a ofensa é a mesma para ricos e pobres, tanto para o nobre quanto para o humilde — roubo é roubo, concubinato é concubinato. A razão para esta insistência num código que considera apenas o indivíduo, e não o seu estatuto na vida ou na sociedade, é precisamente porque, caso contrário, os grandes, os poderosos, os bem-sucedidos obterão isenção das leis da ética e da moral.

As únicas diferenças entre o que é um comportamento eticamente correto e um comportamento eticamente errado que os moralistas tradicionais, quase sem exceção, aceitariam — na verdade, insistiriam — são diferenças baseadas em costumes sociais ou culturais, e apenas em relação a pecados veniais, ou seja, a forma como as coisas são feitas e não a essência do comportamento. Mesmo na sociedade mais libidinosa, a fidelidade ao voto matrimonial é meritória, todos os moralistas concordariam; mas a liberdade sexual de uma sociedade extremamente permissiva, digamos a Restauração da monarquia inglesa do século XVII ou os Estados Unidos do final do século XX, poderia ser considerada uma circunstância atenuante para o transgressor sexual. E mesmo o moralista mais rígido sempre insistiu que, à exceção das verdadeiras questões de consciência, as práticas que são de moralidade questionável num determinado local e cultura podem ser perfeitamente aceitáveis — e até bastante éticas — noutro meio cultural. O nepotismo pode ser considerado de moralidade duvidosa numa cultura, por exemplo nos Estados Unidos de hoje. Noutras culturas, como por exemplo na cultura tradicional chinesa, pode ser a própria essência do comportamento ético, tanto por satisfazer um dever moral para com a família como por tornar o desapego pelo serviço público um pouco mais credível.

Mas — e este é o ponto crucial — estas são qualificações para o axioma fundamental sobre o qual a tradição de ética ocidental sempre se baseou: existe apenas um código de ética, o de comportamento individual, para príncipe e indigente, para rico e pobre, para bravo e manso. A ética, na tradição judaico-cristã, é a afirmação de que todos os homens e mulheres são criados da mesma forma — quer o Criador seja chamado Deus, Natureza, ou Sociedade.

E esse axioma fundamental é o que a ética empresarial nega. Vista a partir da corrente dominante da ética tradicional, a ética empresarial, seja ela o que for, não é de todo ética. Pois afirma que os atos que não são imorais ou ilegais se praticados por pessoas comuns tornam-se imorais ou ilegais se praticados por empresas.

Um exemplo flagrante é o tratamento da extorsão nas discussões atuais da ética empresarial. Nunca a extorsão foi defendida por alguém, nem nunca foi defendido o seu pagamento. Mas se for descoberto que alguém pagou dinheiro de extorsão sob ameaça de danos físicos ou materiais, já o comportamento não pode ser considerado como imoral ou ilegal. Quem pratica a extorsão é simultaneamente imoral e criminoso. No entanto, se uma empresa se submeter à extorsão, a ética empresarial atual considera que agiu de forma não ética. Não há palestra, artigo, livro ou conferência sobre ética empresarial, por exemplo, que não aponte um dedo acusador de grande indignação à Lockheed por ter cedido a uma companhia aérea japonesa, que extorquiu dinheiro como pré-requisito para considerar a compra do instável avião a jato L-1011 da Lockheed. A diferença entre uma Lockheed que paga aos japoneses e um transeunte no Central Park de Nova Iorque que entrega a sua carteira a um assaltante é muito pouca. No entanto, ninguém consideraria que o transeunte agiu de forma antiética.

Da mesma forma, nas audiências de ratificação do Senado, um dos nomeados pelo gabinete do presidente Reagan foi acusado de «práticas antiéticas» e investigado durante semanas porque a sua empresa de construção da Nova Jérsia teria pago dinheiro aos capangas do sindicato sob a ameaça de que espancariam os empregados, sabotariam os camiões e vandalizariam os estaleiros de construção. Os acusadores eram chantagistas confessos; ao que parece, ninguém se tinha questionado sobre a sua ética.

Pode argumentar-se que tanto a Lockheed como o construtor da Nova Jérsia foram estúpidos por pagarem aos chantagistas. Mas, como reza o velho ditado: «Para um tribunal marcial, a estupidez não é ofensa». Contudo, com base na nova ética empresarial, é exatamente isso que se torna. E isto não é compatível com o que, supostamente, a ética deveria ser.

A nova ética empresarial também nega às empresas a adaptação aos costumes culturais, o que sempre foi considerado um dever moral na abordagem tradicional da ética. É agora considerado totalmente antiético — podendo mesmo ser uma prática questionável se não mesmo criminosa — que uma empresa dos Estados Unidos que opere no Japão mantenha como conselheiro o distinto funcionário público que se aposente da sua posição oficial no governo japonês. No entanto, no Japão, a empresa que não o faça é considerada como tendo um comportamento antissocial, que viola os seus óbvios deveres éticos. Os empresários que se ocupam de funcionários públicos seniores reformados, defendem os japoneses, tornam possível duas práticas que consideram essenciais para o interesse público: que um funcionário público com mais de 45 anos deve reformar-se assim que for superado no seu cargo por alguém mais novo do que ele; e que os salários governamentais e as pensões de reforma — e com eles o peso da burocracia sobre o contribuinte — sejam mantidos baixos, com a diferença entre o que um homem de primeira linha recebe no serviço público e o que poderia ganhar numa empresa privada após a sua reforma, através dos seus honorários como conselheiro. Os japoneses sustentam que a expectativa de, mais tarde, ser um conselheiro incentiva um funcionário público a permanecer incorruptível, imparcial e objetivo e, assim, a servir apenas o bem público; o cargo de conselheiro é-lhe atribuído pelo seu antigo ministério e a sua recomendação depende da classificação que os colegas lhe atribuíram enquanto funcionário público. Os alemães, que seguem uma prática algo semelhante — com funcionários públicos seniores que esperam ver-lhes atribuída no futuro uma nomeação como executivos de uma associação industrial —, partilham desta convicção. Contudo, apesar de tanto o sistema japonês como o alemão parecerem servir bem e até de forma honrada as suas respetivas sociedades, e mesmo apesar de ser considerado perfeitamente ético que funcionários públicos dos EUA de hierarquia e importância idênticos passem para empregos executivos bem pagos em empresas e fundações e para escritórios de advocacia ainda mais lucrativos, a empresa americana no Japão que segue uma prática que os japoneses consideram ser a própria essência da responsabilidade social é ridicularizada na atual discussão sobre a ética empresarial, sendo dada como exemplo terrível de práticas pouco éticas.

Certamente a ética empresarial pressupõe que, por alguma razão, as regras básicas de ética não se aplicam às empresas. A ética empresarial, por outras palavras, não é sequer ética, não da forma como o termo tem sido comummente utilizado pelos filósofos e teólogos ocidentais. O que é então?

Casuística: a ética da responsabilidade social

«É casuística», responderia o historiador da filosofia ocidental. A casuística afirma que os governantes, devido à sua responsabilidade, têm de encontrar um equilíbrio entre as exigências básicas da ética que se aplicam a eles enquanto indivíduos e a sua responsabilidade social para com os seus súbditos, o seu reino — ou a sua empresa.

A casuística foi inicialmente avançada no *Institutas da Religião Cristã* de João Calvino, posteriormente foi assumida pelos teólogos católicos da contrarreforma (S. Roberto Belarmino, por exemplo, ou S. Carlos Borromeu) e evoluiu para uma ética política pela mão dos seus discípulos jesuítas, no século XVII.

A casuística foi a primeira tentativa de pensar através da responsabilidade social e de a incorporar num conjunto de ética especial para os detentores do poder. A este respeito, a ética empresarial tenta fazer exatamente o que os casuístas fizeram há 300 anos. E deve acabar da mesma forma. Se a ética empresarial continuar a ser casuística, é possível prever com confiança o seu rápido desaparecimento numa nuvem de má reputação.

Para o casuísta, a responsabilidade social inerente a ser um governante — ou seja, alguém cujas ações têm impacto nos outros — é por si só um imperativo ético. Como tal, o governante tem o dever, como Calvino primeiro estabeleceu, de subordinar o seu comportamento individual e a sua consciência individual às exigências da sua responsabilidade social.

O *locus classicus* da casuística é Henrique VIII e o seu primeiro casamento com Catarina de Aragão. Um casamento consumado — e Catarina de Aragão teve uma filha de Henrique, a futura «Maria, *a Sangrenta*» — não podia ser dissolvido, exceto por morte, concordaram os teólogos tanto católicos como protestantes. Na casuística, porém, como tanto católicos como protestantes concordaram, Henrique VIII tinha o dever ético de tentar obter a anulação do casamento. Até o seu pai, ainda tão presente na memória, ter arrebatado a coroa pela força das armas, a Inglaterra tinha sofrido um século de guerra civil sangrenta e destrutiva por não haver um legítimo herdeiro masculino. Por outras palavras, sem a anulação do seu casamento, Henrique VIII expôs o seu país e o seu povo ao perigo de morte, muito além de tudo o que ele pudesse, em boa consciência, justificar. O único ponto em que protestantes e católicos discordavam era se o papa também tinha uma responsabilidade social e, portanto, ética de aceder ao pedido de Henrique. Ao não aceder, expulsou o rei e os seus súditos ingleses da Igreja Católica. Mas se o papa tivesse concedido a anulação, argumentaram os casuístas católicos, teria expulsado da Igreja o tio de Catarina, o imperador do Sacro Império Romano, encaminhando-o para os braços de um protestantismo emergente; e isso teria significado que em vez de condenar alguns milhões de ingleses à heresia, à perdição e ao fogo do inferno, muitas mais almas — todos os povos de todas as terras controladas pelo imperador, ou seja, a maior parte da Europa — poderiam ter sido condenadas à eterna perdição.

Isto pode ser considerado um exemplo bizarro — mas apenas porque o nosso tempo julga o comportamento por absolutos económicos e não teológicos. O exemplo ilustra qual o problema da casuística e, na verdade, porque esta irá falhar enquanto abordagem ética. Em primeiro lugar, a casuística deve acabar por se politizar, precisamente porque considera a responsabilidade social um absoluto ético. Ao dar primazia aos valores e objetivos políticos, irá subordinar a ética à política. É evidente que esta é a abordagem que a ética empresarial está atualmente a tomar. A sua própria origem está na política e não na ética. Exprime a crença de que a responsabilidade que as empresas e o executivo empresarial têm, precisamente porque têm um impacto social, deve determinar a ética — e isto é um imperativo político e não ético.

Igualmente importante, o casuísta torna-se inevitavelmente o apologista do governante, do poderoso. A casuística começa com a perceção de que o comportamento dos governantes afeta mais do que eles próprios e as suas famílias. Começa assim por fazer exigências ao governante — o ponto de partida tanto para Calvino como para os seus discípulos católicos na contrarreforma, 50 anos mais tarde. Conclui-se então que os governantes devem, por conseguinte, em boa consciência e de forma ética, subordinar os seus interesses, incluindo a sua moralidade individual, à sua responsabilidade social. Mas isto implica que as regras que decidem o que é ético para o cidadão não se aplicam igualmente, se é que se aplicam sequer, aos que têm responsabilidade social. A ética para eles é, em vez disso, um cálculo de custo-benefício envolvendo as exigências da consciência individual e as exigências da posição — e isso significa que os governantes estão isentos das exigências da ética, desde que o seu comportamento possa ser argumentado como tendo por objetivo conferir benefícios a outras pessoas. E é precisamente assim que a ética empresarial decorre.

De facto, sob análise casuística, as violações éticas que, para a maioria dos atuais defensores da ética empresarial, se revelam os crimes mais hediondos acabam por ser praticamente santificadas.

Vejamos o exemplo da história do suborno da Lockheed. A Lockheed foi levada a pagar dinheiro de extorsão a uma companhia aérea japonesa pelo colapso do fornecedor dos motores do seu jato comercial de passageiros L-1011, a empresa britânica Rolls-Royce. Nessa altura, a Lockheed empregava cerca de 25 mil pessoas na construção dos L-1011, a maior parte delas no sul da Califórnia, que, entre 1972 e 1973, estava a sofrer com uma taxa de desemprego substancial devido a cortes acentuados, por parte do Departamento de Defesa americano, nas encomendas da indústria aeroespacial. Para salvaguardar os 25 mil postos de trabalho, a Lockheed recebeu um grande subsídio governamental. Mas, para poder manter esses empregos, a Lockheed precisava de pelo menos uma grande encomenda de L-1011 de uma grande companhia aérea. A única entre as principais companhias aéreas que não estava então comprometida com um avião da concorrência era a japonesa All Nippon Airways. O interesse próprio da Lockheed Corporation e dos seus acionistas iria claramente exigir o rápido abandono do L-1011. Era certo que nunca iria produzir lucros — e ainda não produzira um cêntimo. O abandono do L-1011 teria impulsionado de imediato os ganhos da Lockheed, talvez até os duplicasse. Teria impulsionado rapidamente o preço das ações da Lockheed; os analistas dos mercados de ações e os bancos de investimento suplicaram à empresa que se livrasse do encargo. Se a Lockheed tivesse abandonado o L-1011, em vez de pagar dinheiro de extorsão aos japoneses para encomendarem alguns aviões e assim manterem vivo o projeto, os ganhos da empresa, o preço das suas ações e os bónus e opções de compra de ações da gestão de topo teriam subido de imediato de forma acentuada. Para um casuísta, não pagar o pedido de extorsão aos japoneses teria sido egoísta. Para um casuísta, pagar o dinheiro da extorsão era um dever e responsabilidade social a que o interesse próprio da empresa, dos seus acionistas e dos seus executivos tinha de se subordinar. Era responsabilidade social do governante manter vivos os postos de trabalho de 25 mil pessoas, numa altura em que os postos de trabalho na indústria aeronáutica no sul da Califórnia eram de facto escassos.

Da mesma forma, a outra grande história de horror da ética empresarial, para o casuísta, pareceria um exemplo de virtude empresarial, senão mesmo de martírio empresarial altruísta. Na «conspiração dos equipamentos elétricos» de finais dos anos 50, vários altos executivos da General Electric foram mandados para a prisão. Foram considerados culpados de uma conspiração criminosa que violava o antimonopólio porque as encomendas de equipamento gerador pesado, como turbinas, foram repartidas entre os três fabricantes de equipamentos elétricos nos Estados Unidos — a General Electric, a Westinghouse e a Allis-Chalmers. Mas esta «conspiração criminosa» apenas serviu para reduzir as vendas da General Electric, os seus lucros e os bónus e opções de compra de ações dos executivos da General Electric que participaram na conspiração. Desde que o cartel dos equipamentos elétricos foi destruído pela ação penal dos executivos da General Electric, as vendas e os lucros da General Electric na vertente de equipamentos pesados aumentaram acentuadamente, assim como a penetração no mercado por parte da empresa, que agora tem o que equivale a um quase monopólio. O objetivo do cartel — que, aliás, fora iniciado sob pressão do governo federal nos anos da Grande Depressão para combater o desemprego — era a proteção da mais fraca e dependente das empresas, a Allis-Chalmers (que está localizada em Milwaukee, uma antiga zona industrial subdesenvolvida e em declínio). Assim que a ação do governo destruiu o cartel, a Allis-Chalmers teve de sair do negócio das turbinas e teve de despedir vários milhares de trabalhadores. E embora a concorrência no mercado mundial de equipamentos elétricos pesados ainda seja muita, a General Electric goza agora de tal liderança no mercado doméstico que os Estados Unidos, em caso de guerra, não teriam grandes fornecedores alternativos de um produto tão essencial como as turbinas.

O casuísta concordaria que, nos Estados Unidos, os cartéis são ilegais e considerados imorais — o que não quer dizer que seja obrigatoriamente assim em qualquer outro local do mundo. Mas o casuísta também argumentaria que o executivo da General Electric que violasse a lei dos EUA teria o dever ético de o fazer, ao abrigo da lei superior de responsabilidade social, para salvaguardar tanto o emprego na área de Milwaukee como a base de produção de defesa dos Estados Unidos.

A única coisa surpreendente sobre estes exemplos é que as empresas ainda não os utilizaram para tirar partido da onda casuísta da ética empresarial. Pois tal como quase todos os comportamentos do governante do século XVII poderiam ser demonstrados como um dever ético pelos discípulos do século XVII de Calvino, de Belarmino e de Borromeu, quase todos os comportamentos do executivo nas organizações de hoje — seja uma empresa, hospital, universidade ou agência governamental — poderiam ser expressados como sendo o seu dever ético sob a análise casuística de custo-benefício entre a ética individual e as exigências da responsabilidade social. Há, de facto, muitos sinais de que o mais apolítico dos governantes, o executivo empresarial dos EUA, está a despertar para o potencial político da ética empresarial. Alguns dos anúncios que as grandes empresas — como, por exemplo, a Mobil Oil — estão agora a publicar para contrariar os ataques que lhes são feitos em nome da responsabilidade social e da ética empresarial utilizam claramente a abordagem casuísta para defender as empresas e, na verdade, para contra-atacar. Mas se a ética empresarial se tornar um instrumento para defender como ato ético ações dos executivos que se fossem cometidas por qualquer outra pessoa seriam condenadas, os atuais defensores da ética empresarial, tal como os seus antecessores casuístas há 400 anos, não terão ninguém a quem culpar senão a si próprios.

A casuística começou como uma moralidade elevada. No final, a sua ética acabou por se resumir em duas bem conhecidas frases que revelam cinismo: «Um embaixador é um homem honrado que está destacado no estrangeiro para mentir pelo seu país» era uma conhecida piada do século XVIII. E, 100 anos mais tarde, Bismarck disse: «Que canalha seria um ministro se, na sua vida privada, fizesse metade das coisas que tem o dever de fazer para ser fiel ao seu juramento de posse.»

Muito antes disso, porém, a casuística tinha sido exterminada pela repulsa moral. As suas memórias mais duradouras talvez sejam as reações que obteve e que restabeleceram a ética no Ocidente como um sistema universal, ligando o indivíduo independentemente da posição, função ou responsabilidade social: *Ética* de Spinoza e *Provincial Letters* de Blaise Pascal, seu contemporâneo. Mas também — e esta é uma lição que pode ser ponderada pelos atuais defensores da ética empresarial, muitos dos quais são clérigos — foi a sua casuística abrangente que tornou os jesuítas odiados e desprezados, fez do «jesuitismo» um sinónimo de imoral e levou a que a ordem jesuíta fosse suprimida pelo papa no século XVIII. E foi a casuística, mais do que qualquer outra coisa, que provocou o anticlericalismo dos intelectuais na Europa católica.

A ética empresarial é, sem dúvida, um paralelismo próximo da casuística. A sua origem é política, assim como a da casuística. A sua tese de base, que a ética para o governante, e especialmente para o executivo empresarial, tem de expressar responsabilidade social, é exatamente o ponto de partida do casuísta. Mas se a ética empresarial é casuística, então não durará muito — e muito antes de desaparecer, ter-se-á tornado um instrumento do executivo empresarial para justificar o que para outras pessoas seria um comportamento antiético, em vez de um instrumento para restringir o executivo empresarial e para impor limites éticos apertados às empresas.

A ética da prudência e do autodesenvolvimento

Existe uma outra grande tradição de ética no Ocidente, a ética da prudência. Remonta a Aristóteles e à sua entronização da prudência como virtude cardeal. Permaneceu durante quase 2000 anos na tradição literária popular de *A Educação do Príncipe Cristão*, que alcançou o seu derradeiro triunfo e a sua redução ao absurdo n'*O Príncipe* de Maquiavel. O seu espírito resume-se melhor pelo conselho que o então senador Harry Truman deu a uma testemunha do Exército perante a sua comissão nos primeiros anos da II Guerra Mundial: «Os generais nunca devem fazer nada que precise de ser explicado a uma comissão do Senado — não há nada que se possa explicar a uma comissão do Senado».

Os «generais», como se refere, quer a organização seja um exército, uma corporação ou uma universidade, são altamente visíveis. Devem esperar que o seu comportamento seja visto, examinado, analisado, discutido e questionado. A prudência exige assim que se evitem ações que não possam ser facilmente compreendidas, explicadas ou justificadas. Mas os generais, pelo facto de serem muito visíveis, são também exemplos. São líderes pela sua própria posição e visibilidade. A sua única escolha é se o seu exemplo levará outros a uma ação correta ou a uma ação incorreta. A sua única escolha é entre orientação e desorientação, entre liderança e má liderança. Têm assim a obrigação ética de dar o exemplo de comportamento correto e de evitar dar o exemplo de comportamento incorreto.

A ética da prudência não explicita o que é o comportamento «correto». Assumem que o comportamento incorreto é suficientemente claro — e em caso de haver alguma dúvida, será por isso «questionável» e deve ser evitado. A prudência torna um dever ético a exemplificação, por parte do líder, através do seu próprio comportamento, dos preceitos da ética.

E ao seguir a prudência, todos, independentemente do seu estatuto, se tornam líderes, homens superiores e «totalmente realizados», para usar a linguagem contemporânea. Tornamo-nos um homem superior ao evitarmos qualquer ato que faça de nós o tipo de pessoa que não queremos ser, que não respeitamos, que não aceitamos como superior. «Se quando acorda e se vê ao espelho não quer ver um chulo, na noite anterior não contrate prostitutas para entreter os congressistas, clientes ou vendedores.» Em qualquer contexto, a contratação de prostitutas pode ser considerada obscena e de mau gosto, e pode ser visto como algo que as pessoas com escrúpulos não fazem. Pode ser considerado um ato grosseiro. Pode até ser ilegal. Mas só para a prudência é considerado eticamente relevante. Foi isto que Kierkegaard, o mais rígido moralista do século XIX, quis dizer quando afirmou que a estética é a verdadeira ética.

A ética da prudência pode facilmente degenerar. A preocupação com o que se pode justificar torna-se, muito facilmente, a preocupação com as aparências — Maquiavel não foi, de modo algum, o primeiro a salientar que num príncipe, ou seja, em alguém com autoridade e grande visibilidade, as aparências podem ser mais importantes do que a substância. A ética da prudência decai assim facilmente na hipocrisia das relações públicas. A liderança através do exemplo correto facilmente degenera na farsa do carisma e cai num manto de desorientação e a má liderança — os grandes líderes mais carismáticos são sempre os Hitleres e os Estalines. E a realização por autodesenvolvimento para se tornar uma pessoa superior, aquilo a que Kierkegaard chamou «tornar-se cristão», pode transformar-se na vaidade do fariseu que agradece a Deus por não ser como as outras pessoas ou na autoindulgência em vez de autodisciplina, na preguiça moral em vez do autorrespeito e na afirmação «eu gosto», em vez de «eu sei».

No entanto, apesar destas tendências degenerativas, a ética da prudência é certamente apropriada a uma sociedade de organizações. Claro que não será ética empresarial — não faz qualquer diferença na ética da prudência se o executivo é um general do Exército, um chefe de gabinete no Departamento do Tesouro em Washington, um senador, um juiz, um vice-presidente sénior de um banco ou um administrador hospitalar. Mas uma sociedade de organizações é uma sociedade em que um número extraordinariamente elevado de pessoas se encontra em posições de grande visibilidade, ainda que apenas dentro de uma organização. Não gozam desta visibilidade, como o Príncipe Cristão, em virtude do nascimento, nem em virtude da riqueza — isto é, não por serem personagens. São recursos humanos e importantes apenas na medida da sua responsabilidade de tomar as medidas certas. Mas é exatamente disso que trata a ética da prudência.

Do mesmo modo, os executivos dão o exemplo, qualquer que seja a organização. Definem o tom, estabelecem o espírito, decidem os valores para a organização e para as pessoas que nela exercem funções. Por outras palavras, conduzem ou induzem em erro. E não têm escolha senão entre uma hipótese e outra. Acima de tudo, a ética ou estética do autodesenvolvimento parece ter sido feita à medida do dilema específico do executivo na organização moderna. Por si só, ele é um zé-ninguém e, de facto, um anónimo. Uma semana após ter-se reformado e ter deixado aquela grande sala de canto no vigésimo sexto andar do arranha-céus da sua empresa ou a suite de canto de seis quartos na Constitution Avenue, já ninguém no edifício o reconhecerá. E os seus vizinhos no agradável subúrbio onde vive, numa confortável casa de classe média — muito diferente de algo a que se possa chamar um palácio — apenas sabem que o «Joe trabalha algures na Park Avenue» ou «trabalha para o governo». No entanto, coletivamente, estes executivos anónimos são os líderes de uma sociedade moderna. A sua função exige a autodisciplina e a dignidade do homem superior. Para estarem à altura das expectativas de desempenho que a sociedade lhes impõe, precisam de se empenhar na realização pessoal, em vez de se contentarem com uma apática mediocridade. Contudo, no auge da sua carreira e do seu sucesso, continuam a não passar de engrenagens numa organização e a serem facilmente substituíveis. E é exatamente com isto que a realização pessoal na ética, o «tornar-se cristão» de Kierkegaard, se preocupa: como se tornar o homem superior, importante e autónomo, quando não se é um magnata, quanto mais um príncipe.

Seria de esperar, por conseguinte, que a discussão da ética empresarial se centrasse na ética da prudência. Algumas das palavras, tais como «realização pessoal», soam de facto ao mesmo, embora signifiquem algo bastante diferente. Mas, de um modo geral, a discussão da ética empresarial, mesmo que mais conscientemente se preocupe com a ética da organização, nada terá que ver com prudência.

A razão é claramente que a ética da prudência é a ética da autoridade. E enquanto a discussão de hoje sobre a ética empresarial (ou sobre a ética da administração universitária, da administração hospitalar ou do governo) clama por responsabilidade, rejeita de forma descontrolada qualquer autoridade e, claro, sobretudo, qualquer autoridade do executivo empresarial. A autoridade não é legítima; é «elitismo». Mas não pode haver responsabilidade onde a autoridade é negada. Negá-lo não é anarquismo nem radicalismo, muito menos socialismo. Numa criança, seria a chamada birra.

A ética da interdependência

A casuística foi tão profundamente desacreditada que a única menção que encontramos na maioria dos livros de história da filosofia está relacionada com os seus derradeiros adversários — Spinoza e Pascal. De facto, há apenas dez ou 15 anos, poucos filósofos, se é que algum, pensariam ser possível que algo como a «ética empresarial» surgisse. A «ética particularista», um conjunto ético que postula que este ou aquele grupo é diferente de todos os outros nas suas responsabilidades éticas, teria sido considerada condenada para sempre pelo fracasso da casuística. A ética, que praticamente qualquer um no Ocidente consideraria axiomática, seria certamente sempre a ética do indivíduo e independente da hierarquia e da posição.

Mas há outra ética, não ocidental, que é situacional. É a ética mais bem-sucedida e mais duradoura de todas elas: a ética confucionista da interdependência.

A ética confucionista escapa elegantemente à armadilha em que caíram os casuístas; é uma ética universal, na qual as mesmas regras e imperativos de comportamento se mantêm para cada indivíduo. Não há nenhuma responsabilidade social que se sobreponha à consciência individual, nenhum cálculo de custo-benefício, nenhum bem maior ou medida mais nobre do que o indivíduo e o seu comportamento e, no geral, nenhuma casuística. Na ética confucionista, as regras são as mesmas para todos. Mas existem regras gerais diferentes, de acordo com as cinco relações básicas de interdependência, que, para os confucionistas, abraçam a totalidade das interações individuais na sociedade civil: superior e subordinado (ou mestre e servo); pai e filho; marido e mulher; irmão mais velho e restantes irmãos; amigo e amigo. O comportamento correto — aquilo a que na tradução inglesa da ética confucionista normalmente chamamos «sinceridade»* — é aquele comportamento individual que é verdadeiramente apropriado à relação específica da dependência mútua, uma vez que otimiza os benefícios para ambas as partes. Outro comportamento é falso e, portanto, incorreto e pouco ético. Cria dissonância em vez de harmonia, exploração em vez de benefícios, manipulação em vez de confiança.

Um exemplo da abordagem confucionista aos problemas éticos discutidos sob o título de ética empresarial seria o assédio sexual. Para o confucionista, é claramente um comportamento antiético porque injeta poder numa relação que se baseia na função. E isso faz com que seja exploração. Que este comportamento falso — isto é, extremamente antiético — por parte de um superior ocorra dentro de uma empresa ou qualquer outro tipo de organização, é basicamente irrelevante. O relacionamento mestre/servo ou superior/subordinado é uma relação entre indivíduos. Como tal, o confucionista não faria distinção entre um diretor-geral que obrigasse a sua secretária a ter relações sexuais e o inglês do século XVII famoso pelo seu diário, Samuel Pepys, que obrigava as criadas da sua mulher a submeterem-se aos seus avanços amorosos. Nem sequer faria muita diferença para o confucionista que a secretária de hoje possa, regra geral, despedir-se sem sofrer grandes inconvenientes caso não queira submeter-se aos avanços, enquanto as pobres criadas infelizes da Sra. Pepys acabaram por se tornar prostitutas, ou porque não se submeteram e acabaram por ser despedidas e despejadas na rua ou porque se submeteram e foram despedidas quando engravidaram. Da mesma forma, o confucionista também não veria muita diferença entre um vice-presidente de uma corporação envolvido em assédio sexual e um professor universitário que seduzisse as alunas com promessas implícitas de boas notas.

E, finalmente, seria irrelevante para o confucionista que a falsidade individual envolvesse relações sexuais. O superior seria igualmente culpado de

* Nenhuma palavra tem provocado mais mal-entendidos nas relações leste/oeste do que a palavra «sinceridade». Para um ocidental, sinceridade significa «palavras que são fiéis a convicções e sentimentos»; para um oriental, sinceridade significa «ações que são apropriadas a uma relação específica e que a tornam harmoniosa e de grande benefício mútuo». Para o ocidental, sinceridade tem que ver com intenções, ou seja, com moralidade; para o oriental, sinceridade tem que ver com comportamento, ou seja, com ética.

comportamento absolutamente antiético e de violação de regras de conduta fundamentais se, como muitos dos apologistas da ética empresarial fervorosamente defendem, se constituísse como terapeuta mental para os seus subordinados e os ajudasse a adaptarem-se. Por mais benevolentes que sejam as suas intenções, tal é, identicamente, incompatível com a integridade da relação superior/subordinado. Constitui, igualmente, um abuso da hierarquia com base no cargo e impõe poder. Por conseguinte, é uma exploração quer seja feita por desejo de poder ou manipulação quer seja feita por benevolência. Seja de que maneira for, é antiética e destrutiva. Tanto as relações sexuais como a relação entre médico e doente devem estar livres de hierarquias para serem eficazes, harmoniosas e eticamente corretas. Apenas são construtivas nas relações entre amigo e amigo ou entre marido e mulher, em que as diferenças de função não lhes conferem uma hierarquia.

Este exemplo deixa claro, diria eu, que praticamente todas as preocupações de ética empresarial, na verdade quase tudo o que a ética empresarial considera um problema, têm que ver com as relações de interdependência, seja entre a organização e o empregado, o fabricante e o cliente, o hospital e o doente, a universidade e o estudante e assim por diante.

Olhar para a ética da interdependência resolve de imediato o enigma que confunde a atual discussão da ética empresarial: Que diferença faz se um determinado ato ou comportamento tiver lugar numa empresa, numa organização sem fins lucrativos ou fora de qualquer organização? A resposta é clara: nenhuma. De facto, as questões que são tão calorosamente debatidas nas atuais discussões sobre ética empresarial, tais como se a mudança de um hospital de «sem fins lucrativos» para «proprietário e com fins lucrativos» irá afetar o seu comportamento ou a ética que lhe é inerente, a exposição mais superficial à ética da interdependência revela-se como sofisma e como uma falsa questão.

A ética da interdependência aborda, assim, a questão que a ética empresarial tenta resolver. Mas o atual debate, explícita ou implicitamente, nega a perceção básica a partir da qual a ética da interdependência começa e à qual se deve a sua força e durabilidade: nega *a interdependência*.

A ética da interdependência, como os filósofos confucionistas primeiro a codificaram logo após a morte do seu mestre em 479 a.C., considera ilegítima e antiética a injeção de poder nas relações humanas. Afirma que a interdependência exige a igualdade de obrigações. As crianças devem obediência e respeito aos seus pais. Os pais, por sua vez, devem afeto, sustento e, sim, respeito aos seus filhos. Para cada paradigma de devoção filial na hagiologia confucionista, como a filha obediente, existe um paradigma de sacrifício parental, como o pai extremoso que sacrificou a sua brilhante carreira em advocacia para cuidar dos seus cinco filhos, que lhe exigiam tempo e atenção. Para cada ministro que arrisca o seu emprego, se não a sua vida, ao corrigir destemidamente um imperador culpado de violar a harmonia, há um imperador que dá a sua vida em vez de atirar um ministro leal aos lobos políticos.

Na ética da interdependência há apenas obrigações, e todas as obrigações são obrigações mútuas. Harmonia e confiança — ou seja, interdependência — exigem que cada lado seja obrigado a fornecer o que o outro lado precisa para atingir os seus objetivos e para se realizar a si próprio.

Mas no atual debate nos EUA — e na Europa — sobre ética empresarial, a ética significa que um dos lados tem obrigações e o outro tem direitos, ou mesmo prerrogativas. Isto não é compatível com a ética da interdependência nem com qualquer ética. É a política do poder e, efetivamente, a política da exploração e da repressão nua e crua. E, no contexto da interdependência, os exploradores e os opressores não são os patrões, mas os que afirmam os seus direitos em vez de aceitarem a obrigação mútua e, com ela, a igualdade. Para restabelecer o equilíbrio numa relação de interdependência — ou pelo menos assim insistiria a ética da interdependência — é preciso não opor o poder ao poder ou o direito ao direito, mas sim corresponder obrigação a obrigação.

Para exemplificar: o debate ético da organização de hoje dá grande importância ao dever de ser um «denunciante» e à proteção do denunciante contra a retaliação ou repressão por parte do seu patrão ou da sua organização. Isto soa a algo nobre. Certamente, o subordinado tem o direito, se não mesmo o dever, de trazer a público e de corrigir os erros do seu superior, mais ainda se houver violação da lei por parte de um superior ou da sua organização empregadora. Mas no contexto da ética da interdependência, a denúncia é algo bastante ambíguo eticamente. É inegável que haverá delitos do superior ou da organização empregadora que violam tão grosseiramente a propriedade e as leis que o subordinado (ou o amigo, ou a criança, ou mesmo a esposa) não pode permanecer em silêncio. Afinal, é isto que a palavra «crime» implica; ao não o denunciarmos, tornamo-nos cúmplices de um crime e tornamo-nos criminalmente responsáveis, o que só agrava a situação. E o senão? Não é que a denúncia destrua o vínculo de confiança que une o superior ao subordinado. Incentivar o denunciante deve fazer com que o subordinado perca a sua confiança na vontade e capacidade do superior de proteger o seu povo. Deixa simplesmente de ser o seu povo e tornam-se potenciais inimigos ou peões políticos. E, no final, incentivar e até mesmo permitir a denúncia deixa sempre o mais fraco — ou seja, o subordinado — impotente contra o superior sem escrúpulos, simplesmente porque o superior já não consegue reconhecer ou cumprir a sua obrigação para com o subordinado.

Afinal de contas, denunciar é simplesmente outra palavra para informar. E talvez não seja totalmente irrelevante que as únicas sociedades na história ocidental que incentivaram os informadores fossem sangrentas e famosas tiranias — Tibério e Nero em Roma, a Inquisição na Espanha de Filipe II, o Reinado de Terror durante a Revolução Francesa e Estaline. Também pode não ter sido por acaso que Mao, quando tentou estabelecer uma ditadura na China, tenha ordenado denúncias em grande escala. Pois sob a denúncia, sob o regime do informador, nenhuma confiança mútua, nenhuma interdependência e nenhuma ética são possíveis. E Mao apenas seguiu os primeiros totalitários da história, os «Legalistas» do século III a.C., que arrasaram Confúcio e queimaram os seus livros porque ele ensinara ética e rejeitara o absolutismo do poder político.

Os limites da obrigação mútua são, de facto, uma questão central e difícil na ética das interdependências. Mas começar, como fazem os que defendem a denúncia, com o pressuposto de que só existem direitos de um dos lados, torna impossível qualquer ética. E se o problema fundamental da ética é o comportamento nas relações de interdependência, então as obrigações têm de ser mútuas e têm de ser iguais para ambas as partes. Na verdade, numa relação de interdependência, é a reciprocidade da obrigação que cria a verdadeira igualdade, independentemente das diferenças de hierarquia, de riqueza ou de poder.

O debate de hoje sobre a ética empresarial nega-o veementemente. Tende a afirmar que, nas relações de interdependência, uma das partes tem todos os deveres e a outra todos os direitos. Mas esta é a afirmação do Legalista, a afirmação dos totalitários que rapidamente acabam por negar toda a ética. Deve também significar que a ética se torna o instrumento dos poderosos. Se um conjunto de ética é unilateral, então as regras são escritas por aqueles que têm a posição, o poder, a riqueza. Se a interdependência não é igualdade de obrigações, torna-se domínio.

Olhar para a ética empresarial como uma ética de interdependência revela um problema adicional e igualmente grave — na realidade, um problema *mais* grave.

Pode uma ética de interdependência ser algo mais do que uma ética para os indivíduos? Os confucionistas disseram que não — a principal razão pela qual Mao os desterrou. Para os confucionistas — mas também para o filósofo da tradição ocidental — apenas a *lei* pode lidar com os direitos e objeções dos coletivos. A *ética* é sempre uma questão pessoal.

Mas será isto adequado para uma sociedade de organizações como a nossa? Esta pode ser a questão central para o filósofo da sociedade moderna, na qual o acesso à subsistência, carreira e realização pessoal existe primariamente dentro e através de organizações — e especialmente para o indivíduo de elevada formação académica para quem as oportunidades fora das organizações são de facto muito escassas. Em tal sociedade, tanto a sociedade como o indivíduo dependem cada vez mais do desempenho, bem como da sinceridade das organizações.

Mas na discussão de hoje sobre ética empresarial, nem sequer veem nisto um problema.

«Ética chique» ou ética

Como este debate deveria ter deixado claro, a ética empresarial é para a ética o que o erotismo é para o amor platónico; o erotismo também fala de algo a que chama «amor». E enquanto a ética empresarial se aproxima ainda mais da ética, aproxima-se também da casuística e servirá, naturalmente, de parra para os impúdicos e de bom argumento para os ricos e poderosos.

Claramente, um dos principais elementos do peculiar cozido que dá pelo nome de ética empresarial é a simples hostilidade antiquada aos negócios e à atividade económica em geral — uma das mais antigas tradições americanas e talvez o único ingrediente ainda possante da herança puritana. Caso contrário, nem sequer falaríamos de ética empresarial. Não há qualquer ordem ética que justifique imaginar uma grande esfera de atividade como tendo os seus próprios problemas éticos, quanto mais a sua própria ética. A atividade empresarial ou económica pode ter dimensões políticas ou jurídicas especiais, como nas «empresas e governo», para citar o título de um curso universitário outrora popular ou como nas leis antimonopólio. E a ética empresarial pode ser uma boa política ou uma boa propaganda eleitoral. Mas não passa disso. Pois a ética lida com as ações corretas dos indivíduos. E nesse caso certamente não faz diferença se o cenário é um hospital comunitário, sendo os atores um supervisor de enfermagem e o consumidor um doente, ou se o cenário é a National Universal General Corporation, sendo os atores um gestor de controlo de qualidade e o consumidor o comprador de uma bicicleta.

Mas uma explicação para a popularidade da ética empresarial é certamente também a fragilidade humana de que Pascal acusou os casuístas da sua época: a luxúria pelo poder e a proeminência de intelectuais jurados à modéstia. A ética empresarial está na moda e garante discursos em palestras, honorários em conferências, trabalhos de consultoria e muita publicidade. E certamente que a ética empresarial, com as suas histórias de má conduta em altas esferas, também cede ao antigo gozo da difamação da sociedade e da lascívia que — creio que foi Rabelais quem o disse — transforma a fornicação, quando um camponês dá uma cambalhota no feno, em romance, quando é o príncipe a fazê-lo.

No conjunto, a ética empresarial pode muito bem ser chamada ética chique em vez de ética — e na verdade pode ser considerada mais um acontecimento mediático do que filosofia ou moral.

Mas este debate sobre as principais abordagens da ética e das suas preocupações certamente também mostra que a ética tem tanto a dizer ao indivíduo na nossa sociedade de organizações como alguma vez teve a dizer ao indivíduo de sociedades anteriores. E, nos dias de hoje, ainda são tão importantes e tão necessárias como antes. E exigem obrigatoriamente um trabalho árduo e sério.

Uma sociedade de organizações é uma sociedade de interdependência. A relação específica que o filósofo confucionista postulou como universal e básica pode não ser adequada, ou sequer apropriada, à sociedade moderna e aos problemas éticos dentro da organização moderna e entre a organização moderna e os seus clientes, consumidores e constituintes. Mas os conceitos fundamentais são-no certamente. Na verdade, se alguma vez existir uma ética de organização viável, terá quase seguramente de adotar os conceitos fundamentais que tornaram a ética confucionista duradoura e eficaz:

- Definição clara das relações fundamentais;
- Regras de conduta universais e gerais — ou seja, regras que são vinculativas para qualquer pessoa ou organização, de acordo com as suas regras, funções e relações;
- Centrar-se no comportamento correto, em vez de evitar a má conduta, e no comportamento, em vez de se centrar nos motivos ou intenções. E, finalmente,
- Uma ética de organização eficaz; de facto, para que uma ética organizacional mereça ser seriamente considerada como ética, terá de definir o comportamento correto como o comportamento que otimiza os benefícios de cada parte e assim torna a relação harmoniosa, construtiva e mutuamente benéfica.

Mas uma sociedade de organizações é também uma sociedade em que muitas pessoas não têm importância, sendo, de facto, basicamente anónimas, contudo são altamente visíveis e importantes como líderes na sociedade. E, portanto, é uma sociedade que deve enfatizar a ética da prudência e do autodesenvolvimento. Deve esperar que os seus gestores, executivos e profissionais exijam de si próprios afastarem-se de comportamentos que não respeitariam nos outros, praticando, em vez disso, comportamentos adequados ao tipo de pessoa que gostariam de ver ao espelho quando acordam.

(1981)

AGRADECIMENTOS

Este volume deve a sua conceção e nascimento a Truman M. Talley, o seu editor. Talley sugeriu fazer uma seleção dos meus artigos publicados no *Wall Street Journal* que merecessem ser publicados em livro. Em seguida, dedicou-se entusiasticamente à tarefa de selecionar as partes que se mantinham úteis e oportunas e que, por conseguinte, mereciam ser publicadas. E pacientemente, e sem nunca perder o bom humor, pressionou-me continuamente para que eu o editasse e terminasse o trabalho necessário. Este livro e eu devemos-lhe muito.

Devo também um agradecimento especial ao meu velho amigo e agente literário, John Cushman, que agiu como consciência editorial e conselheiro de Truman Talley e também meu.

Agradeço também ao *Wall Street Journal*, ao brilhante editor do jornal, Robert Bartley, e a Tom Bray e Adam Meyerson, que escreveram o editorial — pelo incentivo, pelos conselhos e críticas, pela edição cordial mas convicta e pela autorização para a reimpressão destes artigos em forma de livro.

Quando preparei os capítulos do livro a partir dos artigos originais tentei mudar o mínimo possível. Em alguns casos, retirei referências a livros ou a artigos. Clarifiquei as referências temporais. Quando, por exemplo, um artigo escrito na primavera de 1980 referia «as próximas eleições», alterei para «as eleições do outono de 1980». Quando um artigo escrito em 1977 dizia «no próximo ano», substitui-o por «1978». Em alguns casos, reduzi ou alterei o título original de um capítulo por me ter parecido excessivamente pesado. Mas abstive-me de os reescrever e de acrescentar uma visão retrospetiva ao trabalho. Os leitores poderão assim julgar por si próprios com que frequência e onde o autor tinha razão e com que frequência e onde estava equivocado.